中村研一

サヴォワ邸／ル・コルビュジエ

Villa Savoye / Le Corbusier

Kenichi Nakamura

東京書籍

はじめに

ヘヴンリーハウス――。建築の原型ともいえる小さな家型を「天上の館」と名づけた歴史家にならって、20世紀の世界の名作住宅をこう呼んでみる。20世紀は住宅の世紀だった。建築家たちは競って新しい建築の原理を追い求め、まず最初に小さな住宅で実験を繰りかえした。私たちはこれらの実験的な住宅たちを21世紀に生きる立場で考え、当時の新しい発見の興奮を再生してみたいと思った。これらの珠玉の住宅たちが、これからの住宅を考える私たちを導いてくれることを願いながら。

そのシリーズの第１巻として、ル・コルビュジエによる「サヴォワ邸」をここに刊行する。サヴォワ邸ほど、多くの人に知られた住宅はないだろう。ル・コルビュジエが提唱する「近代建築の５原則」がはっきりとかたちになり、その後の建築の流れを決定づけた住宅、サヴォワ邸。だが、有名すぎて見落としてしまいがちなことがある。スローガンとしての原則ばかりが先走りして、私たちは具体的なサヴォワ邸をどこまでイメージできていたのだろうか。

ル・コルビュジエは、最初からル・コルビュジエだったわけではない。この本には、ル・コルビュジエがル・コルビュジエ自身を発見していく過程が生々しく収録されている。中村研一氏は建築家の眼で、製図版の上でのル・コルビュジエの興奮を追体験し、彼の発見を論証してくれている。住宅には実際に住まう人がいて、その人たちの生活があり、建設にかかる費用がある。造形作家としてのル・コルビュジエは、自分の造形思考と建築的な現実とをぶつけあわせながら、サヴォワ邸の設計監理を通して私たちが知っているル・コルビュジエになったのである。その興奮をぜひ味わってほしいと思う。この本とともに、ル・コルビュジエを発見しよう。

あなたは、まだル・コルビュジエを知らない。

シリーズ「ヘヴンリーハウス――20世紀名作住宅をめぐる旅」 編者
五十嵐 太郎
後藤 武

目次

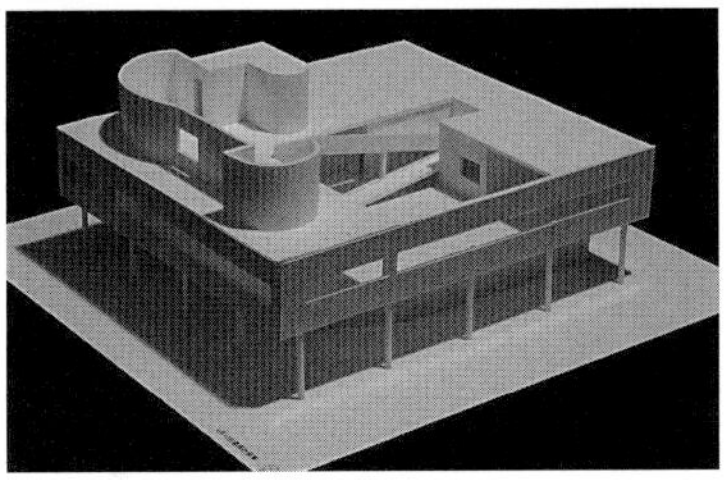

脚注キーワード

第1章　サヴォワ邸——20世紀住宅の原型

Villa Savoye

サヴォワ夫人からの手紙

ル・コルビュジエ[1]が設計し、１９３１年に建てられた「サヴォワ邸※」は、パリ近郊のポワシー[2]という土地にあります。パリの都心に住む裕福な実業家家族、サヴォワ家の週末住宅として作られました。彼らは週末になるとパリ市内から車で小一時間かけてこの別荘までやって来て、週末を過ごしていました。単純な比較はしにくいですが、東京の都心に住んでいるとしたら国立あたりに週末住宅を持つような感覚といってよいかもしれません。

この住宅の施主であるサヴォワ氏は、イギリスのロイズ[3]という会社の傘下に入っていた保険会社の経営者でした。奥さんとそれからまだ結婚前の息子が１人、その３人の家族のための週末住宅を設計してほしいということで、ル・コルビュジエに設計依頼がきました。

ル・コルビュジエを設計者として選んだいきさつについては、サヴォワ夫人の果たした役割が大きかったようです。１９２９年に、ル・コルビュジエが設計したチャーチ邸[4]という住宅がやはりパリ郊外に竣工したのですが、サヴォワ夫人はまだ工事中のこの住宅を訪れ、ちょうど探していた週末住宅の設計者をル・コルビュジエに決めようと思ったようです。設計の最初の段階、１９２８年の秋に、サヴォワ夫人がル・コルビュジエに送った手紙が残っています。出来上がった後のクレームの手紙なども残っていますが、サヴォワ夫妻のご主人は、一度もそういう場所に出てきたことはありません。すべて奥さん主導で進んでいきました。

サヴォワ邸の設計プロセスを辿ってみると、８月に最初の設計依頼があって、９月から実質的に設計を始め、10月末から11月末の約１か月間にものすごく集中して、ほとんどのスタディを終わらせ、12月には工事契約を結ぶ案がまとめられました。そして、その翌年

※ Villa Savoye の読み方に関しては、サヴォア邸、サヴォイ邸などいくつか異なる読み方が存在するが、本書では原語の発音に最も近いと思われるサヴォワ邸に統一する（ただし、引用箇所はその限りではない）。

★1——ル・コルビュジエ　Le Corbusier　1887-1965　スイス生まれのフランスの建築家。本名は、シャルル=エドゥアール・ジャンヌレ（本書では原則的にル・コルビュジエで統一）。

★2——ポワシー　Poissy　パリ近郊、イヴリーヌ県にある市。セーヌ川に面する。20世紀に入り自動車産業が盛んになる。パリ中心地からRERで約30分（A線〔A5〕の終点）に位置している。

★3——ロイズ保険組合　Lloyd's of London　ロンドンのシティにある世界最大規模の保険取引所。１６８８年頃にエドワード・ロイドがコーヒー・ハウスを開き、そこに保険業者たちが集まったことに由来する。保険会社が再保険に入っている組合としても知られ、いわば世界中の保険の総元締めのような役割を果たす巨大組織である。１９８６年にリチャード・ロジャースが本社を設計。

★4——チャーチ邸　Villa Church　１９２７年計画開始、29年に竣工した住宅。パリ郊外、ヴィル・ダヴレイにある。施主はアメリカ人の資産家、ヘンリー&バーバラ・チャーチ夫妻。現在でも市販されている椅子、LCシリーズは、ピエール・ジャンヌレ、シャルロット・ペリアンとの協働でこの住宅のためにデザインされた。

サヴォワ夫人からル・コルビュジエに宛てた手紙

1928年秋

《拝啓、私たちの郊外住宅に含めていただきたい重要な項目をリストアップしておきます。

まず第一に建物の外観を損ねずに、数年以内に増築できるようにしておいていただきたい。

設備は給湯、給水、ガス、電気（照明と高圧電流）そしてセントラル・ヒーティングを装備しておくこと。

1階には12メートル×7メートルの大きな部屋、クロークルーム（トイレと洗面）、キッチン、配膳室、果物貯蔵庫、寝室（5メートル×4メートル）、そしてトイレ付き浴室によって隔てられたもう1つの寝室（4メートル×4メートル）。

2階には私の寝室（5メートル×4メートル）を設け、それには大きな浴室、浴室とは別のトイレ、リネン収納庫、15平方メートルの私室（boudoir）を付属させること。

サービス部門…水栓とトイレの付属したメイド室を2室、車3台のためのガレージ、管理人のための部屋、運転手のための部屋。道具類を収納するための物置部屋と屋根裏部屋。ワインセラーと食品庫。

ディテール…

キッチンはチャーチ邸と同様にしてほしい。高圧電流のコンセントを3口と照明を2灯。

配膳室はチャーチ邸よりも少し大きめにして、電気ボイラーを置くためのスペースと高圧電流のコンセントを用意してほしい。

クロークルームはかなり大きくしてほしい。天井に照明を付け、洗面台上部にも照明器具を設置すること。

サロン（主室）では、照明は間接照明とし、ダイニングテーブルには枝付燭台を設けること。コンセントは5個。大きな暖炉を1つ。部屋は厳密に矩形である必要はなく、いくつかの居心地のよいコーナーを作ってほしい。

私の息子のための寝室（5メートル×4メートル）は、寝室と勉強部屋を兼ねており、ベッド脇には照明器具を設け、中央に机を配置して、コンセントを用意しておくこと。浴室の壁には大きな鏡を設置し、上部には照明器具を設置すること、そして洗面台を設けること。トイレは別の部屋にすること。リネンや洋服のための収納棚を設けること。

ゲストのための2つのベッドを置く寝室は、ベッドの隣と部屋の中央にコンセントを設置し、洗面台も設置すること。

ベッドを2つ置く2階の寝室（5メートル×4メートル）の照明は間接照明とし、それぞれのベッドに照明器具を置き、コンセントを用意しておくこと。大きな浴室においては、洗面台の近くに照明器具とコンセントを用意し、壁には大きな鏡を設け、鏡上部には照明器具を設置すること。

ベッドルームに付属して私室（boudoir）を設けること。

リネン室（2.5メートル×3メートル）の壁の両サイドには扉つきの衣装箪笥を設けること。1.2メートルの長さの折り畳みテーブルを設置し、窓を設け、テーブル上部には照明器具を設置し、アイロン掛けのための高圧電流コンセントを設けること。

庭師の家…2部屋、キッチン、トイレ
車3台のためのガレージ…水栓と照明器具を設ける。運転手の部屋を上階に設ける。2部屋、キッチン、トイレ、屋根裏部屋。

今後の検討事項…

寝室の仕上げをゴムタイルとするか、あるいはパーケット（寄せ木）とするか。それ以外の部屋はすべてタイルとする。

食品棚、鍵の設置の有無
外壁の断熱処理（暑さ寒さからの保護）

設計仕様、明細書、見積書。

工事費の増減は基本的な標準契約金額に従って計算することとする》（中村研一訳）。

の4月12日にいくつかの変更が加えられた最終計画案ができて、そこから着工しているという経緯を考えると、設計期間は約半年間しかありません。今のわれわれから見ても、それほど余裕はありません。この歴史に残る住宅建築の傑作は驚くほど短期間で設計されたのです。

サヴォワ夫人の要求は非常に具体的で細かいものでした。部屋の数・用途・サイズのみならず、建具、照明の種類・位置の詳細な指示、コンセントの数までが記されていました。実際に手紙の内容を見て分かるように、実に詳しい事前のプログラムです。住宅に対するイメージをかなり固めた上で、ル・コルビュジエに頼んでいます。やはりチャーチ邸が重要な基準となっていて、キッチンは同じ大きさ、配膳室は少し大きくしてほしいとか、比較しながら書いてあります。

左ページ　上：キッチン　左側の扉は配膳室に繋がる
左下：正面の扉はサーヴィスバルコニーに繋がる
右下：配膳室　小窓からサロンが見える
右ページ　上：キッチンから配膳室のシンクが見える
下：配膳室

右：チャーチ邸アネックス
左：チャーチ邸アネックス１階から
メインエントランスを見る

チャーチ邸を見て依頼

サヴォワ邸の話に入る前に、サヴォワ夫人が見て気に入ったというチャーチ邸を見ておきましょう。チャーチ邸はパリ近郊ヴィル・ダヴレイの広大な敷地の中にいくつかの分棟として散在する形で計画されていて、敷地の西端にL字型の形に建てられた新築の棟と、既存のパヴィリオンと呼ばれる建物の改修など、複数の建物が同時に進行していました。施主はアメリカ人の資産家、ヘンリーとバーバラのチャーチ夫妻です。まず敷地西端の新築のアネックスを見てみましょう。基本的な空間構成はサヴォワ邸の部屋の配置・構成ととてもよく似ています。1階は駐車スペースと使用人の居室だけで、2階に招いた友人に宿泊してもらうための主な生活空間がすべて展開されており、3階はほとんどがルーフテラスになっているという構成で、2階サロンは上部のルーフテラスへと連続する吹き抜けになっています。その吹き抜けから上がってくる階段と、プライヴェートな部屋から上がってくる階段が、3階の屋上テラスで出会う構成になっています。サヴォワ邸のようにルーフテラスの廻りに内部空間が配置されるという一体感はありませんが、全集[5]に発表された写真でもよくわかるように、L字形の配置によって内部空間同士が外部を介して連続している雰囲気が実現されています。

また、チャーチ邸を紹介する際にもっともよく用いられている書斎の写真は、パヴィリオンと呼ばれる既存建物の2階部分の改修です。ここでは既存改修ですので水平連続窓はありませんが、書斎の壁面全体を家具として水平方向に3つの層に分割することによって水平性が強調されており、また同時に独立した柱とその足元に付随したオブジェによる垂直性とが美しい対比を構成しており、後にデザインされるサヴォワ邸のサロンの原型となっています。椅子や机

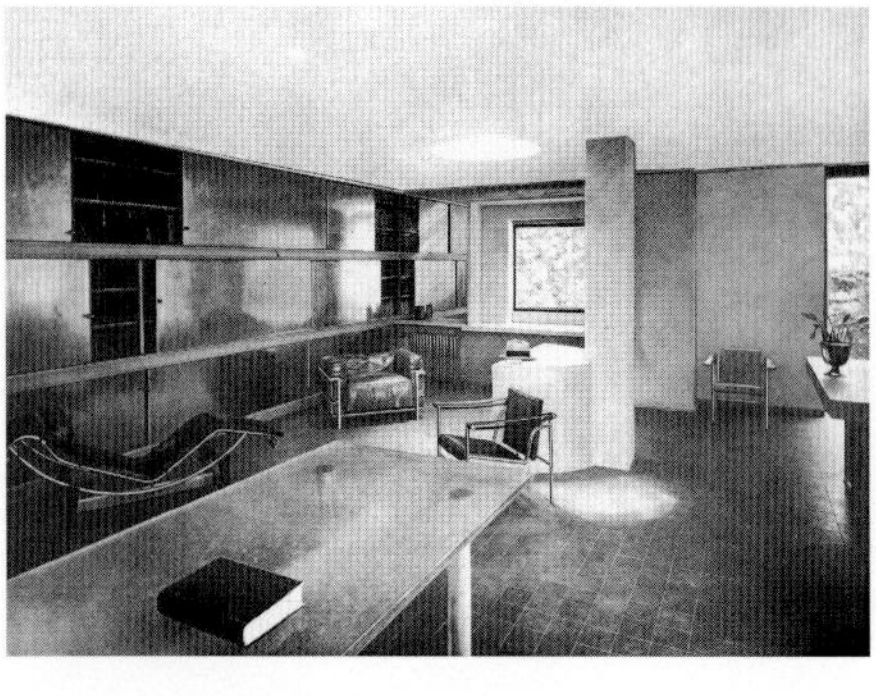

右：チャーチ邸アネックス
3階ルーフテラス
左：チャーチ邸パヴィリオン
2階書斎

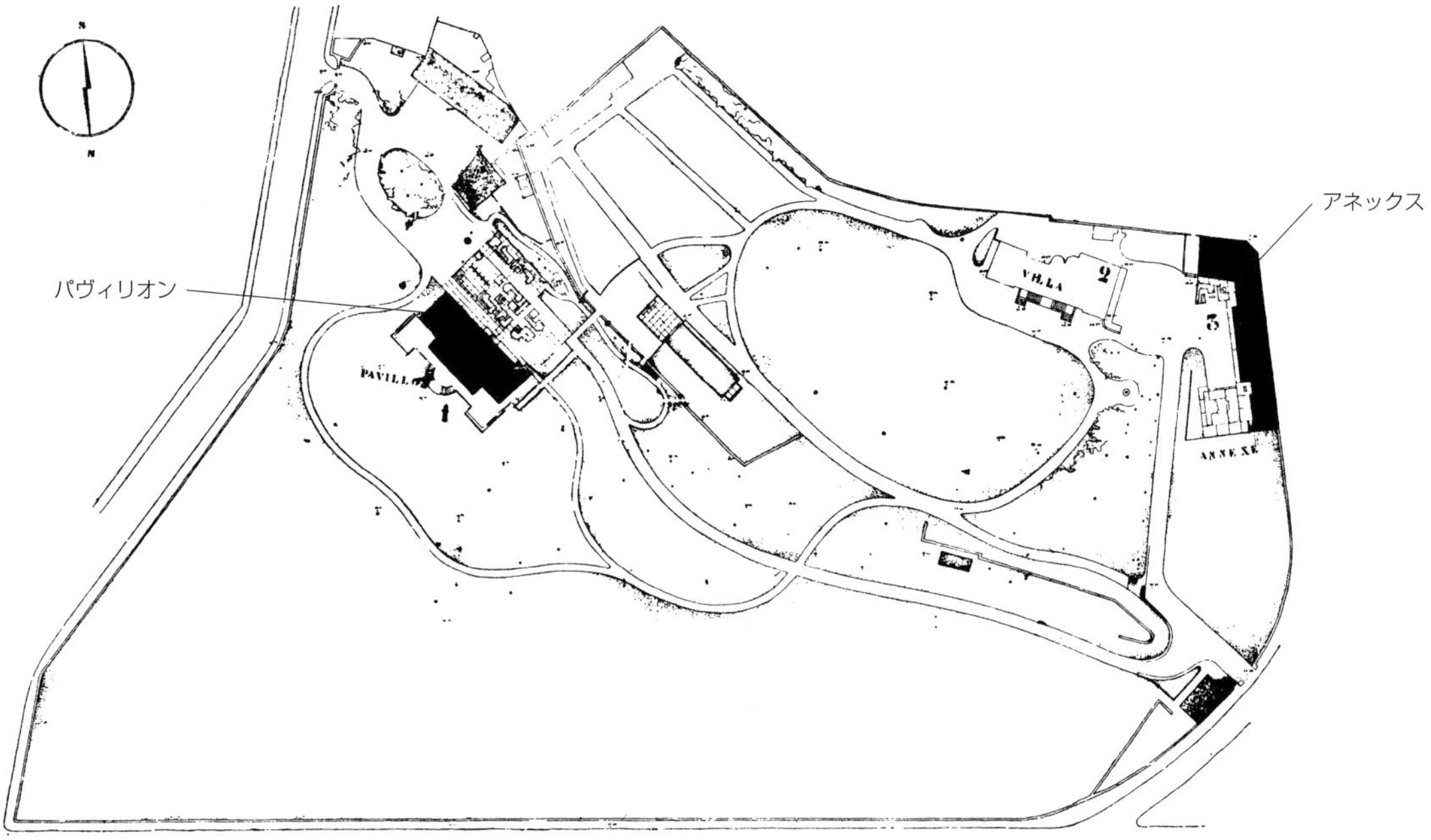

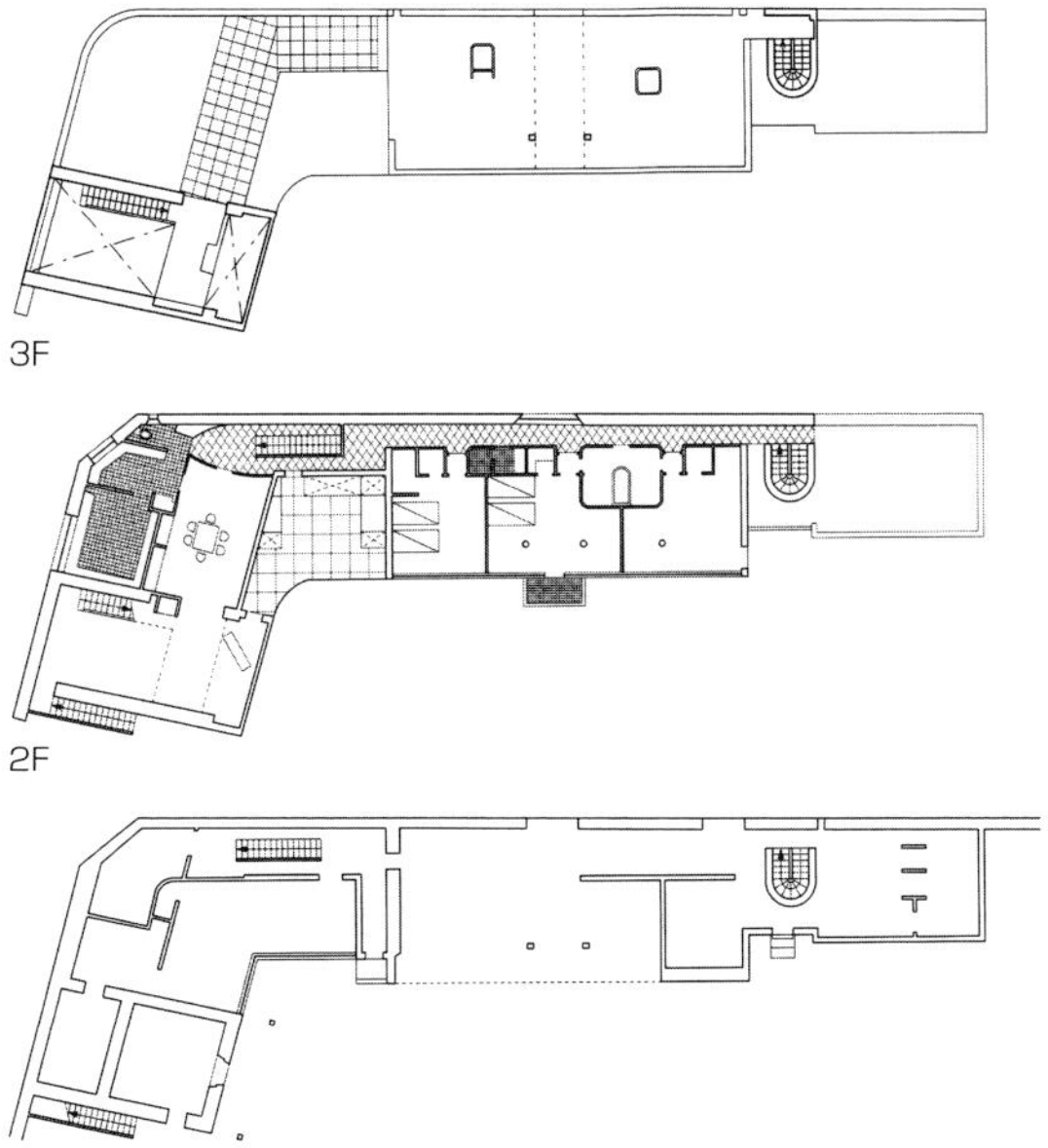

チャーチ邸アネックス平面図

チャーチ邸アネックス2階サロン

は、ル・コルビュジエ、ピエール・ジャンヌレ[6]、シャルロット・ペリアンによって設計されたもので、この住宅のインテリアは彼らのデザインした家具のショールームのような位置付けにもなっています。

こうしたル・コルビュジエの開発しつつあったモダニズム[8]の建築言語にサヴォワ夫人は興味を持ち、自分たちの新しい生活にふさわしいものだと判断したのだと思います。チャーチ夫妻など、ル・コルビュジエの初期のクライアントたちは必ずしも生粋のフランス人ではなく、むしろフランスで暮らす外国人が多かったことも、実はル・コルビュジエ自身がスイスの出身であることと関係しているかもしれません。

サヴォワ夫人のル・コルビュジエへの手紙の中でもうひとつ興味深いのは、冒頭の《まず第一に、建物の外観を損ねずに、数年以内に増築できるようにしておいていただきたい》という部分です。もちろんサヴォワ夫妻は相当裕福ではあったと思うのですが、それでも当面使えるお金というのはある程度限られていて、だけれども近い将来には増築して、自分たちが思ったような住宅にしたいというように考えていたようですね。当時のル・コルビュジエはすでに国際的に有名になりつつありましたけれども、まだ40歳でしたから、思ったことを言いづらいような巨匠というほどではなかったと思います。サヴォワ夫妻からすれば、ちょっと年下の、若くて元気のいい建築家に、新しい時代の住宅をつくってもらおうという感覚だったのではないでしょうか。

そしてル・コルビュジエにとっては、理想的なクライアントといえるサヴォワ夫妻との出会いは、大きなブレイクスルーであったと言えると思います。これまで彼が手がけていた住宅では、パリ市内の狭い不整形な敷地といった困難な制約の中でどう解答を出していこうかと悪戦苦闘していたからです。ところがサヴォワ邸はパリ郊

外の森の中で、敷地には制約されない。どのような形でも可能である。初めて何をやってもいいという理想的な敷地が与えられて、ものすごく興奮したのだろうなあと思います。待ってました、という感触はきっとあっただろうし、裕福なクライアントが現れて、ル・コルビュジエの事務所は経済的に助かるという意味もあって、ほっとした気持ちもあったと思います。

不動産としてのサヴォワ邸――概要

サヴォワ邸を現代的な不動産として語るとすると、建築面積は415・87平方メートル（125・80坪）、延床面積は514・82平方メートル（155・73坪）、地上2階、地下1階で鉄筋コンクリート造の住宅ということになります。これに実際にはピロティ[9]、バルコニーが加わりますので、施工床面積としては合計932・58平方メートル（282・10坪）という規模になり、日本の平均的な住宅と比較するときわめて大きな規模であることがわかります。建設コストは当時の価格で約90万フランといわれています。現代の日本とでは単純な比較はできませんが、施工床面積280坪に対して坪単価を約90万円とすると、建設費は約2億5000万円程度と考えることができます。

建物全体を見てみましょう。地下には小さな食品庫とワインセラーがあり、1階は車廻しであるピロティとエントランス・ホールだけで、それ以外は使用人、運転手の居室ですから、家族のスペースはすべて2階にまとめられていることになります。2階には夫妻の寝室、夫人の私室[10]（ブドワール）、子供室、客室、キッチン、配膳室、そしてリヴィング・ダイニングとしてのサロンなど、すべての部屋

サヴォワ邸平面図

1：サロン
2：配膳室
3：キッチン
4：サーヴィス・バルコニー
5：客室
6：子供室
7：主寝室＋浴室
8：夫人の私室（ブドワール）
9：アブリ
10：ルーフテラス（屋上庭園）
11：スロープ
12：ソラリウム（日光浴場）

3F

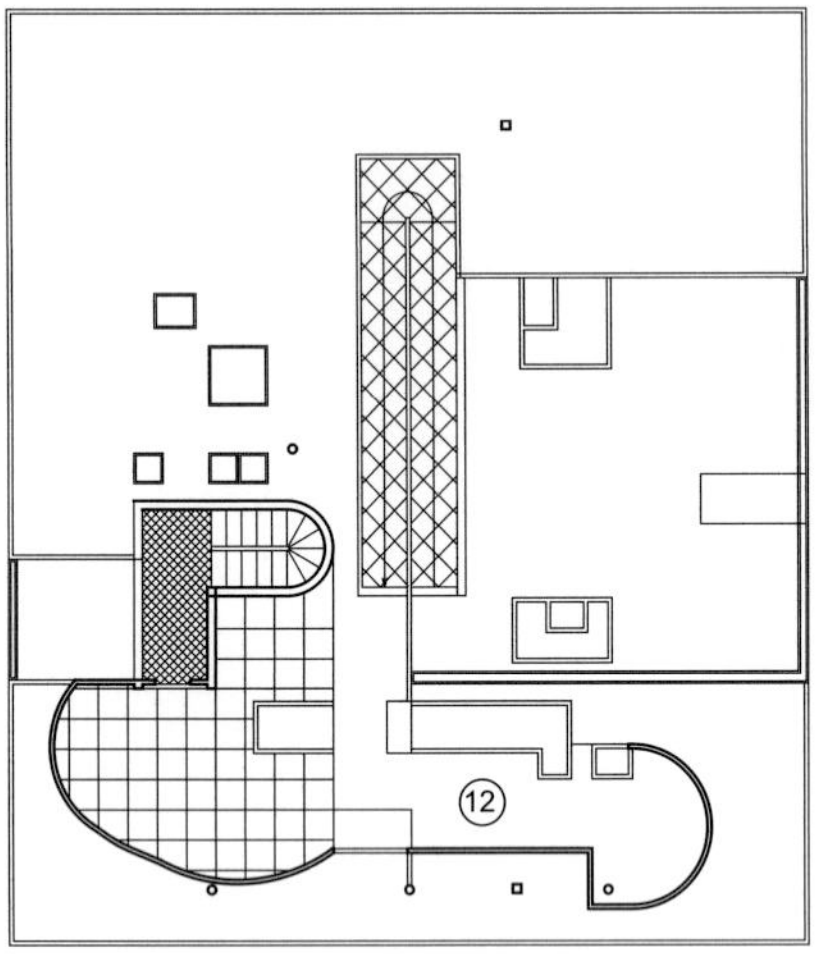

2F

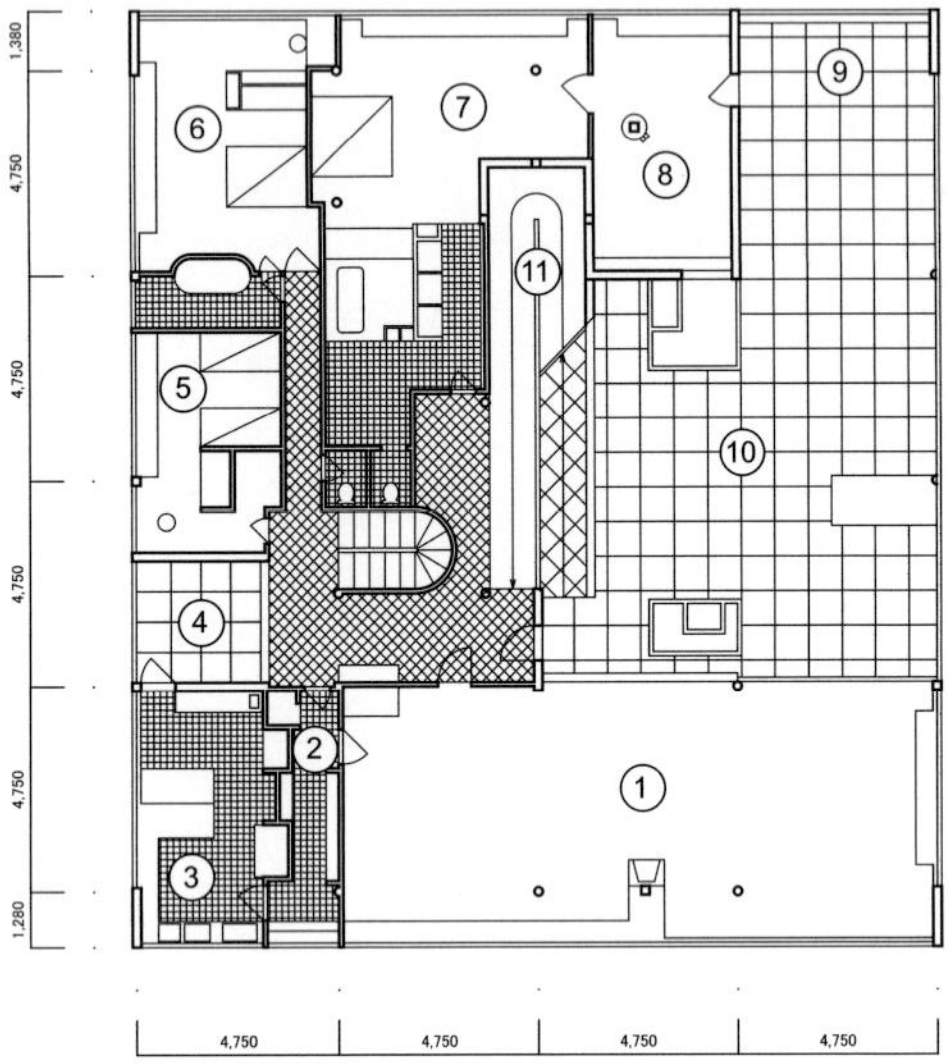

1F

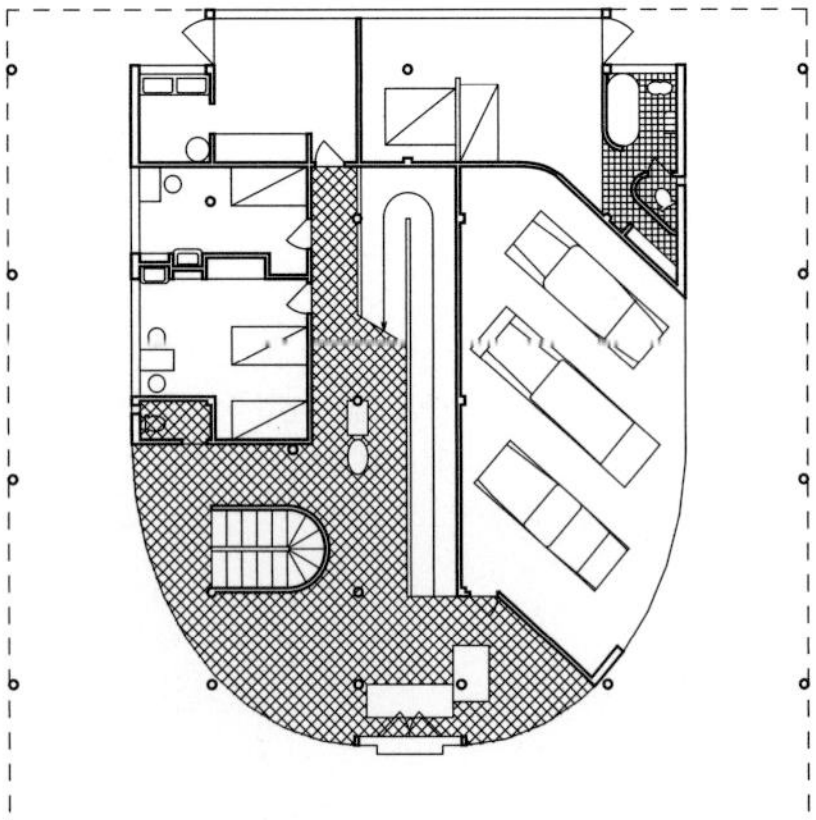

B1

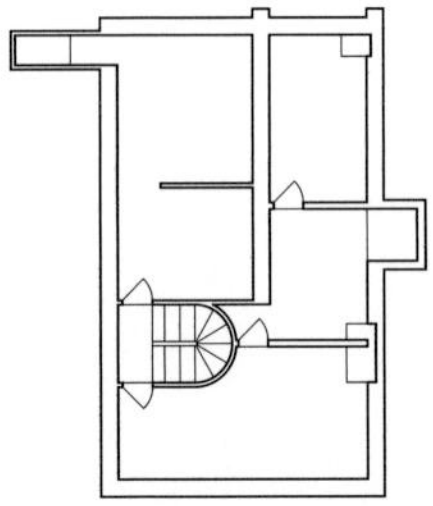

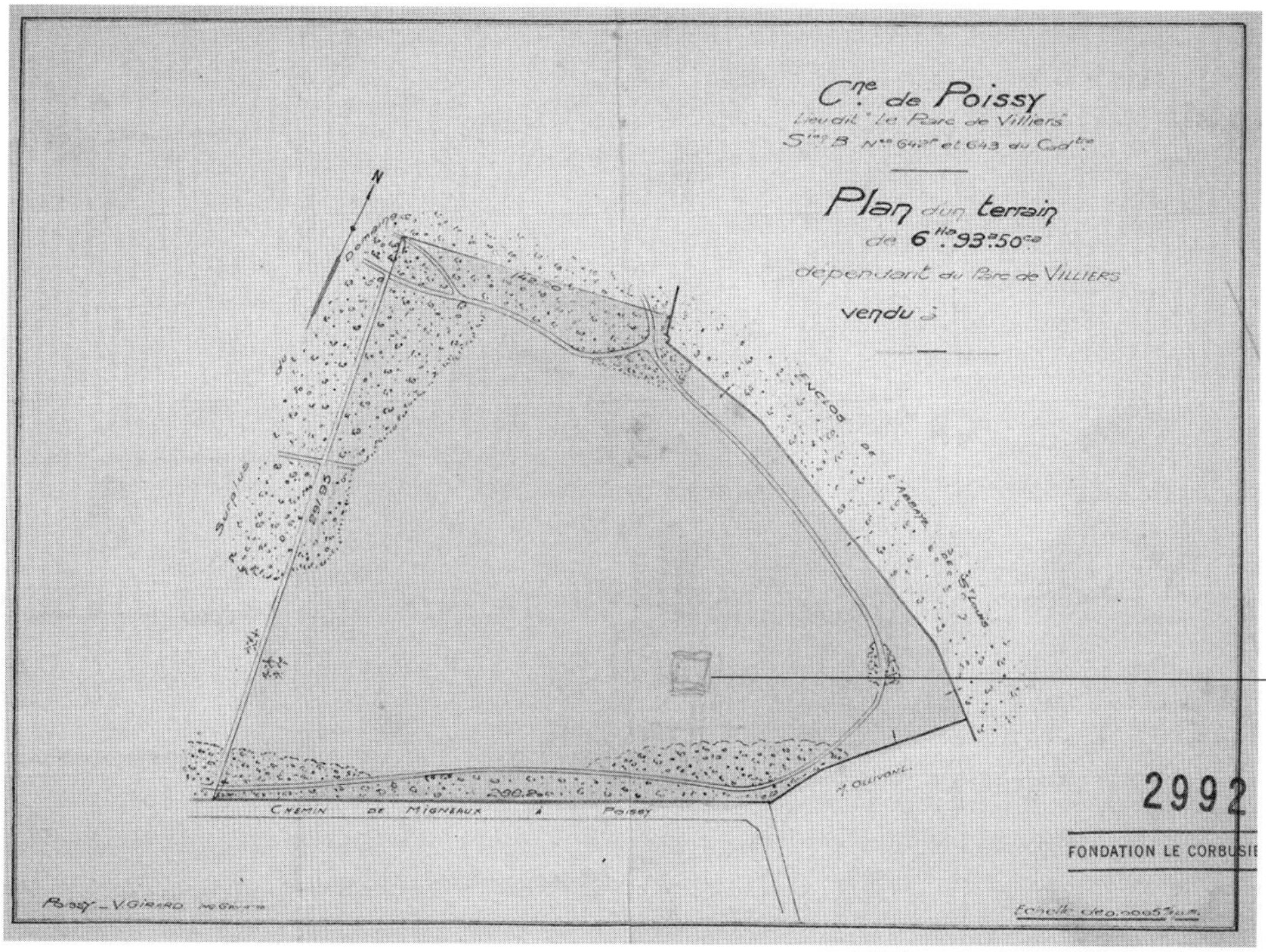

サヴォワ邸敷地図

がルーフテラスの廻りに集められています。３階には最終的に建設された案では部屋はありません。階段室が３階レヴェルに上がってきているだけで、壁だけが自立して内部的な空間を構成し、ソラリウム[11]（日光浴場）と呼ばれています。北側に建てられた自立壁がセーヌ川からの北風を防ぎ、南からの日光を快適に浴びることのできる空間が生み出されています。最初の設計案では３階には夫妻の寝室が置かれる予定でしたがコスト削減のために２階に下ろされ、その痕跡のように壁だけが残されたのです。まるで廃墟のように壁だけが残されたようにも見えますし、その正反対にこれから屋根を作るための手掛かりを準備しているようにも見えます。

１９３１年の竣工時には、広大な敷地の北西方向にとても見通しのよい景観が広がっていましたが、現在はかつての敷地内にポワシーの高校が建てられてしまいました。ル・コルビュジエ財団[12]に残された敷地図を見ると、建物規模に比較して敷地がいかに広大であったかがよくわかります。現代のわれわれの感覚からすると、これだけの敷地があればある程度分散させるような配置計画を検討してもおかしくないと思うのですが、ル・コルビュジエは1階が車廻しのためのピロティと使用人の居室、2階が接客用のスペース、３階がプライヴェートな居室という、ある意味ではきわめて古典的な、そして都市的な断面構成を最初から最後まで崩そうとはしませんでした。ル・コルビュジエにとって、サヴォワ邸が「近代建築の５原則[13]」のプロパガンダとしてきわめて重要な役割をになっていたことを物語っていると思います。ル・コルビュジエは全集に発表した際に、地面の湿気から離れて暮らすこと、そして空中に庭園を持つことの快適性を強調していますが、これだけの土地の広がりがありながら、ピロティの下に自動車を導くなどという計画はかなり強引だといってよいかもしれません。

サヴォワ邸北西面

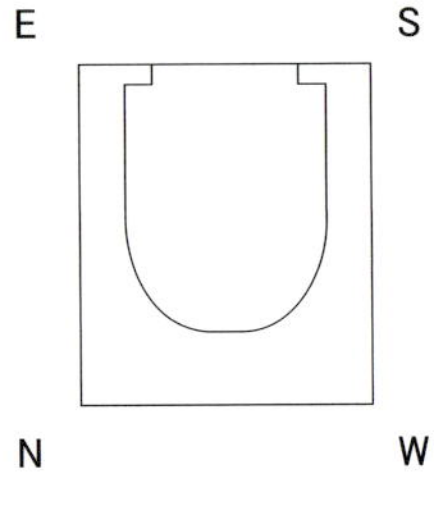

★5——全集　Oeuvre complete　ル・コルビュジエは、未完となったプロジェクトまで含めて自身がデザインしたほとんどすべての建築作品を全集という形で残している。彼は自ら解説を書き、写真や図版の取捨選択はもちろんレイアウトにまで深く関わっていた。1929年に『ル・コルビュジエとピエール・ジャンヌレ全作品集 1910-29』と題して第1巻をスイスで出版。以後ある程度プロジェクトがまとまるごとに刊行され、最終の第8巻『1965-69』は彼の死後刊行された。現在でも入手可能で、ル・コルビュジエ研究のための最も基礎的な文献となっている。

★6——ピエール・ジャンヌレ　Pierre Jeanneret 1896-1967　スイス生まれの建築家。ル・コルビュジエの従兄弟。ジュネーヴで建築を学び、オーギュスト・ペレの事務所を経て、1922年から約20年間にわたりル・コルビュジエと協働。デザイン面から実務的な面までル・コルビュジエをサポートする。第二次世界大戦中に協働を解消するが、1951年、チャンディガールのプロジェクトが始まったことを契機に、再びル・コルビュジエはピエールを事務所に呼び戻した。

★7——シャルロット・ペリアン　Charlotte Perriand 1903-1999　フランスの家具・インテリアデザイナー。1927年にル・コルビュジエの事務所にデザイナーとして入所。LCシリーズ家具をル・コルビュジエ、ピエール・ジャンヌレと協働で制作した。

ルーフテラスからサロンを見る

★8——モダニズム（近代主義）Modernism　18世紀に始まった産業革命による社会構造の変化は、芸術の各表現にも大きな影響を与えた。1920年代に欧米を中心として展開した建築におけるモダニズム運動は、それ以前の古典的な様式に従う建築を批判し、装飾を否定して、鉄やガラス、コンクリートといった新しい素材を使いながら、建物の機能をいかに正直に表現するかをひとつのモラルとして建築の新たな可能性を追求した。

★9——ピロティ　pilotis　建物の主に1階フロアの一部あるいは全部を壁面で囲わずに開放したスペース。サヴォワ邸の場合には、車廻しのために設けられた。ル・コルビュジエのピロティは、1階を都市的な交通のために開放するという意味を持つ。

★10——私室　boudoir　ヨーロッパ邸宅によく見られる女性のプライヴェート・ルームのこと。語の本来の意味は「ぶつぶつ文句を言う」という意味で、転じて女性たちの歓談の場所の名前となった。

★11——ソラリウム　Solarium　サヴォワ邸の3階にある日光浴のためのルーフテラス。1階から続くスロープを上がった突き当たりにある。風を防ぐ壁面の小窓からはセーヌ川を望むことができる。

★12——ル・コルビュジエ財団　Fondation Le Corbusier　ル・コルビュジエが残した膨大な遺産を管理するために1968年に設立された。本部はパリ、ラ・ロッシュ＝ジャンヌレ邸に置かれている。ル・コルビュジエのスケッチを整理・刊行する重要な役割を果たし、ル・コルビュジエ研究の中心地となっている。

Le Cahiers, No 82, hiver 2002-2003, Centre Pompidou より

実はローコスト——建設と構造

設計は先に述べたようにきわめて短期間にまとめられたのですが、１９２９年の４月に着工したのに竣工したのは１９３１年の夏なのです。つまり、工事には２年以上もかかっていることになります。建築史家のジークフリート・ギーディオン[14]が工事中のサヴォワ邸を訪問しているのですが、実は何らかの事情で一旦工事が止まっていたらしい。その時にギーディオンが建設現場の撮影をしていて、その写真が残っています。パリのポンピドゥー・センター[15]が出している『カイエ』[16]という雑誌にそれが発表されています。木の足場を組んでコンクリートを打設している様子や、最終的な作品からはすべてコンクリートで出来上がっているように見えながら、実はコンクリートは柱とスラブ[17]、梁だけで、それ以外の外壁はすべてレンガ積みでスタッコ[18]で仕上げられていたことがわかります。「住宅は住むための機械である」というル・コルビュジエの有名な言葉が残されていますが、実際の建設はきわめてローテクな状態でした。こうした建設方法は日本ではあまり見られませんが、世界的にはローコスト建築の標準といってもよいほど一般的な建設方法です。ギリシャでもインドでも、いわゆる街中の普通の建物はすべてこの建設方法で作られているといってもよいほどありふれた工法ですから、サヴォワ邸というモダニズムの最先端を疾走していたような印象のある建物がそうしたローテクな工法で作られていたことは、とても意外な印象があります。

優れたデザインでありながらきわめてローコストを目指している様子は、アンドレア・パラディオ[19]の建築も同様に安普請であったことを思い出させます。ルネサンス後期のイタリアにおいて、当時すでに衰退が始まっていたヴェネツィア近郊の貴族たちは、かつての

★13——近代建築の5原則　Les cinq points d'une architecture nouvelle / The five points of a new architecture　ル・コルビュジエが自身の建築原理を1926年頃「近代建築の5原則（新しい建築の5つの要点）」、すなわち、「ピロティ」、「屋上庭園」、「自由な平面」、「水平連続窓」、「自由な立面」としてまとめる。ル・コルビュジエの住宅作品の中でも、サヴォワ邸はこの5点が最も明快に表現された作品である。

★14——ジークフリート・ギーディオン　Siegfried Giedion 1888-1968　スイスの建築史家、建築評論家。チューリヒ大学でハインリッヒ・ヴェルフリンに師事。1928年に創設されたCIAM（近代建築国際会議）の初代事務総長を務める。マサチューセッツ工科大学、ハーヴァード大学などで教壇に立つ。主著に『時間　空間　建築』（日本語訳『同』太田實訳）など。

★15——ポンピドゥー・センター　Centre National d'Art et de Culture Georges Pompidou　パリ、レアル地区にある総合文化施設で、国立近代美術館、図書館などが入っている。建物は、レンゾ・ピアノとリチャード・ロジャースが設計。空調パイプ類を建物外面に出したデザインは景観の観点から賛否両論を呼んだ。2008年に坂茂らの建築チームによる設計で、フランス北東部、メスに分館がオープンする予定。

★16——カイエ　Cahiers du musee national d'art mcderne　パリのポンピドゥー・センターが1979年から発行している季刊誌。毎号の表紙は、特集でフィーチャーされるアーティストが手掛けることが多い。

★17——スラブ　slab　鉄筋コンクリート造（RC造）の建築物で用いられる水平方向の面的構造体。すなわち床面、天井面、屋根面、壁面などを支持する構造を指す。

王侯のように裕福ではありませんでした。サヴォワ邸としばしば比較されるパラディオのラ・ロトンダも、柱のベースと柱頭はかろうじて石なのですが柱そのものはレンガを積んでスタッコで仕上げることによって石のように見せかけています。コストに苦しんでいるのは現代の建築家だけではありません。パラディオはもちろんその古代ローマを思わせるような構想の雄大さをイメージさせるデザインで人気を博していたのですが、同時にそうした勇壮さをきわめてローコストで実現させていたことでも人気を得ていたのです。

トラブル続き——サヴォワ邸のその後

1931年夏、建物の引渡後に、サヴォワ一家が引っ越してきて住み始めています。サヴォワ夫人からル・コルビュジエに送られた手紙を読むと、サヴォワ家は夏にはほとんどこの住宅で暮らしていたことがわかります。しかし、実際に住んでみるとものすごくトラブルが多い。とにかく雨漏りがひどかったそうです。ガレージの壁はびしょびしょに濡れて水浸し、特にサヴォワ夫人の浴室は、雨が降る度に水がぽたぽた落ちてくるという状態がずっと続いた。それをサヴォワ夫人はル・コルビュジエに手紙で訴えています。竣工して5年後の1936年9月に送られた手紙では、あなたもそろそろ休暇が終わっただろうから一刻も早く見に来てください、と書かれています。この住宅はとても住めたものではない、と。でも、ル・コルビュジエはそれをほったらかしにして、あまりきちんと対応しなかったらしい。1937年夏に再びサヴォワ夫人からル・コルビュジエに送られた手紙が残っています。今度は本気で怒っています。その手紙の前にル・コルビュジエがなんらかの返事を出して、迷惑

★18——スタッコ stucco　建物の壁面の仕上げ方法のひとつで、下地の上にセメントモルタルを5～10ミリメートルの厚さで塗布した後にコテやローラーで表面を整える技法。サヴォワ邸の壁面は、レンガ積みを下地としてセメントモルタル左官仕上げによって抽象的で平滑な面として仕上げられている。

★19——アンドレア・パラディオ　Andrea Palladio 1508-1580　イタリア、マニエリスム期に活躍した建築家、建築理論家。古代ローマ建築を模範とし、数学的比例による調和を建築の原理とした。特に貴族の邸宅を得意とした。フォスカリ邸（ラ・マルコンテンタ、1560年）、アルメリコ・カプラ邸（ラ・ロトンダ、1567年）などがよく知られる。著書『建築四書』（1570年）では図版とともに自作を解説した。同書は、17世紀初頭から200年以上にわたってヨーロッパからアメリカに「パラディオ様式」の影響を及ぼす基礎となった。

をかけて悪かった、と認めたらしいんです。それで、やっとあなたもこの住宅が住めたものではないと気づいたのか。だけど、私はもうこれ以上一銭もお金を出さないから、すぐにちゃんとまともな住宅にしなさい。もしそれでも直さないなら何か法的な手段に訴えるというような、かなり厳しい内容の手紙を送っています。

実際に訪れるとわかるのですが、防水の納まりなどでかなり無理をしています。現代ではアスファルト防水の端部はパラペットといって例えば30センチメートル程度の防水を巻き上げることによって防水の裏側に水が回りこまないように工夫しているのですが、サヴォワ邸の場合はパラペットがありません。屋根スラブが少しめくれ上がって、そこに直接防水の端部を留めているだけなのです。したがって、家中どこで雨水が漏れても不思議はないという状態になってしまっていました。もちろんそれにはデザイン的な理由があって、特に2階のルーフテラスからサロンを見返したときに屋根そのものを薄く見せることで、テラス廻りの美しいプロポーションが実現されています。ただ、防水的には少し無理をしすぎたのでしょうね。ル・コルビュジエは新しい技術を過信することでしばしば痛い失敗を経験していますが、懲りるということがありませんでした。

サヴォワ一家は結局１９３８年の第二次世界大戦の勃発で、アメリカに移住してしまいましたので、実際に彼らがル・コルビュジエの設計による住宅に住んでいたのはだいたい7〜8年という短い期間でしかありません。フランスはドイツに占領され、サヴォワ邸もドイツ軍に占拠されて、戦時中は軍隊の倉庫として使われていました。ドイツ軍の使い方がひどく、戦争が終わるころにはぼろぼろという状態になってしまった。

戦後、１９５８年に、ポワシー市がサヴォワ邸の建っている土地を接収し、高校を建てるためにサヴォワ邸を壊すという話が出ます。そこに至って初めてギーディオンや当時の文化大臣アンドレ・マル★20

★20——アンドレ・マルロー André Malraux 1901-1976 フランスの小説家、美術評論家、政治家。フランス大統領、シャルル・ド・ゴールの政権下で、１９５８〜69年にかけて文化相を務める。長年の埃でくすんでいたパリの街を白く洗いだしたことでも知られる。サヴォワ邸保存運動をサポートし、サヴォワ邸を近代建築としては初めてフランスの歴史的建造物として認定した。

左：浴室を主寝室側から見る

ロー[20]が保存運動を始める。そのおかげで、ちゃんとした改修をして保存するということがル・コルビュジエの晩年に決まります。ル・コルビュジエは当時から自身の資料を保管するために財団を設立する構想を持っていて、サヴォワ邸をその財団の本部にしたいと考えていましたが、それは実現せず、結局本部はラ・ロッシュ＝ジャンヌレ邸[21]に置かれることになり現在に至っています。その代わりに、サヴォワ邸は、ル・コルビュジエの死の直後に、近代建築としては初めてフランスの文化財として認められて、今でもフランス文化庁の管理下にあります。

画家、ピエロ・デッラ・フランチェスカ

サヴォワ邸は近代建築の5原則を最もわかりやすく表現した住宅作品だといわれます。しかし、それだけではこの住宅を説明するには十分だとは思えません。サヴォワ邸の設計を進めているときに、ル・コルビュジエは、表向きの「近代建築の5原則」といったプロパガンダとは別に、建築家としてどのような興味を持っていたのでしょうか。彼の創造の現場がどのようなものであったか、推測してみたいと思います。

ル・コルビュジエは、世界的に著名な建築家となってからも、つねに画家であろうとし続けていました。よく知られているように、午前中は自宅のアトリエで絵を描き、午後からパリ・セーブル街35番地のアトリエに現れて設計をするという生活を長く続けていたと言われています。24ページの絵は、ピエロ・デッラ・フランチェス

ピエロ・デッラ・フランチェスカの肖像
（ヴァザーリ『ルネサンス芸術家列伝』より）

★21〜24

★21——ラ・ロッシュ＝ジャンヌレ邸 Maison La Roche-Jeanneret 1923年に計画を開始し1925年に竣工したパリ市内にある住宅。施主は銀行家ラウル・ラ・ロッシュとル・コルビュジエの兄アルベール・ジャンヌレであり、2人の住宅が隣接し一体化した建物である。ピロティの上に乗る円弧状凸壁面が特徴。

★22——ピエロ・デッラ・フランチェスカ Piero della Francesca c.1415/20-1492 イタリア、ルネサンス期の画家、数学者。フィレンツェでドメニコ・ヴェネツィアーノに師事。当時、注目され始めた線遠近法による画面構成を得意とし、伝統的主題の中に超然とした人物像を配し細密に描く。ジョルジョ・ヴァザーリが伝記にするものの、経歴については謎の部分が多い。20世紀に入り再評価の機運が高まる。著作として『絵画の遠近法』、『正多面体論』などの理論書がある。

★23——キリスト鞭打ち La Flagellazione (The Flagellation) 1440年代から1470年代初め頃制作。

★24——ジャージー・ソルタン Jerzy Soltan 1913-2005 ラトヴィア生まれのポーランド人建築家。ワルシャワで建築を学び、第二次世界大戦後パリに出てル・コルビュジエの事務所で5年間働く。ポーランドに帰国後、ワルシャワ芸術アカデミーで教育にあたるが、パリで身につけたモダニズムは否定された。1959年アメリカに渡り、その後長い間ハーヴァード大学で後進の指導にあたる。晩年のル・コルビュジエを説得し、同大学カーペンター視覚芸術センターの設計を依頼、アメリカで実現した唯一のル・コルビュジエ作品となる。

カ[22]という、イタリア・ルネサンスにおいて透視図法を数学的に確立させようとした画家の代表作のひとつ、「キリスト鞭打ち」[23]です。ル・コルビュジエの長年の協力者、ジャージー・ソルタン[24]や事務所のスタッフの話によると、ル・コルビュジエもこの不思議な透明感を湛え、数学的な厳密さを併せ持った「キリスト鞭打ち」に魅了され、多くの分析を加えていたということです。残念ながらル・コルビュジエがどのような分析をしていたのかは資料が残されていないので、われわれは想像するしかありません。それではピエロ・デッラ・フランチェスカとはどのような画家だったのでしょうか。

ピエロ・デッラ・フランチェスカはルネサンスの画家で当時の画家が誰でもそうであったように主に宗教画を描いていました。一方で、数学者としても有名で、遠近法を研究していた。彼は絵を描く前に、厳密な数学的計算をした上で、透視図を描いていたと言われています。当時は評価も高く人気のある画家であったようなのですが、例えばレオナルド・ダ・ヴィンチやミケランジェロのような歴史上の大芸術家とはちょっと違って、その後しばらく忘れられていて歴史の中に埋もれていたのです。

しかし、1920年代から、このピエロ・デッラ・フランチェスカを急速に再評価する動きが始まります。ル・コルビュジエにとって1920年代というのは、まさに画家のアメデ・オザンファン[25]たちと創刊した『レスプリ・ヌーヴォー』[26]の時代でした。おそらく美術界の動きには、よく親しんでいただろうし、いろいろな影響を受けていたはずです。当時、急にピエロ・デッラ・フランチェスカの再評価の機運が高まった状況は、オザンファンたちを通じて知ったのではないでしょうか。

★25——アメデ・オザンファン Amedée Ozenfant 1886-1966 フランスの画家、理論家、教育者。当初キュビスムから影響を受けていたが徐々に批判的な立場をとり始め、ピュリスムの理論を構築。『キュビスム以後』（ル・コルビュジエとの共著、1918年）でその立場を世に問うた。1920年、雑誌『レスプリ・ヌーヴォー（新精神）』をル・コルビュジエらと創刊する。1930年代後半以降ロンドンやニューヨークで美術学校を作り、教育にあたる。

★26——レスプリ・ヌーヴォー L'esprit Nouveau アメデ・オザンファンとル・コルビュジエが『キュビスム以後』（1918年）で発表したピュリスムの理論をさらに展開するために、1920年、雑誌『レスプリ・ヌーヴォー（新精神）』が創刊される（全28号、〜1924年末）。この誌上でシャルル＝エドゥアール・ジャンヌレはペンネームとしてル・コルビュジエを使い始めた。1925年アール・デコ博覧会場に、ル・コルビュジエによるレスプリ・ヌーヴォー館が設置される。

「キリスト鞭打ち」の謎

「キリスト鞭打ち」をよく見ると、まず最初に気付くのはとても不思議な構図を持っていることです。画面は中央で二分され、一見すると無関係な情景が並置されているように見えます。画面の左半分にはそのタイトルが示すとおり鞭打たれるキリストとそれに関わる4人の男たちが描かれており、画面の右半分にはまったく無関心を装うように立つ3人の男が描かれています。この3人の男が一体何者なのかについては多くの解釈があり、近年では著名な歴史家カルロ・ギンズブルグ[27]がきわめてエキサイティングな謎解きをしてくれているのですが、ここで注目したいのはそうした図像学的解釈ではなく、むしろその不思議な画面構成にあります。主題であるべきキリストの鞭打ちは画面左手の半分だけで展開され、遠近法で正確に再現された建築空間の中でむしろ背景のように退き、奥行きのある空間を体現しています。しかし、右手の半分の画面は3人の人物によってほとんど占領され、左手の画面のような遠近法を強調した奥行きはまったくなく、あたかもフラットな面が立ちはだかるように浅い空間となっている。ピエロ・デッラ・フランチェスカが画面の中にこうした構成を採用したのはこの絵画が初めてではありません。アレッツォのサン・フランチェスコ聖堂に完成させた連作「聖十字架伝説」の中で、例えば「シバの女王、十字架の材木の前で拝跪、ソロモンとシバの女王との会見」においても、そうした構図が試みられています。しかしこの構図は、源氏物語絵巻の構成とまったく同様に、異なる時系列で生起した出来事を並置するという説話上の構成によって成り立っていますので、「キリスト鞭打ち」に見られるような画面の深さの対比といった不思議なコントラストは見出せません。ピエロの作品群の中でも最も謎の多い「キリスト鞭打

ち」は、特別な位置を占めているように見えます。そもそもこの「キリスト鞭打ち」という作品については、制作年代ですら30年以上の幅（1440年代から1470年代初め）が存在するといった状態で、依頼主が誰なのか、そして右手の3人は誰をモデルとしていたのかなど、ほとんど資料が残されておらず、これがピエロ・デッラ・フランチェスカの真筆であるということ以外は美術史家の間でも議論百出で定説がありません。美術史家の間では、ピエロ・デッラ・フランチェスカを研究対象としておけば論文に困ることはないと冗談で言われているほどです。

しかし、ル・コルビュジエがそうしたイコノロジーだけに興味があったはずがなく、その独特の遠近法による画面構成に魅せられていたのだろうことは容易に想像がつきます。この「キリスト鞭打ち」に見られる画面構成がル・コルビュジエにどのような影響を与えたのか、これから考えていきたいと思います。

「深い空間／浅い空間」

私がこのように考えるようになったのは、建築批評家のトーマス・シューマッハー[28]が1987年、生誕100年を記念して『アーキテクチュラル・レヴュー』誌がル・コルビュジエ特集を組んだ際に発表した論文、「深い空間／浅い空間」を読んだことがきっかけです。この論文は、ル・コルビュジエの創造の軌跡を読み解く上でいくつもの重要なヒントを与えてくれます。まず最初にシューマッハーが指摘しているのが、トラセ・レギュラトール[29]（指標線）との関係です。ピュリスム[30]絵画の原則をオザンファンと共に探求したル・コルビュジエは、画面構成の中の幾何学的秩序にまず注目していたので

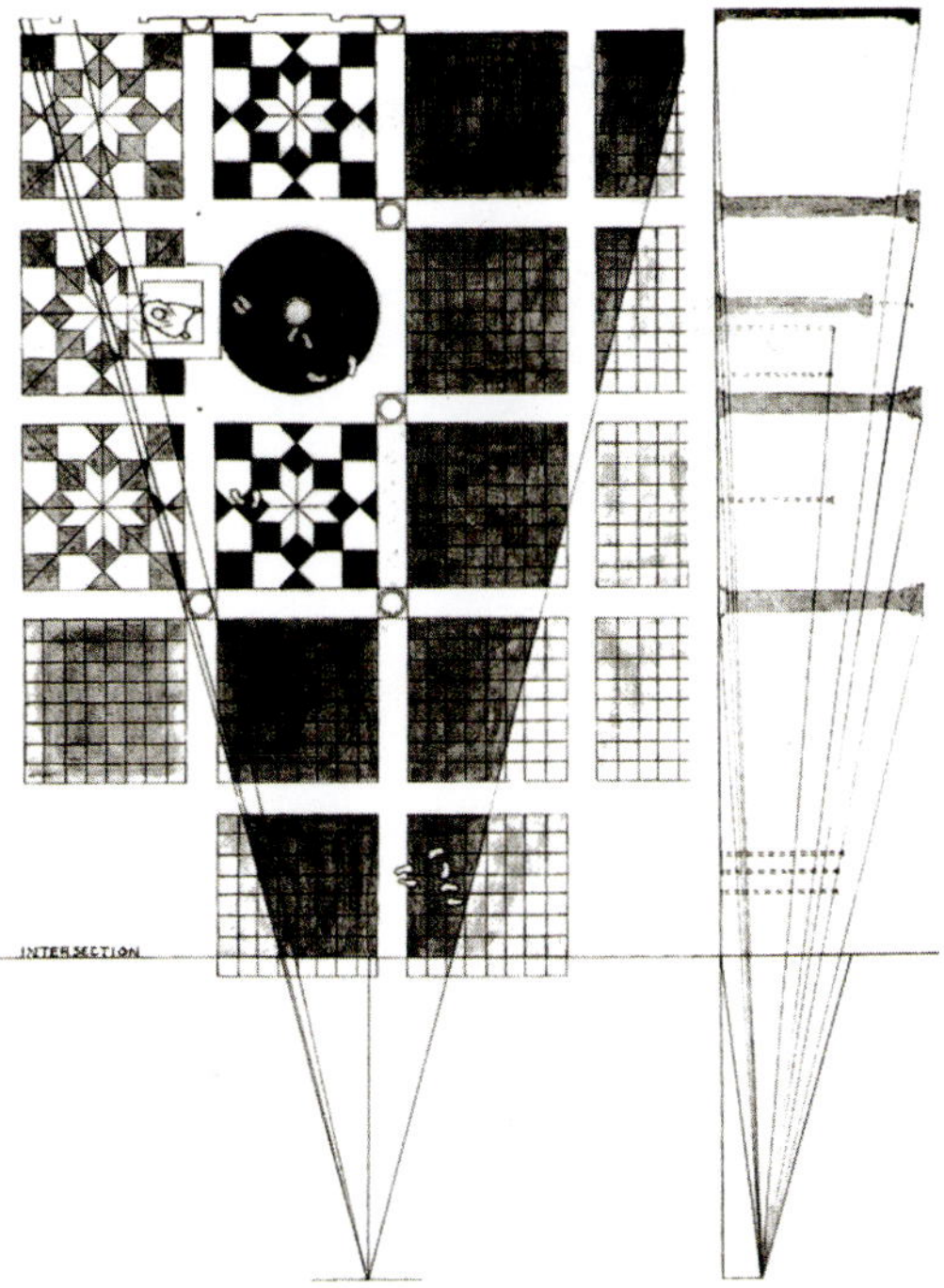

右：「キリスト鞭打ち」の建築の平面図と立面図
（R. Wittkower and B. A. R. Carter, The Perspective of Piero della Francesca's" Flagellation", *Journal of Warburg and Courtauld Institute*, 16, 1953）

左：「聖十字架伝説」（1450年代）より、
「シバの女王、十字架の材木の前で拝跪、ソロモンとシバの女王との会見」

右ページ：ピエロ・デッラ・フランチェスカ「キリスト鞭打ち」

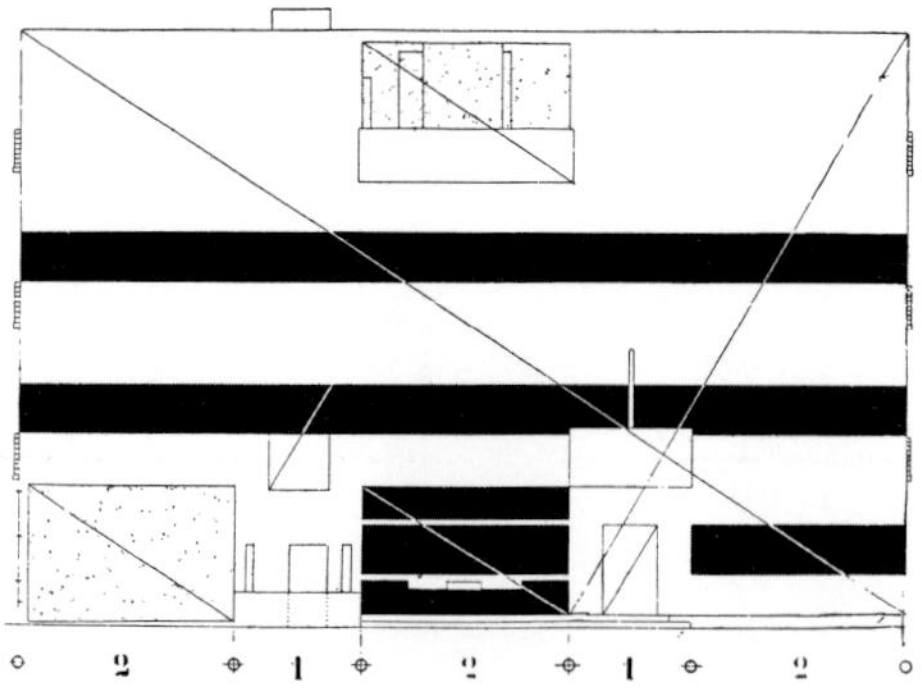

はないか、と想像できます。シューマッハーの最初の指摘も、「キリスト鞭打ち」の中の床面がつくるパースペクティヴのラインが消点で交わる時につくる角度が90度であるという点にあります。これは1920年代のル・コルビュジエが建築立面の秩序をつくる基準として用いていたトラセ・レギュラトールを連想させます。

これは必ずしもル・コルビュジエのオリジナルなアイディアというわけではなく、実は1920年頃には黄金比矩形のプロポーション[31]によって古典的な作品の美の秘密を解き明かそうという理論は、美術の世界でも一種の流行となっていました。これまで単にコンポジションという言葉でのみ語られていたものに、数学的な裏付けを与えるという意味で、きわめて有効な道具であると思われていたのです。ル・コルビュジエはこうした美と幾何学の結びつき、そして美を生み出す道具としてのトラセ・レギュラトールに大変興味を持っていましたし、黄金比への執着は生涯続きました。後にル・コルビュジエはこの黄金比とフィボナッチ数[32]の数列を組み合わせて「モデュロール」[33]と名付けられた独自の寸法体系を構築したりしています。

奇妙な符号——二分割された画面

もちろんこの論文でのシューマッハーの指摘はトラセ・レギュラトールだけにとどまりません。次に彼が《こうした特徴に気付いてからは、とても単なる偶然とは思えなくなる》と指摘しているのが、ル・コルビュジエの全集に掲載された写真の構図です。あらためて全集を確認してみると、画面を半分に分けて深い空間と浅い空間を対峙させるという構図を持った写真を驚くほど多く発見することが

★27——カルロ・ギンズブルグ　Carlo Ginzburg　1939-　イタリア生まれの歴史家。イタリア・ルネサンス、近・現代史を専門とする。ミクロ・ストーリアの創始者。UCLA（カリフォルニア大ロサンジェルス校）教授。『神話・寓意・徴候』、『ベナンダンティ』、『ピエロ・デッラ・フランチェスカの謎』など日本語訳書も多数。

★28——トーマス・シューマッハー　Thomas L. Schumacher　1941-　アメリカの建築家、建築評論家。コーネル大学でコーリン・ロウの下で学ぶ。大学院卒業後、イタリア・ローマのアメリカン・アカデミーに2年間滞在。帰国後、建築家I・M・ペイの事務所などを経て、現在はメリーランド大学で教鞭をとる。イタリア・ファシズム期の建築家、ジュゼッペ・テラーニの研究などで知られる。

★29——トラセ・レギュラトール（規則図形／指標線）　Tracés régulateurs　1921年『レスプリ・ヌーヴォー』第5号で初めて発表された、優れた建築物を図学的に分析し幾何学的法則を求める方法。建物のファサードや敷地内での配置を決定する際に用いられた。

★30——ピュリスム　Purisme　アメデ・オザンファンとル・コルビュジエが『キュビスム以後』（1918年）で発表したキュビスムを批判し超克しようとする造形思想・理論。『レスプリ・ヌーヴォー』誌で展開されていく。

右ページ／上右：トラセ・レギュラトール（指標線）、ガルシュの住宅、北立面図
右ページ／上左：床面のつくるパースラインが90度で交わる

右：モデュロール
左／上から：
リプシッツ＝ミスチャノフ邸（エントランス・ホール）
レスプリ・ヌーヴォー館（エントランス・ホール）
母の家（外部テラスからレマン湖を望む）
ピエロ・デッラ・フランチェスカ「受胎告知」

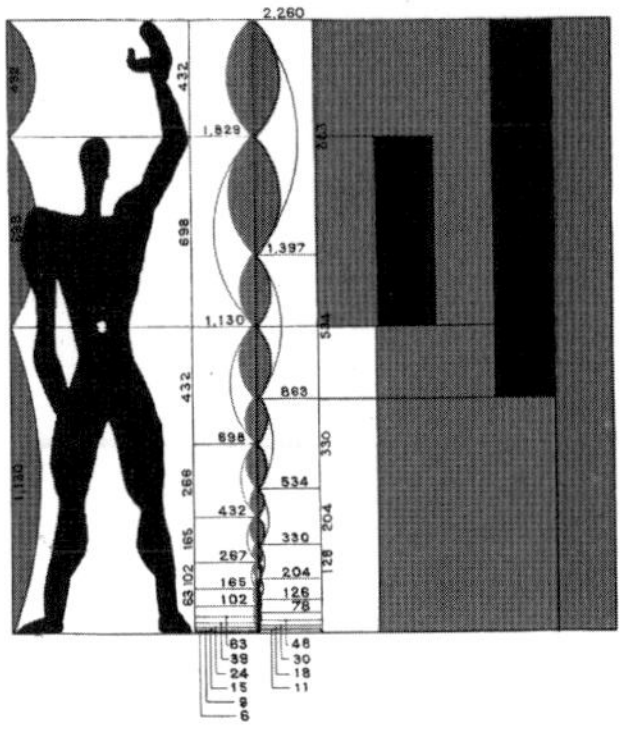

できます。リプシッツ＝ミスチャノフ邸のエントランスやレスプリ・ヌーヴォー館のエントランス・ホールの写真を見ると、ピエロ・デッラ・フランチェスカの影響をはっきり見ることができます。こうした写真を見ると、実現された空間を写真という新しい2次元のメディアで紹介するという意味以上に、2つの異なる世界を並置させるという明確な設計意図を感じさせるものとなっています。

画面を二分するという構成は、もちろんピエロ・デッラ・フランチェスカが最初に始めたわけではなく、絵画の歴史上多く見られます。その最も顕著な例は、大天使ガブリエルが聖母マリアに懐胎を告げる受胎告知の主題であると考えてもよいかもしれません。左手に天使、右手に聖母という構成は、その主題が神の領域（聖）と人間（俗）の領域の出会いを描くのであるから、左右2つに自然に分かれることになります。画面を左右に二分するという構成自体が、実は受胎告知という主題から必然的に導かれたと考えてもよいかもしれません。ピエロ・デッラ・フランチェスカの大作「聖十字架伝説」の中の「受胎告知」を見ると、彼がこの主題にどのように遠近法を適用させせどのような効果を得ようとしていたのか、はっきりと

★31——黄金比 golden ratio 古代ギリシャから芸術作品に適応されてきた、人間の目に最も美しく見えるとされる比率。任意の線分ABを点Cによって内分し、AC：BC＝AB：ACになるようにしたときのACとBCの比のことを指す。比の値はAC：BC＝約1・618：1、または、1：約0・618という無理数になる。黄金比によってできた長方形の特徴は、相似の長方形を次々と内につくっていく相似性を持っている点である。近代の建築でも、例えばジュゼッペ・テラーニ、ルイス・カーン、フランク・ロイド・ライトなどが設計プロセスで黄金比を用いたことが研究によって明らかにされている。

★32——フィボナッチ数 Fibonacci number 0, 1, 1, 2, 3, 5, 8, 13, 21, 34, 55, 89, 144, 233, 377, 610, 987……というように、フィボナッチ数は、並ぶ2つの数字の和が次の数字である数列を作る。イタリアの数学者レオナルド・フィボナッチにちなんで呼ばれるようになった。数列上の任意の数をその1つ前の数で割ると約1.618（例、610÷377））となり、逆に1つ後の数で割ると約0.618（例、610÷987）となり、桁数が上がれば上がるほど黄金比の数値に近づいていく。

ピロティ　アプローチを見返す

サロン

「キリスト鞭打ち」

読み取ることができます。そうした記録は残っていませんが、ル・コルビュジエもこの受胎告知の遠近法を繰り返し眺めていたのではないでしょうか。全集に発表された、母の家[34]を撮影した写真の構図を見てみましょう。画面左手、レマン湖に面して自立した壁面には、サヴォワ邸とまったく同じように窓が開けられ机が作りつけられていて、あたかも室内であるかのような効果を生み出し、また画面右手の本来室内の延長ともいうべき場所があたかも外部であるかのように描写されていますが、その2つの画面の境界に柱を置くことによって、画面左側の壁面は一体どこで終わっているのかきわめて曖昧になり、2つの領域の隣接と並置を逆に際立たせる効果を生み出しています。右手のパースペクティヴ奥の小さく見える柱の画面上の配置などを見ると、ピエロ・デッラ・フランチェスカの「受胎告知」との関連は偶然とは思えなくなります。これは撮影をしながらたまたま発見したアングルではなく、むしろ設計段階から周到に計算していたのではないかとすら思えてきます。写真という新しいメディアがまるで絵画のように扱われていて、見るものの想像力を刺激しています。

運動する空間

しかし、ピエロ・デッラ・フランチェスカの影響は、そうしたメディア・デザインだけにとどまるのでしょうか。それが長い間ずっと気になっていたのですが、２００６年に久し振りにサヴォワ邸を訪れてその内部空間を読み解いていくにしたがって、私の記憶の中の「キリスト鞭打ち」が次第に鮮やかな姿で甦ってきました。

『プレシジョン』より

サロンからルーフテラスを見る

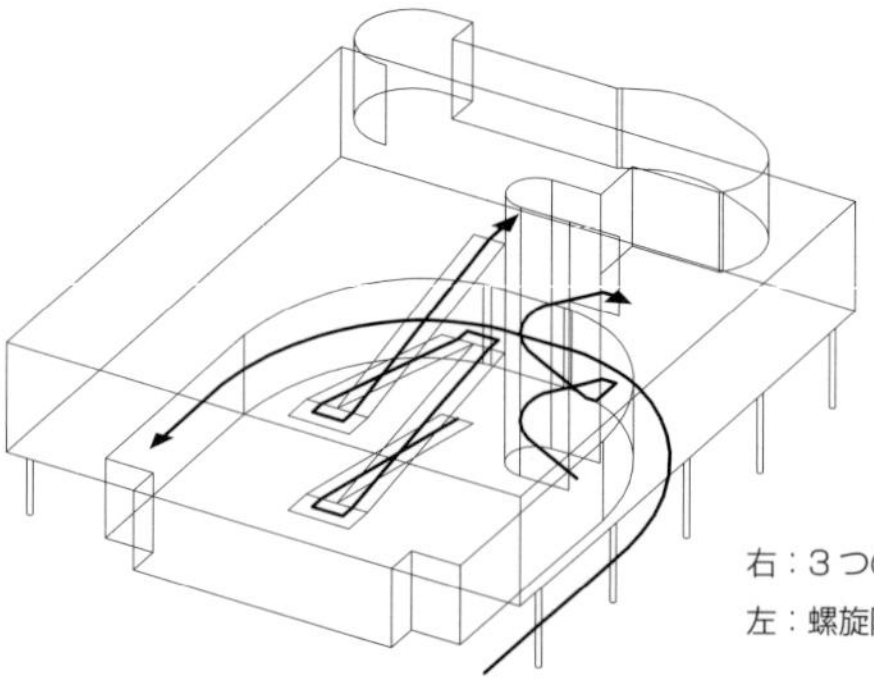

右：3つのサーキュレーション
左：螺旋階段とスロープが重なって見える

「キリスト鞭打ち」に見られるような画面を中央で二分するという構成は、もうひとつ重要な「運動」を生み出す契機を作っているように私には思えます。画面は単純に2つに分けられているわけではなく、背景は左端から右端まで連続しているわけですから、この画面全体の中では空間は左半分の画面のパースペクティヴに沿って奥へと進みながら、右手に回り込むような動きを生み出しているように見えます。実際にサヴォワ邸を注意深く見ていくと、その中で体験する空間と視線の動きは、まさにこの「空間の運動」を再現しているように見えてきます。ル・コルビュジエ自身が南米での講演録をまとめた著作『プレシジョン』[35]の中で「サーキュレーション」という言葉を使い、空間の中での動きが生み出す視線のシークエンスはアラブ建築からの教訓として説明しているように、また建築家でル・コルビュジエ研究の第一人者である富永譲氏[36]が「建築的プロムナード[37]（散策路）」としてそうしたシークエンスを説明しているように、実際にその空間を体験する人間が動くことから生まれる視線の変化という建築的快楽は、もちろんいくら強調してもしすぎるということはないと思います。しかしサヴォワ邸には、そうした動きとは違う意味での「空間の運動」ともいうべきものが生み出されているように感じました。

　実際にサヴォワ邸を訪れてその内部空間をゆっくりと歩いてまわると、中央のスロープや螺旋階段に沿って視点が次々と移り変わってゆくのはもちろんなのですが、それ以外の場所でも常に視線が外周を囲む水平連続窓に沿って滑るように次の空間へ導かれるという不思議な経験をします。どの部屋に入っても、その部屋に踏み込んだ場所だけでは空間が完結しないように意図的に構成されているのです。しかもその螺旋をイメージさせる運動は、サヴォワ邸の2階全体を見ると大きな螺旋と小さな螺旋が入れ子のような構造を作っ

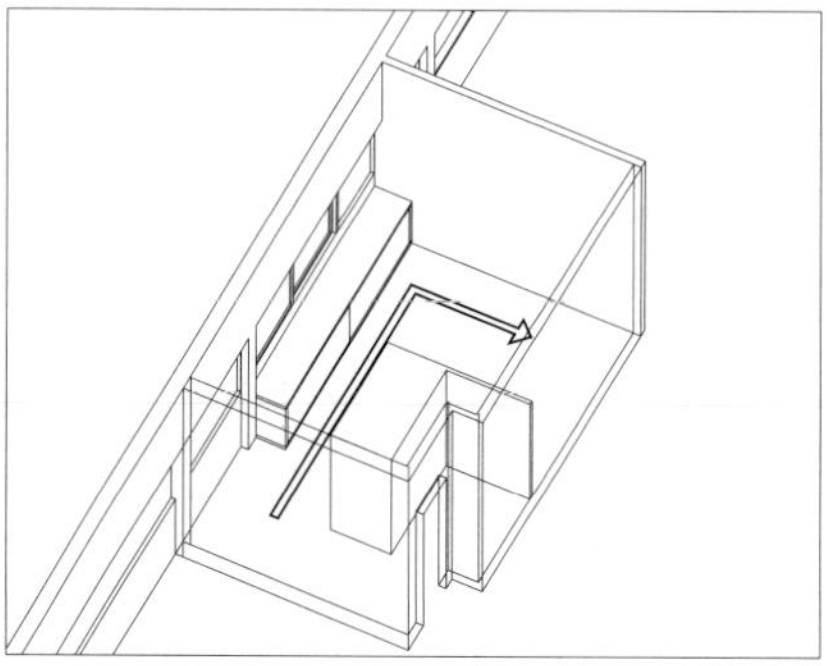

右：客室
左：客室　奥から入口を見返す

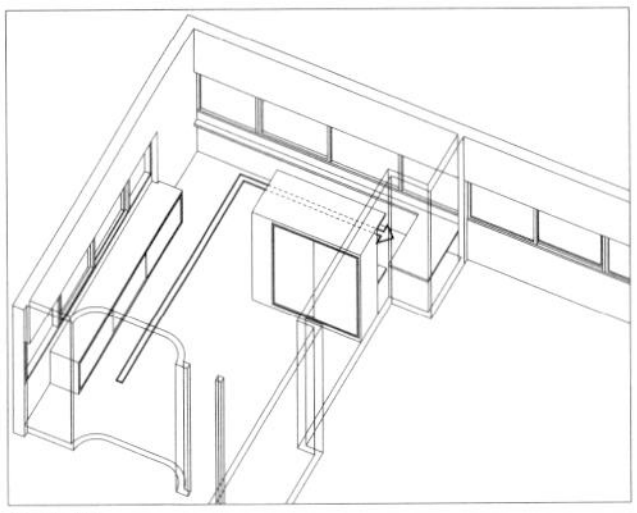
子供室

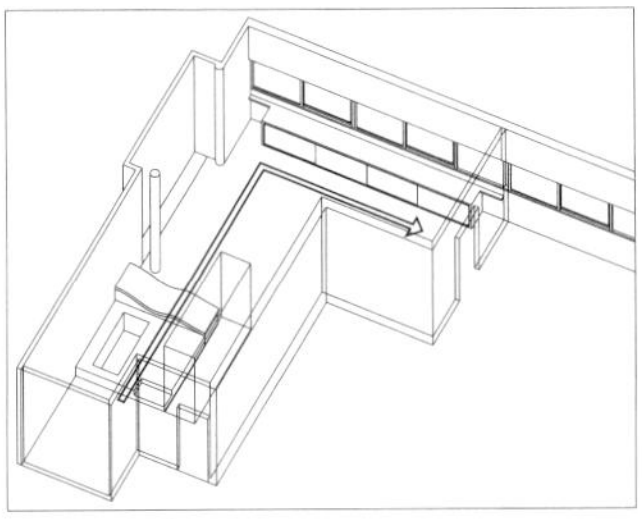
主寝室＋浴室

写真上から：

子供室　奥の机を見る
浴室から見た主寝室
主寝室から夫人私室側を見る
ソラリウムから２階ルーフテラスを見下ろす
サロンからルーフテラスを見る

ていることに次第に気付かされます。１階エントランスからスロープを上って２階のサロンへと入り、さらに視線はまた１８０度回転して屋上テラスへと向かっており、２階全体をあたかもチューブのようにひとつの運動体として形作っているのですが、そうした回り

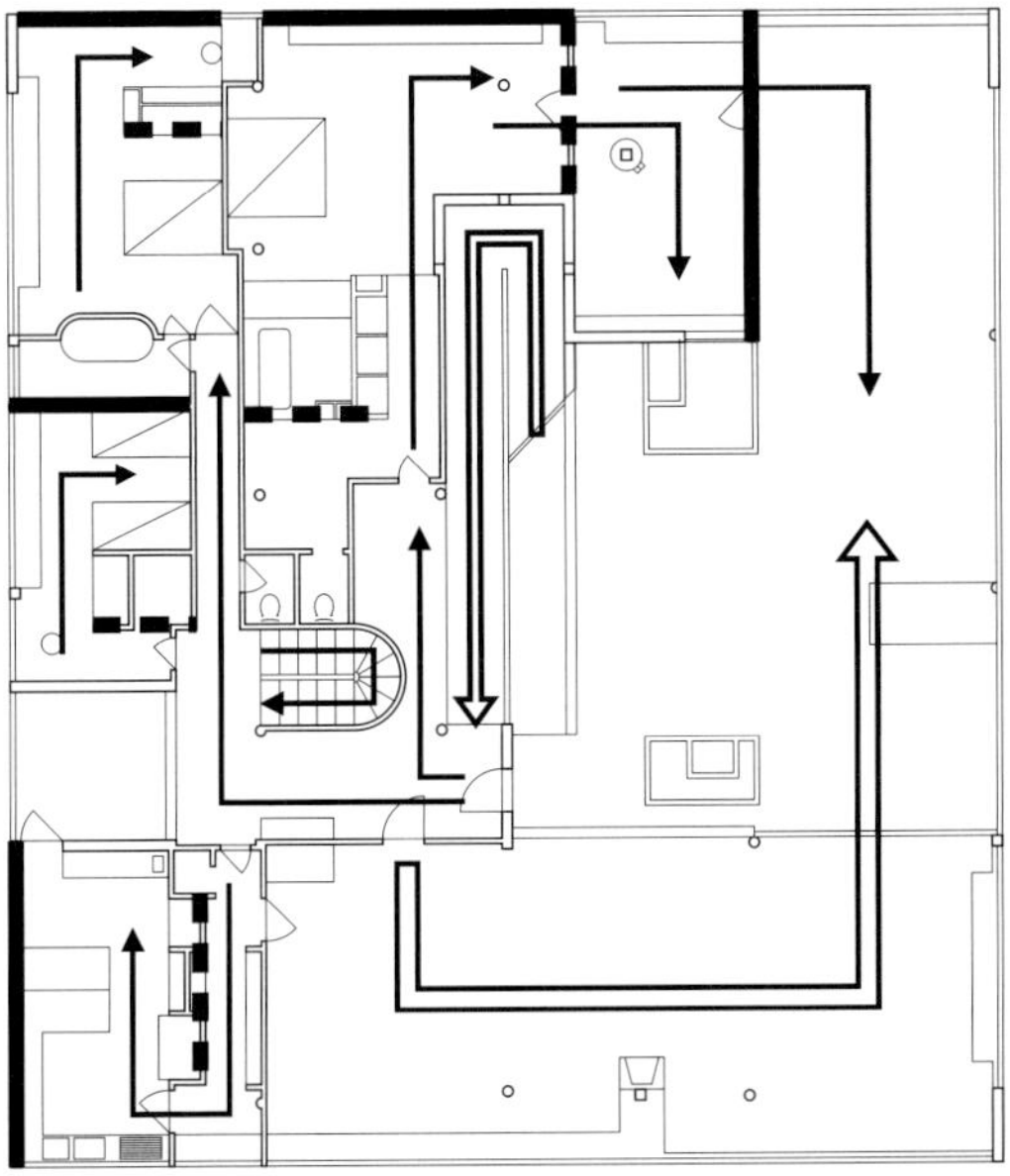
２階平面図における運動のダイアグラム

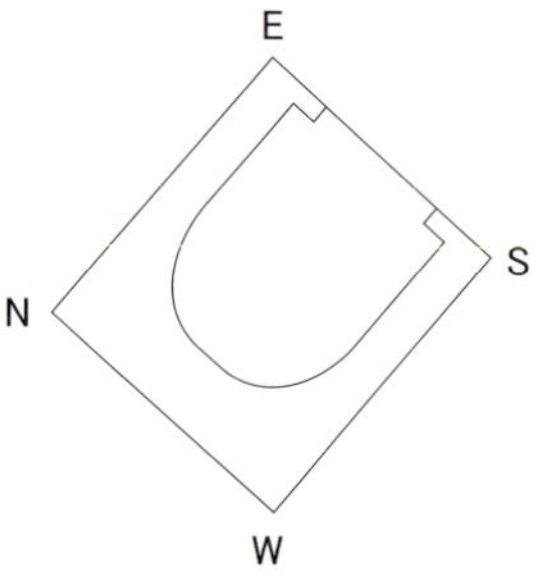

サヴォワ邸西角

★33〜36

★33──モデュロール　modulor　とは、1948年にル・コルビュジエが提唱したモデュール（建築の基準となる尺度・単位）の一種。モデュール（module）と黄金分割（フランス語でsection d'or）を組み合わせた造語である。人間が左手を上げた概念図でよく知られるように、人間の寸法（ル・コルビュジエ自身の寸法）をベースにしている。概念図には、身長183センチメートルの人間が描いてあり、そのへその位置（中心）までが113センチメートル、片手を上げた高さが226センチメートル、というように人体寸法に合わせて導き出した数値が最小6ミリメートルまで記入されている。

★34──レマン湖畔の小さな家（母の家）Villa Le Lac, Petit Maison au bord du lac Léman　1923年から25年にかけてル・コルビュジエの両親の住宅として作られた。父は1年程度暮らした後死去、以後は母が長く住む。スイス・レマン湖畔の東端に建つ。

★35──プレシジョン　Précisions sur un état présent de l'architecture et de l'urbanisme　1929年にル・コルビュジエが、アルゼンチン、ブエノスアイレスで行なった10回の講演内容を基にまとめた本。日本語訳『プレシジョン──新世界を拓く建築と都市計画』（井田安弘／芝優子訳、鹿島出版会、1984年）。

★36──富永讓　Tominaga, Yuzuru 1943-　台北市生まれの日本の建築家。東京大学工学部卒業後、菊竹清訓建築設計事務所、東京大学助手などを経て、現在法政大学教授。富永讓＋フォルムシステム研究所代表。代表作にひらたタウンセンター（2002年）など。ル・コルビュジエ研究の第一人者としても知られ、『ル・コルビュジエ──建築の詩』（鹿島出版会、2003年）などの著書も多い。

込みの運動はサロン以外の個室においてもより小さなスケールで反復されています。客室においてはトイレとクローゼットのユニットがいわば前景を形作り、水平連続窓に沿って回り込むことによってベッドのあるスペースへとたどり着くようになっていますし、子供室においても同様に天井までの高さのないクローゼットが前景として空間を二分しており、その奥の右手に回りこんだ突き当たりのデスクに到達するまでに、やはり水平連続窓に沿ってこの部屋の大きさには不釣合いなほどの距離を歩かされることになります。主寝室もまったく同様に、手前のブルーのタイルで仕上げられた、あたかも古代ローマを思わせるような浴室を前景として、視線はまたしても右手の夫人室へ、そしてそのままルーフテラス（屋上庭園）へと導かれるような構成となっています。このように1階スロープから始まった大きな反時計廻りの螺旋の運動体（この動きは1階での車の回転運動とパラレルでもあります）の中に、時計廻りの小さな螺旋運動の渦がいくつも重ねあわされていることがわかります。

グリッドの乱れ

中央のスロープも含めた、こうした螺旋の運動体はサヴォワ邸の内部構成を実に複雑なものにしています。外観に現れたピロティはまるでパルテノンのように整った列柱なのですが、次のページの比較図を見るとよくわかるように、それ以外の内部空間の柱は、空間構成を優先させているために例外なくすべての柱がグリッドから外れています。まず中央のスロープがあることによって、中央の柱の列が2つに分かれ、門型のようにスロープを両側から挟むような柱の配列に変更されていますし、それ以外の柱に関しても1階、2階の

★37

★37——建築的プロムナード（建築的散策路） Architectural Promenade／Promenade Architecturale 空間体験を部屋単位として考えるのではなく、いくつかの場の連続（シークエンス）、すなわち、音楽のように運動とともに継起する時間芸術として空間をとらえる視点がル・コルビュジエによって初めて提案された。サヴォワ邸のスロープをめぐる空間体験はその典型である。来訪者が建築内部で歩みを進めるにつれ、さまざまなパースペクティヴが継起しながら展開する。ル・コルビュジエはこうした建築的散策路の概念を、アラブの街の中を歩き回ることの楽しさから学んだと説明している。

初期スタディ案
柱がグリッド上に乗っている

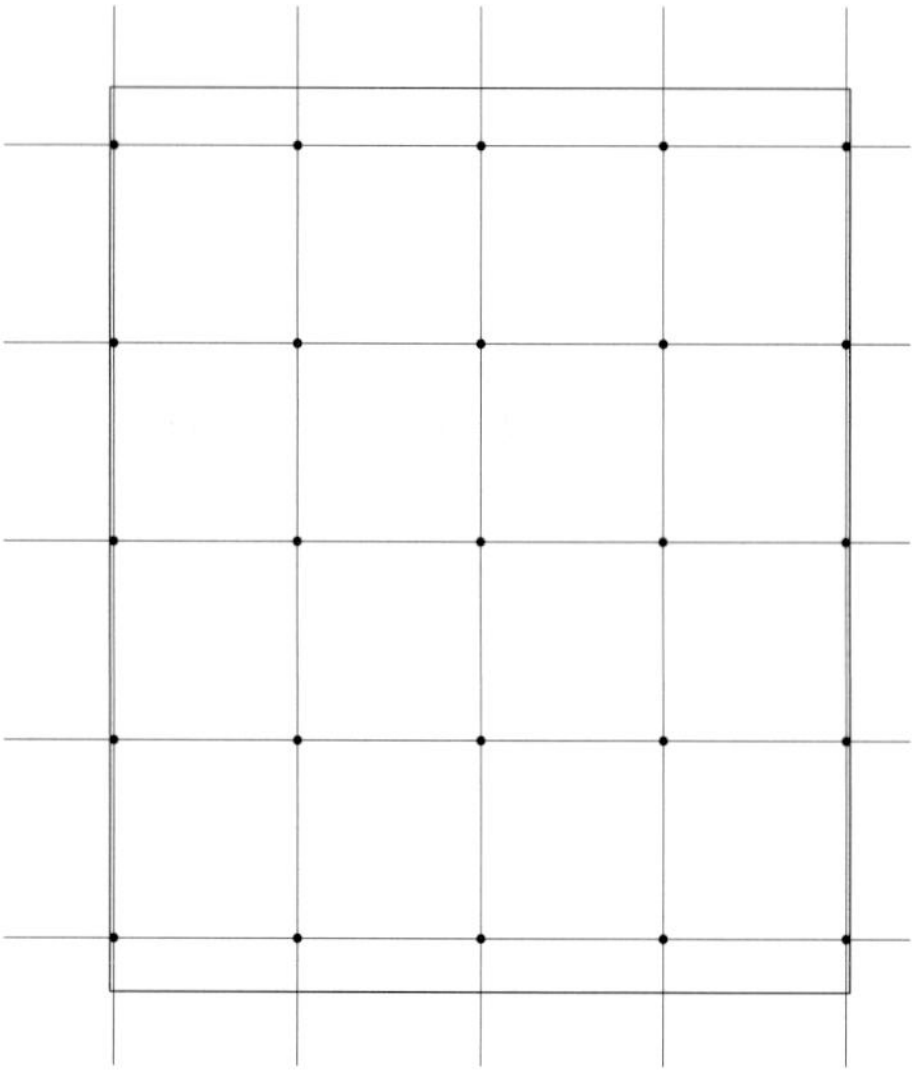

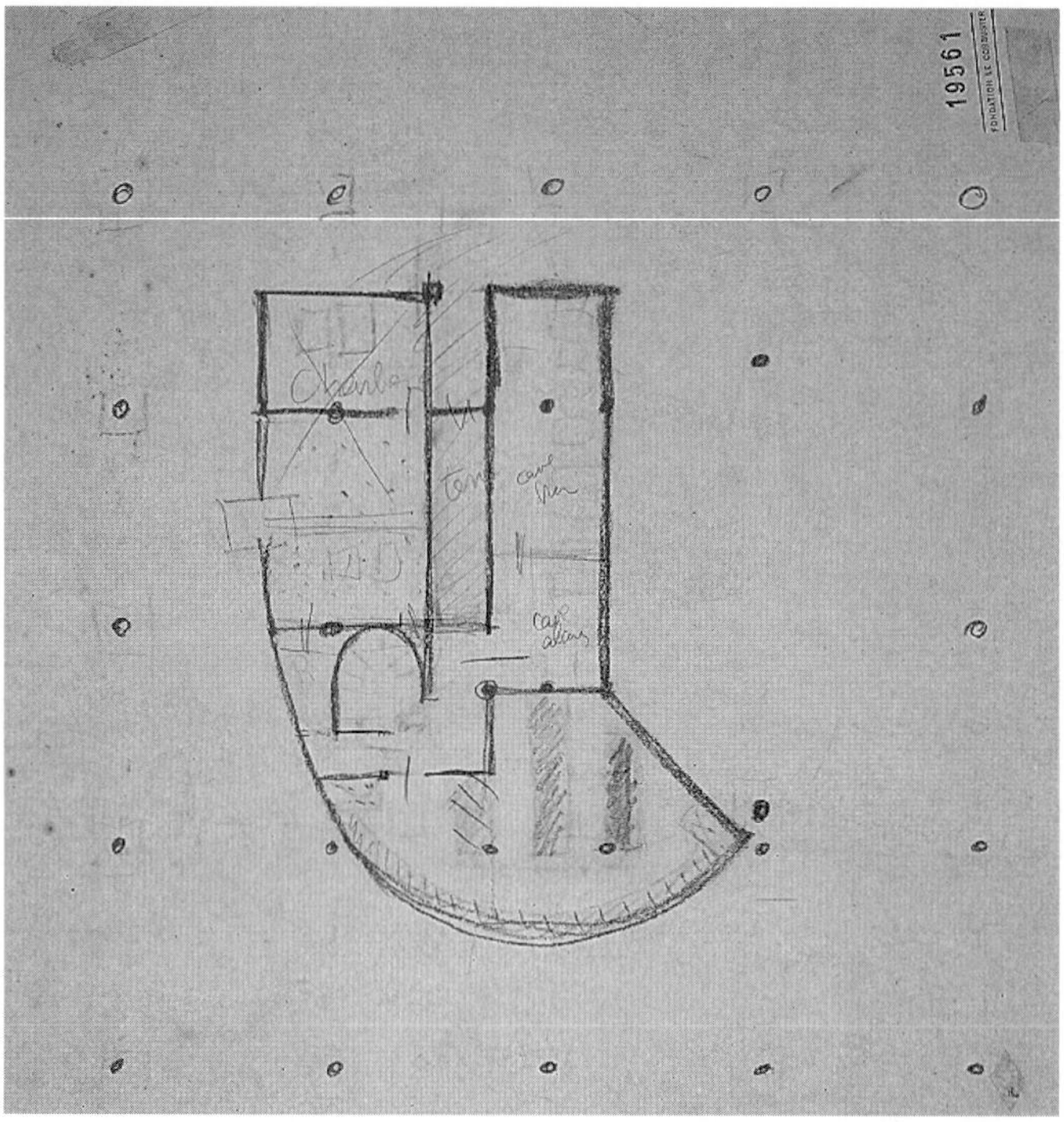

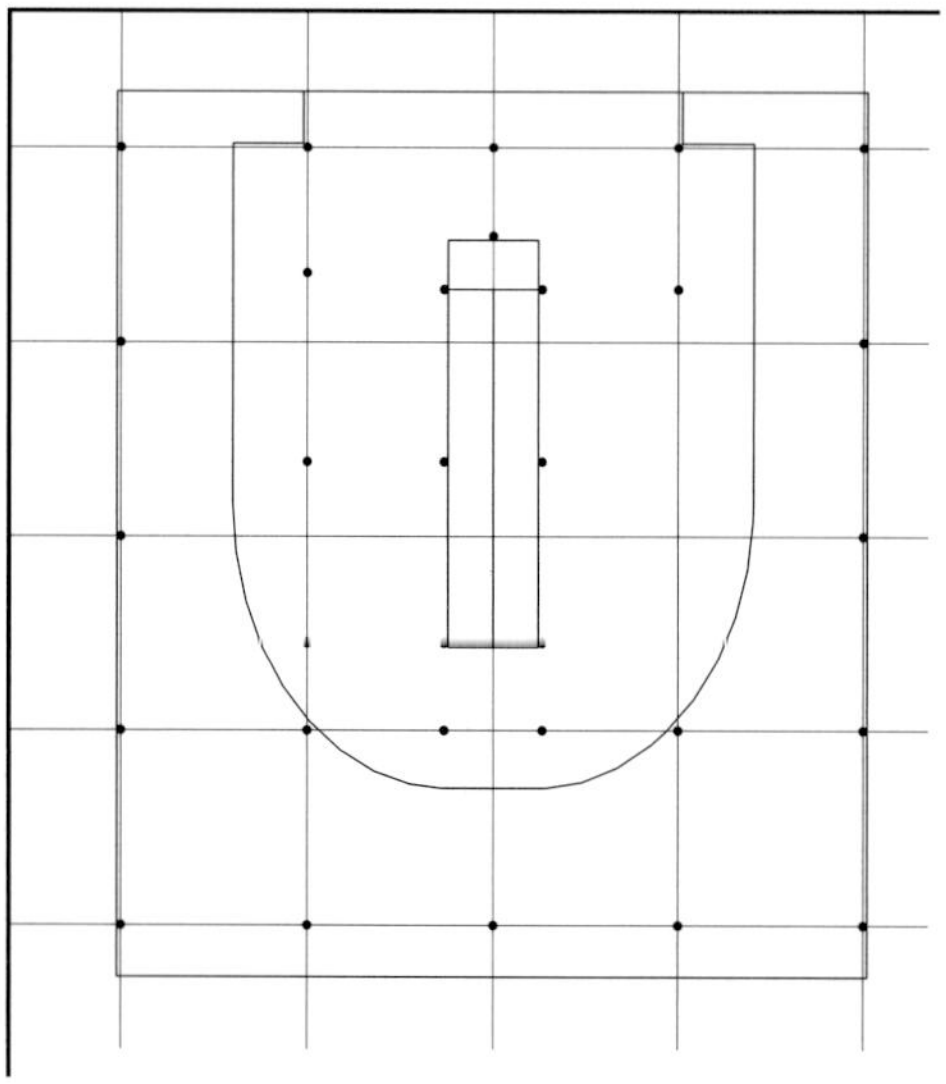

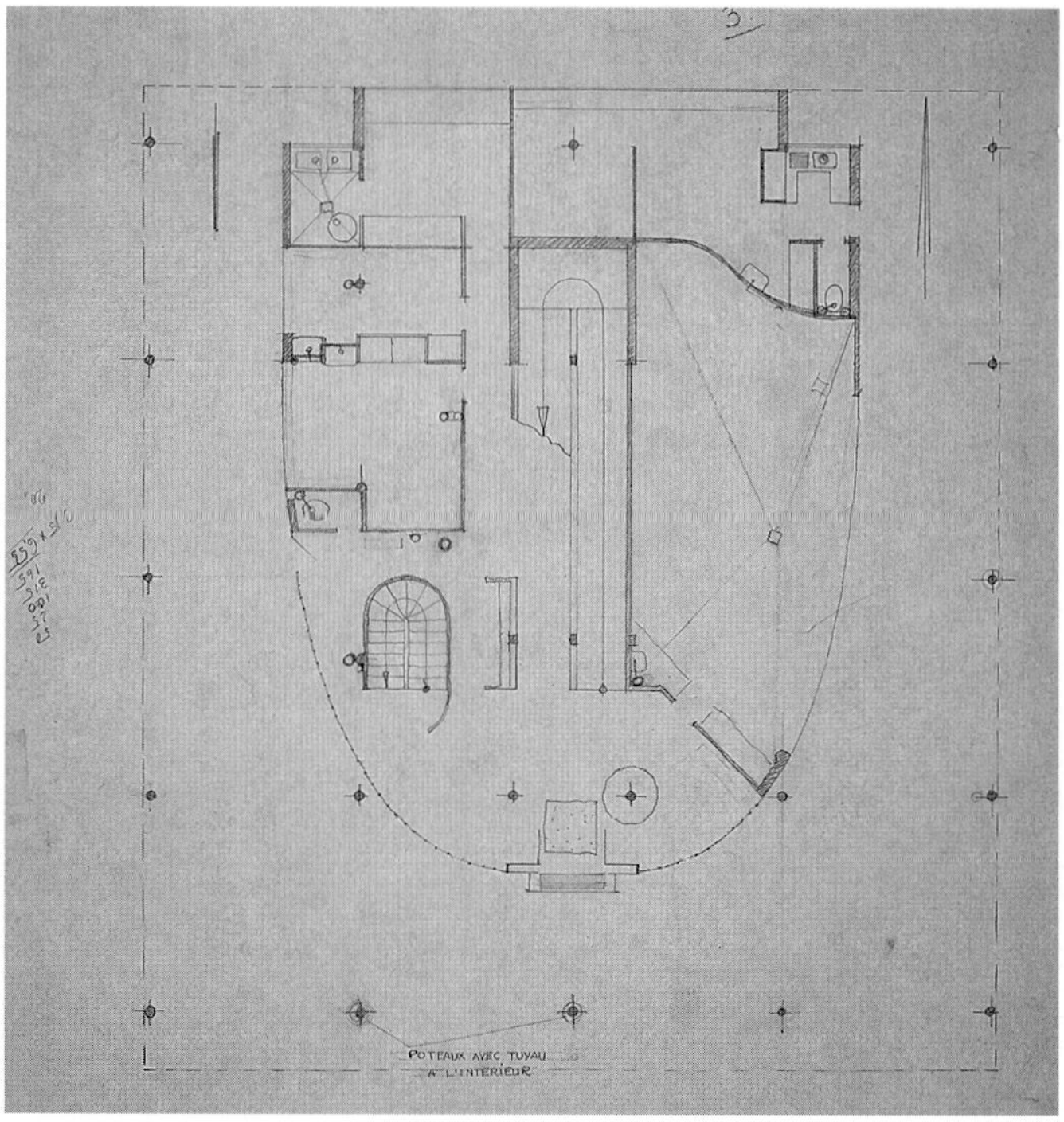

最終スタディ案
外部に出ている柱以外は全てグリッドから外れている

平面計画に合わせて、ある意味ではその場その場の論理だけに従って柱の位置はそれぞれまったく無関係に決められています。サヴォワ邸の設計プロセスにおけるル・コルビュジエのスケッチを見ても、最初は均質なグリッドからスタートしていながら、次第に柱位置がずれていった様子を読み取ることができます。このような柱のグリッドの乱れに関しては、ロバート・ヴェンチューリ[38]が『建築の多様性と対立性』の中で「調整された対立性」（第7章）の例として説明しています。

《彼はサヴォイ邸の1階平面において、先述した通り、空間とサーキュレーションに関して生じた例外的な状況に応じて、柱を省いたりずらしたりすることによって、秩序の一部を乱し、つじつま合わせをしている。こうした積極的な妥協を行なうことにより、ル・コルビュジェは全体構成の支配的な規則性を、より一層生き生きとしたものにしたのだ》（伊藤公文訳、95ページ）。

ル・コルビュジエは住宅を「住むための機械」と呼び、機械のように正確であることを多くの著作で繰り返し主張していたのですが、現実の作品では建築的テーマとしてこのような複雑性に取り組んでいたのです。彼の著作には、ル・コルビュジエという建築家が真に格闘していた建築的主題は決して描かれてはいないことにあらためて気付かされます。

ル・コルビュジエが残したヒント——水平連続窓の分析

また外観上の最も大きな特徴である水平連続窓も、サッシュ割りを見ると決して一様に連続しておらず、実はその背後にある空間の深度を類推させるような痕跡が意図的に残されていることに気付き

★38——ロバート・ヴェンチューリ Robert Venturi 1925- アメリカの建築家、建築理論家。プリンストン大学建築大学院修了後、エーロ・サーリネンやルイス・I・カーンの事務所などで働く。自身の「母の家」（1964年）で、シンプルでありながらも複雑性と歴史的引用に富んだ建築として一躍脚光を浴びる。建築思想をまとめた『建築の多様性と対立性』（1966年）、『ラスヴェガスから学ぶこと』（1972年）以降、1970年代を通じて建築のポストモダニズムのイデオローグとして同時代の建築家に大きな影響を与える。

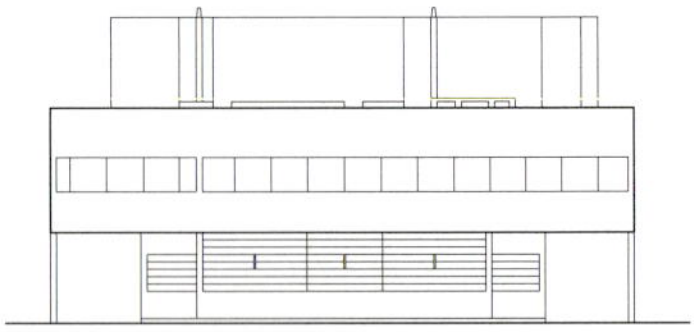
東南立面図

ます。アプローチ正面に見える東南立面において、2階の水平連続窓は端から端まで一様に連続しているように見えますが、左端から全体長さの約4分の1の位置に意図的に壁の小口が残され、シンメトリーが微妙に崩されています。この壁の小口の左側は夫人の私室前の屋外空間（アブリ[39]と呼ばれる、屋根の掛けられた外部空間）なのですが、外部であるにもかかわらずサッシュが取り付けられ、外観上は内部のように見せようとしています。このように内部空間が連続しているように見せるのであれば、サッシュを壁の小口にかぶせて、連続しているように見せるということは決して難しくはありません。この東南の立面は柱からキャンティレバー[40]で持ち出された

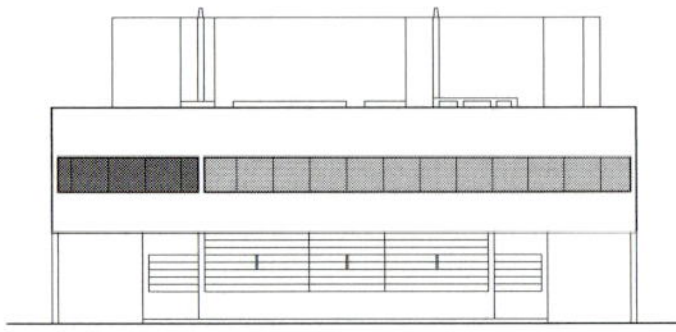
東南立面図に表現された空間の深度

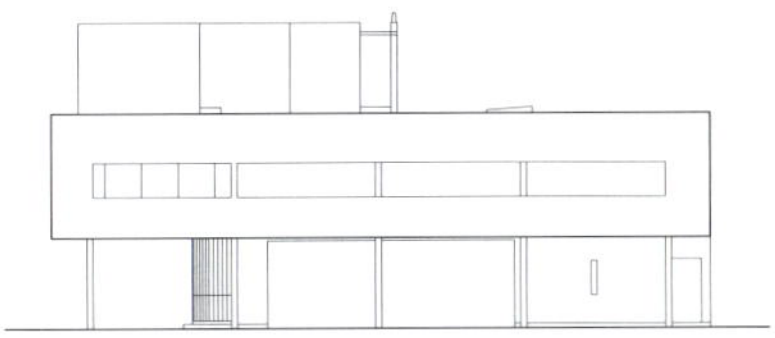

南西立面図

壁面ですから、本来柱と壁は離れているので、柱があることをわからせてしまうということは表現上の矛盾となってしまいます。他の部分においてはサッシュを壁の上にかぶせるように納めることによって、窓を連続させて見せている部分がたくさんあります。では、なぜここで、全体を支配しているはずの重要なシンメトリーを崩してまで、この壁の小口を残したのでしょうか。これはもちろん推測でしかありませんが、サヴォワ邸がいくつかの設計プロセスの果てに獲得した「空間の運動」を読み取らせるために、ル・コルビュジエはこの微妙なヒントを残そうと最終的に決断したのではないか、と考えることができます。

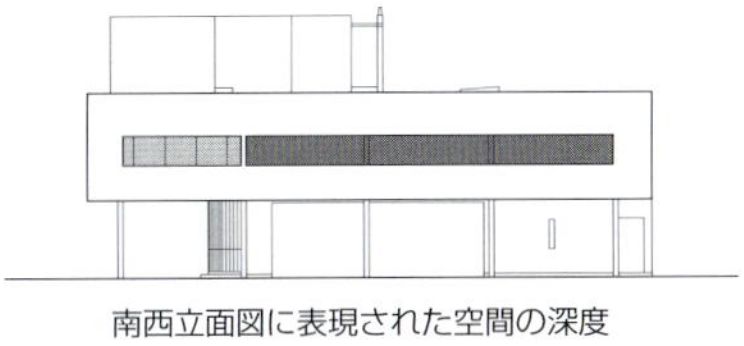

南西立面図に表現された空間の深度

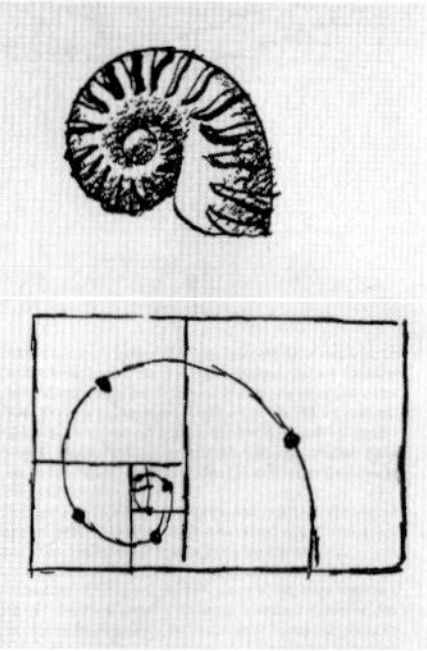

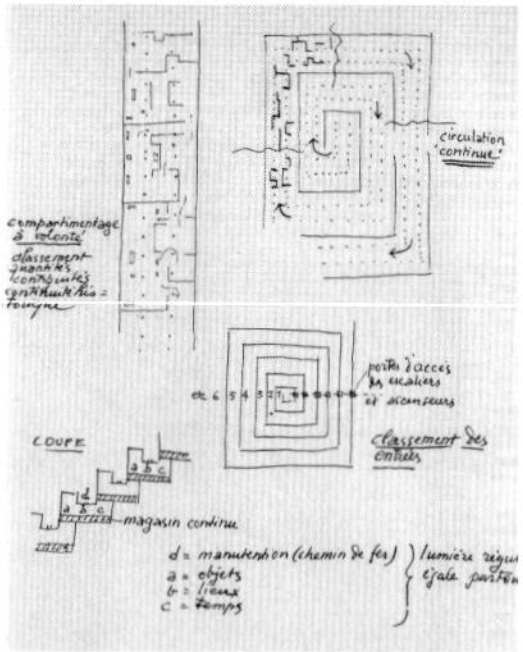

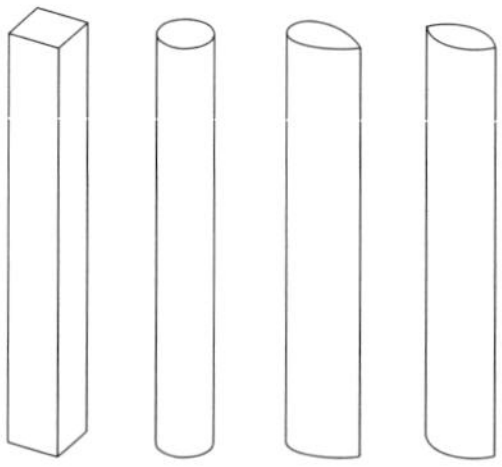

左：アルジェリアのフィリップビルに計画した美術館のためのコンセプト・スケッチ
中：ムンダネウム、世界美術館　スタディ
右：サヴォワ邸における柱のヴァリエーション

南西の立面では、別の操作がなされています。南西面は東南面と異なりキャンティレバーではありませんから、壁の位置に柱がそのまま出てきてしまいます。全体が4スパン[41]で構成されていますから、水平連続窓の途中に柱が3本見えてくることになる。ここでは先ほどの東南面とは異なり、ルーフテラスの部分にはサッシュを入れず、そのまま何もない開口として見せて、左端のサロンの部分だけにサッシュが入れられ、空間の深度はそのまま表現されています。右端のスパンは、東南立面の左端と同じくアブリに面しているのですが、南西立面ではサッシュは入れられていません。こちらは内部空間として表現するのではなく、むしろルーフテラスの延長として位置づけられたことがわかります。しかも、ルーフテラスをなるべく一体に見せるために、柱2本は1階よりも細くされ、紡錘形とすることによって柱の存在感をなるべく消すようなディテールが工夫されています。そして、その細い柱をわざと対比させるように、ルーフテラスとサロンとの間に立つ柱は、丸柱ではなく、壁の一部であるかのような四角い柱に置き換えられ、右側のルーフテラスからの流れを意図的に止めてしまっています。水平連続窓は2つの要素に分解されてしまっているのです。ここでも水平連続窓の水平性を断ち切って、むしろその背後にある空間の深度の違いを表現しようとル・コルビュジエが考えたのではないか、と推測することができます。

　内部空間を経験した後にあらためて外に出て建物を眺めていると、実は一様に見える水平連続窓のディテールの中にこのような仕掛けがあることに、徐々に気付くようになりました。ル・コルビュジエが最終的に立面をどのようにまとめようとしたかを想像しながらいくつかのディテールを読み解いていくと、最初に見た時に感じたような、まるでパルテノン神殿[42]を思わせるような美しいプロポーションの列柱の上に浮いた四角いキューブといった古典的な安定性などは消え去ってしまい、サヴォワ邸はまるで回転を始めるような

★39〜43

★39——アブリ　abri　サヴォア邸2階、ルーフテラス（屋上庭園）の一角を占める屋根の付いた半屋外空間。夫人の私室の隣に位置する。「避難する場所」から転じて使用されている。

★40——キャンティレバー　Cantilever　一般的には床板や梁はその両端部が柱や壁によって固定されているが、キャンティレバーという構造形式は、一方は固定、他方は自由端となって宙に浮いたように見せることができるため、視覚的により軽やかな印象を与える。

★41——スパン　span　建築物の柱あるいは支点の間隔をユニットとした単位。サヴォワ邸の設計プロセスにおいては、建設予算減額のために、スパンの数自体を減らしたり、スパンの長さを短くすることが試みられた。

★42——パルテノン神殿　Parthenon　ギリシャ、アテネのアクロポリスの丘の上に建設されたアテナ神を祭る神殿。現在残る神殿はペルシャ戦争後、紀元前447年に建設された。神殿の設計はイクティノスが担当し、フェイディアスが彫刻を担当した。外部を囲む柱はドリス様式だが、西側の後陣内部の柱にはイオニア様式が取り入れられ、ひとつの神殿の中に様式が混在した珍しい例となっている。

★43——無限に成長するミュージアム　A Museum for Unlimited Growth　展示空間が外に拡がっていく螺旋状に展開したミュージアム構想。ムンダネウム計画の中の博物館で初めて構想された。展示フロア全体はピロティにより持ち上げられ、訪問者は中心部にある入口から展示フロアに上がり、螺旋状の回廊を大きく巡りながら鑑賞を進める。

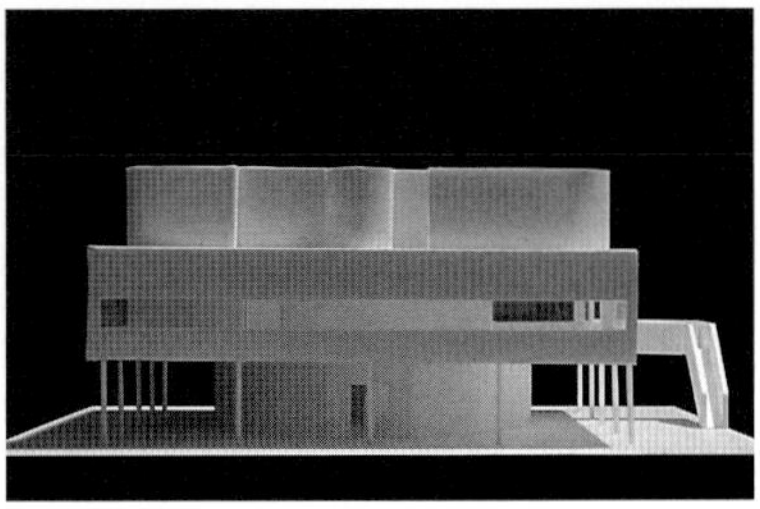
10月28日案模型　立面写真

11月6日案模型　立面写真

11月7日案模型　立面写真

モーメントをその内に孕んでいるように見えてきます。

内部空間をこのように螺旋の運動として読み解いていくと、実はこの空間がル・コルビュジエが長年にわたり探求し、異なる敷地やコンテクストで繰り返し試みていた「無限に成長するミュージアム」[43]のアイディアととてもよく似ていることに気付きます。このミュージアムのアイディアはその実現がアーメダバード（１９５７年）、上野（１９５９年）、そしてチャンディガール（１９６２年）とル・コルビュジエの晩年に限られているために後期の作品として考えられがちなのですが、実はその最初のアイディアは１９２９年に発表されたムンダネウム（世界都市）構想の中のミュージアムのためのアイディアとして始まっています。１９２９年、すなわちサヴォワ邸の設計プロセスと正確に重なっていることがわかります。サヴォワ邸の設計プロセスの中に次第に「無限に成長するミュージアム」が入り込んできたことは、きわめて自然なことに思えます。

6つのサヴォワ邸――計画案の変遷

サヴォワ邸の設計は１９２８年９月にスタートして１９２９年２月には工事契約を交わし4月には着工、そして竣工は１９３１年８月ですから、現在のわれわれの目から見てもそれほど余裕のある設計期間ではありません。最初にル・コルビュジエが提出した10月の案は、主寝室が3階にあることを除いてはほぼ最終案と同じ内容であったので、きわめて完成度の高い案が驚くほど短期間で作成されたことがわかります。しかしこの最初の10月案は予算を大幅にオーヴァーしたために、その後11月、12月の２か月間でル・コルビュジエは多くのスタディ案を検討してコストダウンを図っています。そ

11月26日案模型　立面写真
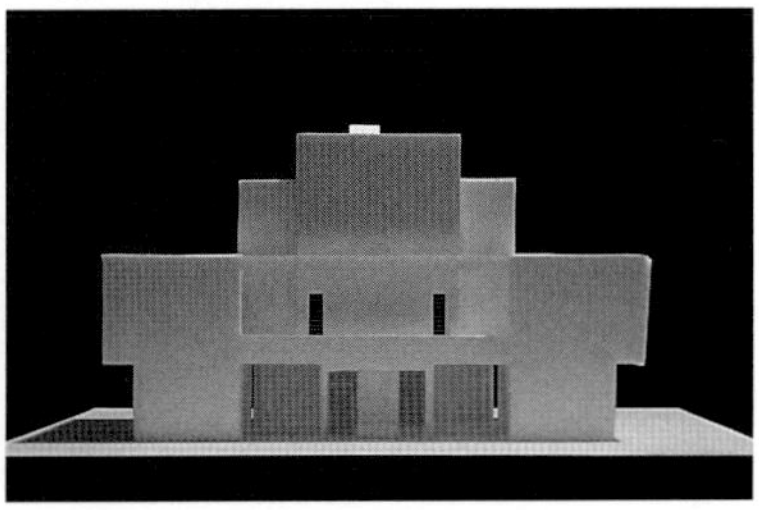

4月12日案模型　立面写真

現在のサヴォワ邸

2 階主寝室へ続く通路

1 階と 2 階を繋ぐスロープ

1 階エントランスホール

2階ルーフテラスから3階ソラリウムへのスロープ

11月7日計画案 ← 11月6日計画案 ← 1928年10月28日計画案

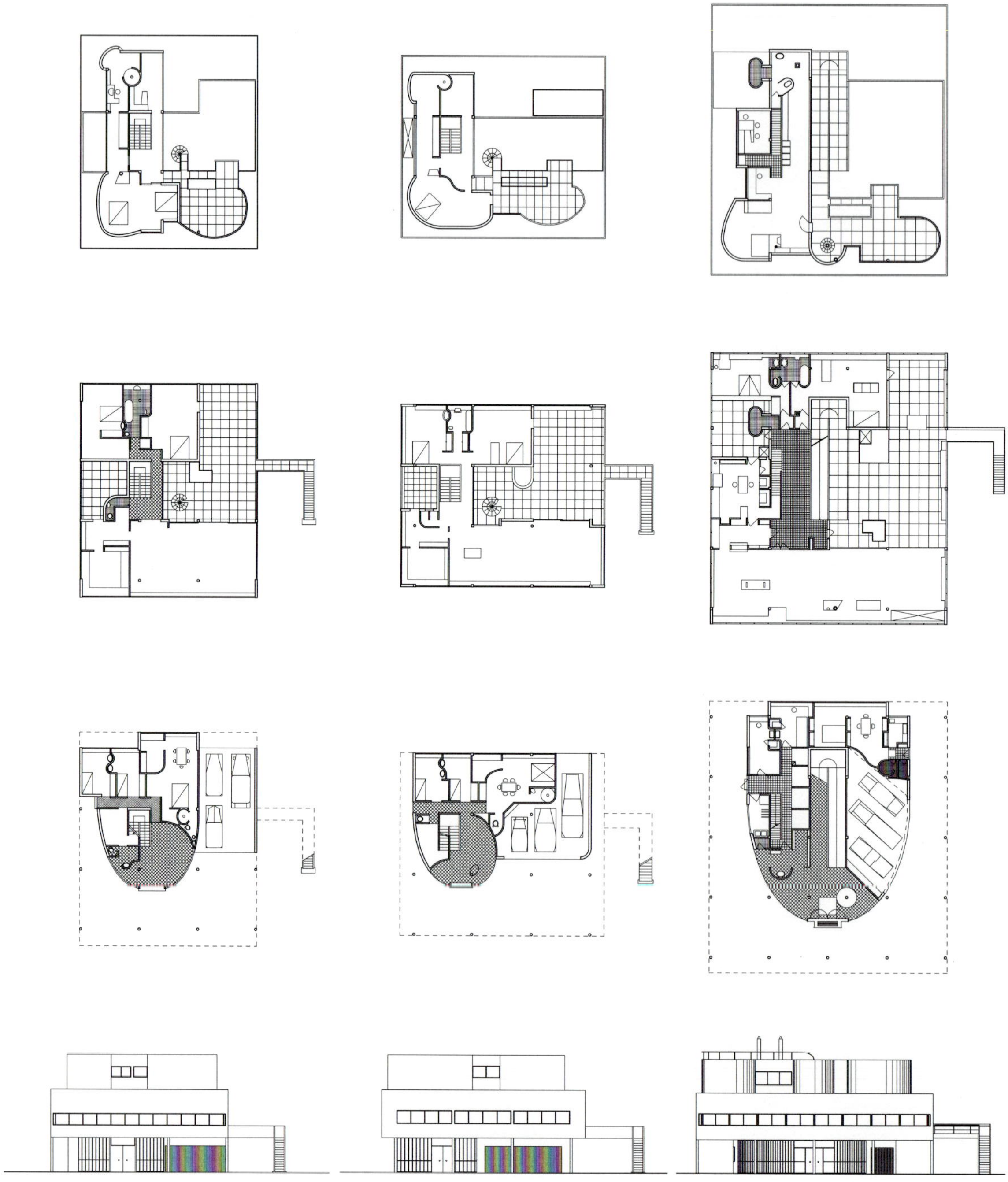

3F

2F

1F

北西立面図

1929年4月12日案（実現案）　←　12月17日計画案　←　11月26日計画案

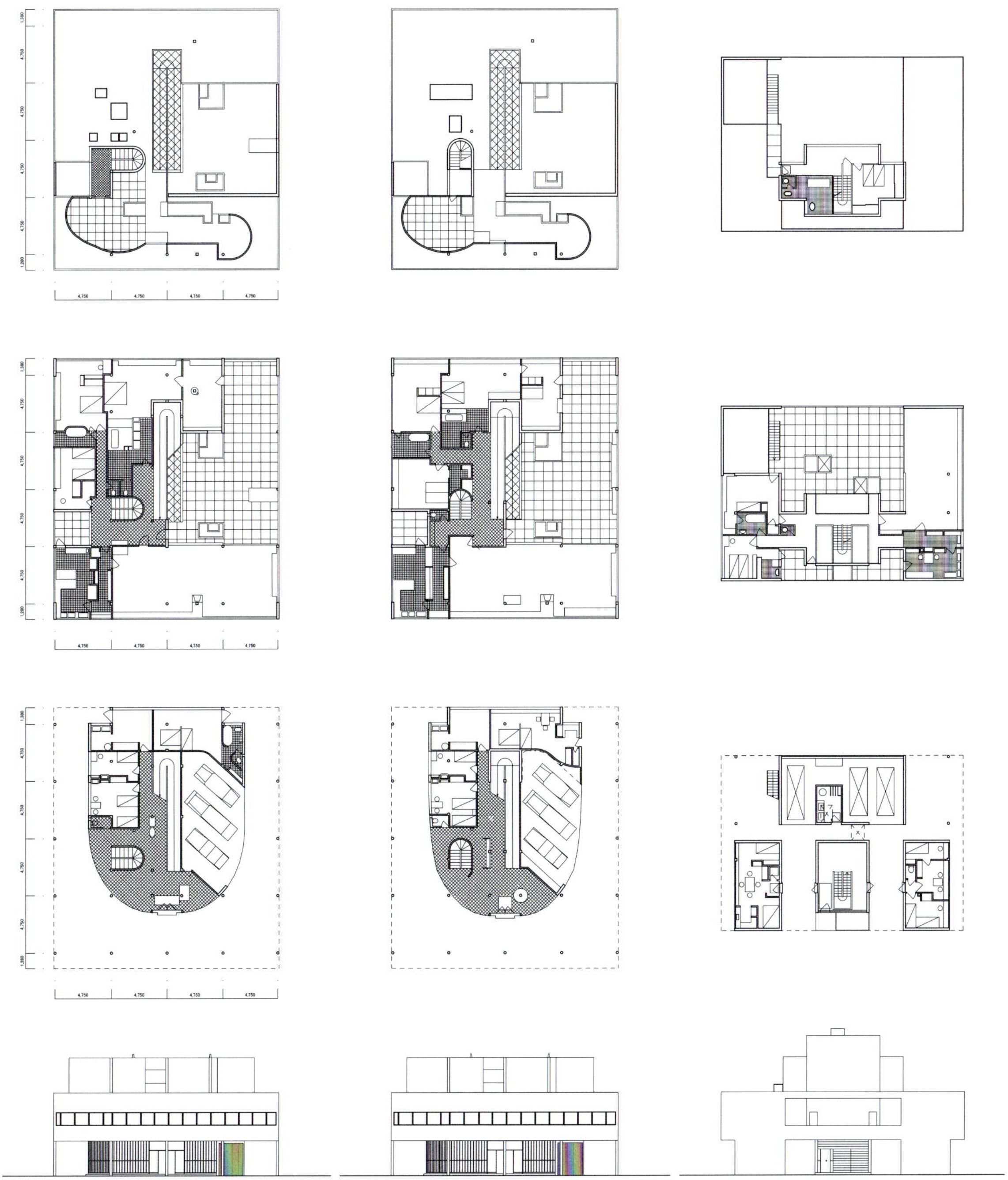

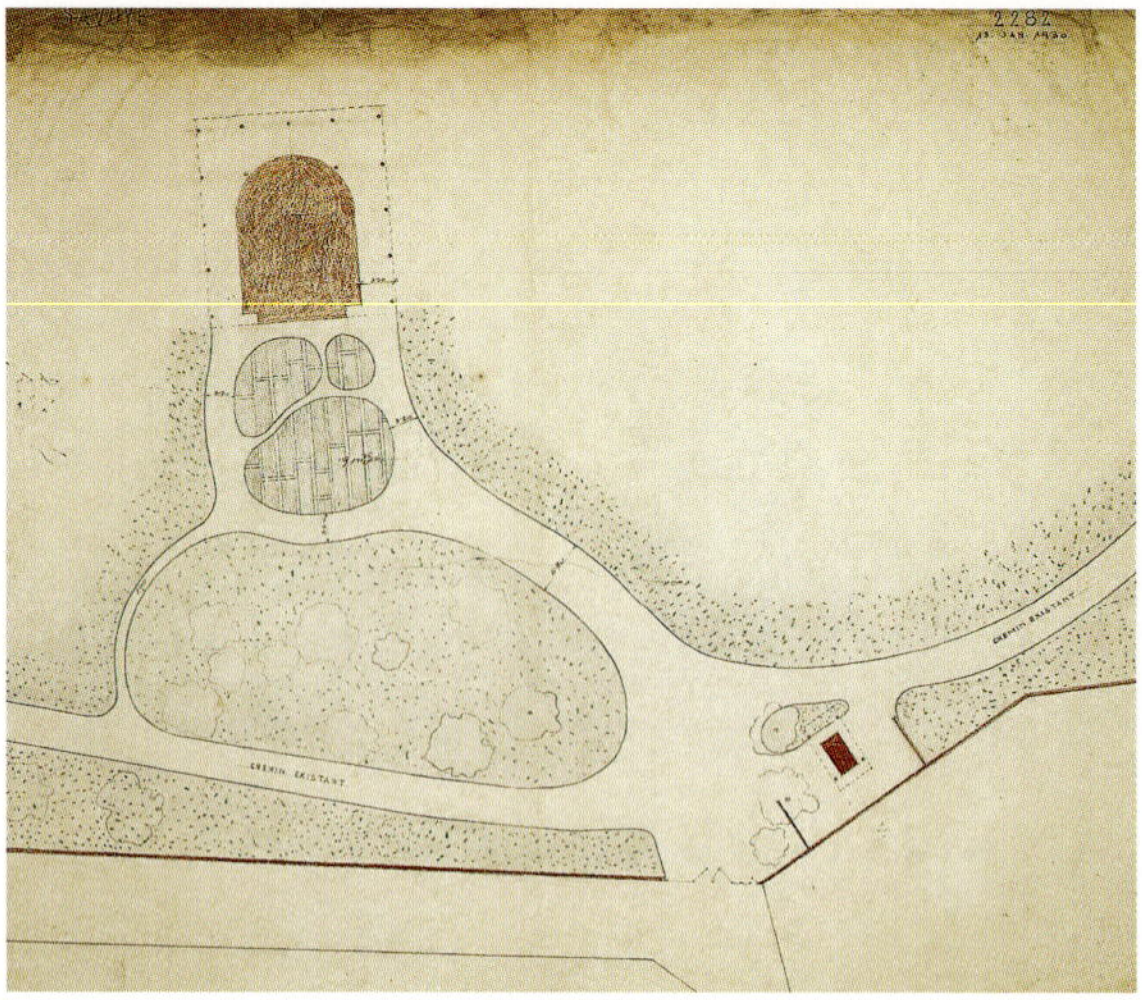

配置図アプローチのスタディ：1930年1月

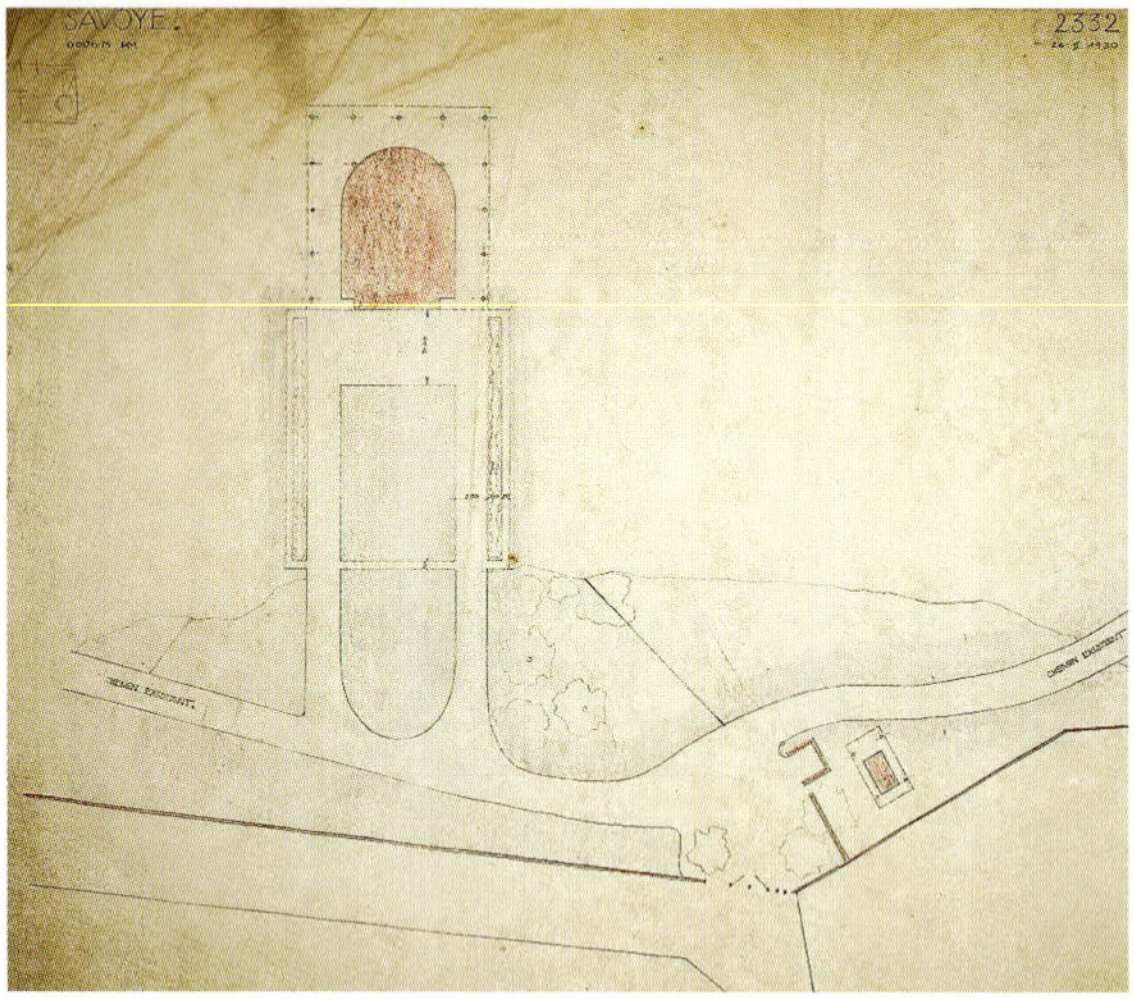

1930年2月

のプロセスはもちろん規模を縮小することによって減額案を模索するというプロセスなのですが、それぞれの案のプランを注意深く読み解いていくと、実は最終案よりもずっと静的であった10月案の内部空間に次第に螺旋状の動きが与えられ、組み込まれていくプロセスでもあったことがわかります。減額案を模索する中でサヴォワ邸の内部空間は次第に変質し、自動車がピロティで転回する動きを模倣するかのように空間は回転を始めていきます。まるで「無限に成長するミュージアム」のアイディアがサヴォワ邸の中に侵食していくようです。

主な設計案を1つの表にまとめました（43ページ）。サヴォワ邸の設計プロセスは主にこの6つの案によって説明することができます。12月17日案によってかなりの減額が可能であると判断されてサヴォワ夫妻からも承認され、1929年2月には工事契約を結んだのですが、ル・コルビュジエはさらにスタディを進めて、着工時には別の図面を準備しています。それが実際にわれわれが目にしているサヴォワ邸で、4月12日の最終案となります。

悩まなかった配置計画

設計案がいくつもスタディされていることと比較すると、配置に関してはほとんどスタディのプロセスが残されていません。広大な敷地でありながら、最初に決めた建物位置は最後までほとんど変更されることはありませんでした。これだけの敷地がありながら庭園のスタディがほとんどまったくないことも、不思議です。コストの制約が大きかったようですから、最初から庭に関しては一切手を加えず自然のままに残すという約束がサヴォワ夫人との間でなされて

サヴォワ邸　各設計プロセスにおける面積表・コスト概算

	建築面積			延床面積			施工床面積			合計		規模縮小の比率	現代の日本での推定コスト予想（坪単価90万円）	ル・コルビュジエによる見積	
	㎡	坪	規模縮小の比率	小計		規模縮小の比率	バルコニー	ピロティ	小計						
10月28日計画案	457.96㎡	138.53坪	100	638.48	193.13	100.00	230.60㎡	236.54㎡	467.14㎡	1105.62㎡	334.44坪	100	300,994,000	785,060フラン	100
11月6日計画案	274.41㎡	83.01坪	60	384.18	116.21	60.17	135.87㎡	121.35㎡	257.22㎡	641.40㎡	194.02坪	58	174,615,000		
11月7日計画案	279.56㎡	84.56坪	61	410.45	124.16	64.29	137.75㎡	102.35㎡	240.09㎡	650.54㎡	196.78坪	59	177,103,000		
11月26-27日計画案	303.33㎡	91.75坪	66	412.04	124.64	64.53	112.91㎡	180.21㎡	293.11㎡	705.15㎡	213.30坪	64	191,970,000		
12月17日案 4月12日最終計画案	415.87㎡	125.80坪	91	514.82	155.73	80.63	211.08㎡	206.69㎡	417.76㎡	932.58㎡	282.10坪	84	253,886,000	558,690フラン	71

いたのかもしれません。唯一残されているのはアプローチのスタディで、44ページのスケッチには１９３０年1月の日付が残っているので着工後にスタディされていたことがわかりますが、前庭を不思議なパターンで作ろうと試みています。しかしこの案は結局実現されず、次の１９３０年2月の日付が残っているスタディの通り、最初の素直な直線状のアプローチの案に戻っています。

ル・コルビュジエの見積り

それぞれの案の比較をする前に、コストのことも簡単に説明しておきましょう。ル・コルビュジエと共同設計者のピエール・ジャンヌレがどのような目標を持って減額案に臨んでいたのかを少し理解できると思います。これが各設計案の面積表ですが、とりあえず現代の日本では坪単価90万円として建設コストの概算を載せています。10月28日案は施工床面積３３０坪で、約3億というコストだと試算できます。当時の見積り金額では78万５０００フランだったという記録が残っています。当初サヴォワ夫妻から提示されていたコストは明らかではありませんが、次の11月6日案を見ると面積はほとんど半減していますから、予算はかなりオーヴァーしていたことが想像できます。しかしこれだけの面積減を行うと最初の設計意図はほとんど実現できないことは明らかでしたから、後の検討案はそこからじわじわ面積が増えていくことになります。最終的には10月28日案の柱スパン５メートルを４・75メートルとすることによって平面計画はそのままに面積を縮小させ、また3階にあった寝室を２階に何とか組み込んで3階そのものを中止することによって、ようやく見積り金額は55万８０００フランまで削減することができて、

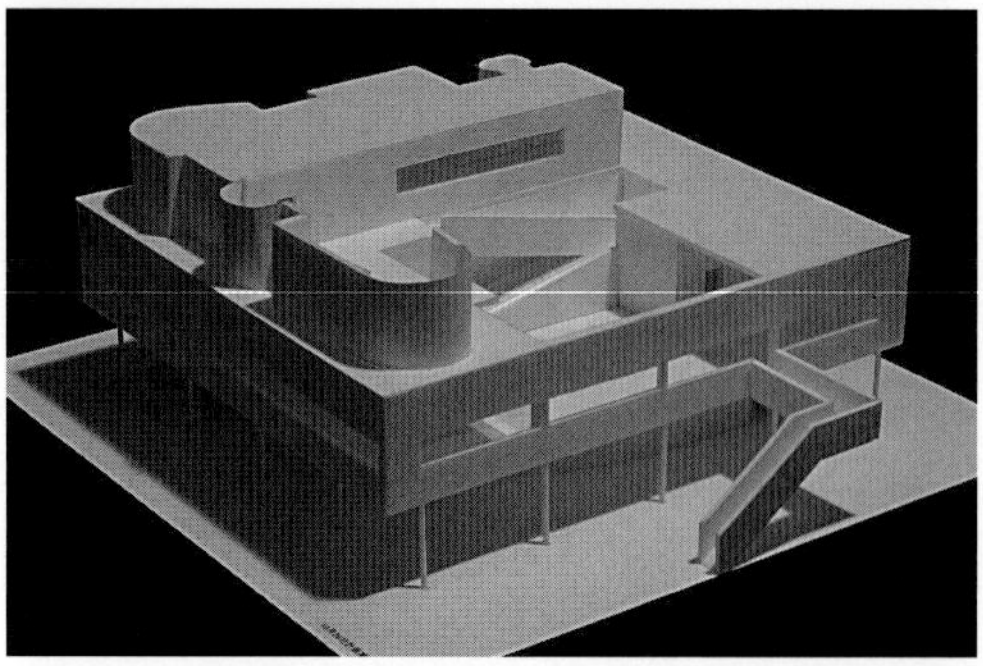

予算内に納めたということになっていますが、面積規模からすると16％減にしかなっていないのに対して、コストは29％減となっていて、ル・コルビュジエの見積りの甘さは明らかです。最終建設コストは81万５０００フランになって、最初の予算すら下回ることはできませんでした。ずいぶん揉めたのだろうなとは思いますが、金額に関して揉めたという記録は実際には残っていません。これはこれでしぶしぶ了承されたのかなと思います。

それでは順番に設計プロセスを辿ってみましょう。

10月28日案（１９２８年）——計画案その1

１９２８年9月に設計契約を結んで、最初にサヴォワ夫妻にプレゼンテーションされた案です。ピロティの下にもぐりこむような自動車の通路（このエントランス・ホールの円弧は自動車の回転半径によって決められています）、住宅の中央を貫くスロープ、２階の水平連続窓、広いルーフテラス、空を切り取る3階の曲がりくねった自立する壁面など、サヴォワ邸の特徴はほとんどすべてこの案で出揃っています。大きな違いは、サヴォワ夫妻の寝室と夫人の私室が3階にあること、そして2階はサロンとキッチン、子供室、客室だけになっているのできわめてゆったりとした平面計画になっていること、そしてスパンが5メートルであることなどです。先に述べたような空間の回転運動は、まだこの案にはほとんど見出すことはできません。また、最終案との意外と大きな違いは、中央のスロープを補完するサーヴィス階段です。この最初の案では直線状の階段となっていて、完全に壁の裏に隠されています。あくまでも使用人が上下する階段という位置づけで、「建築的プロムナード」にはまったく参加していません。

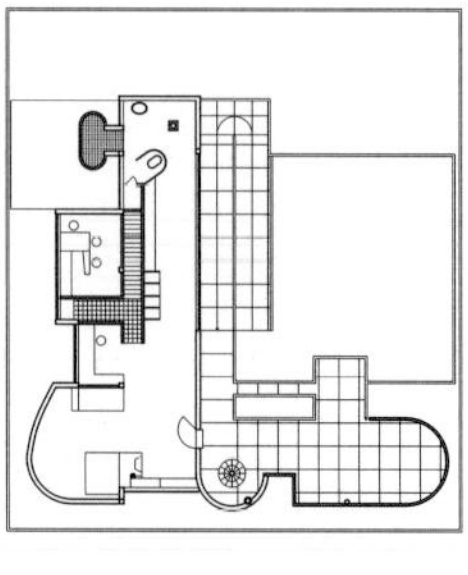

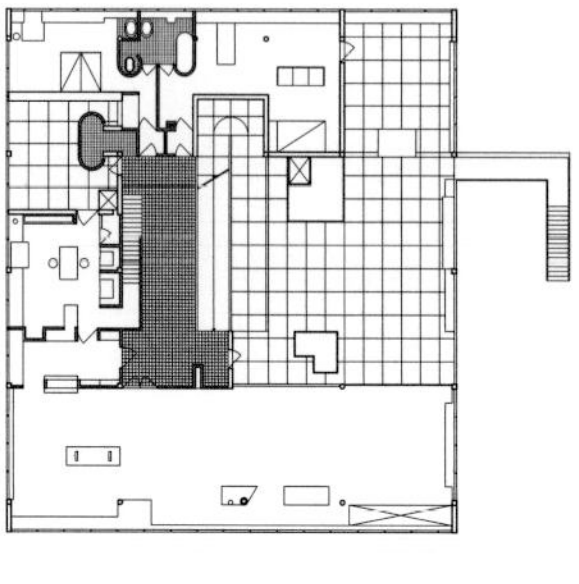

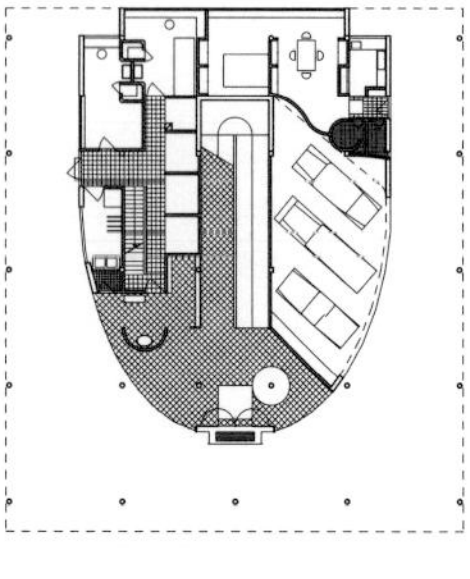

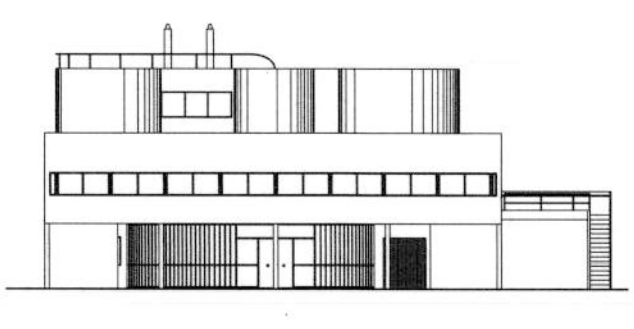

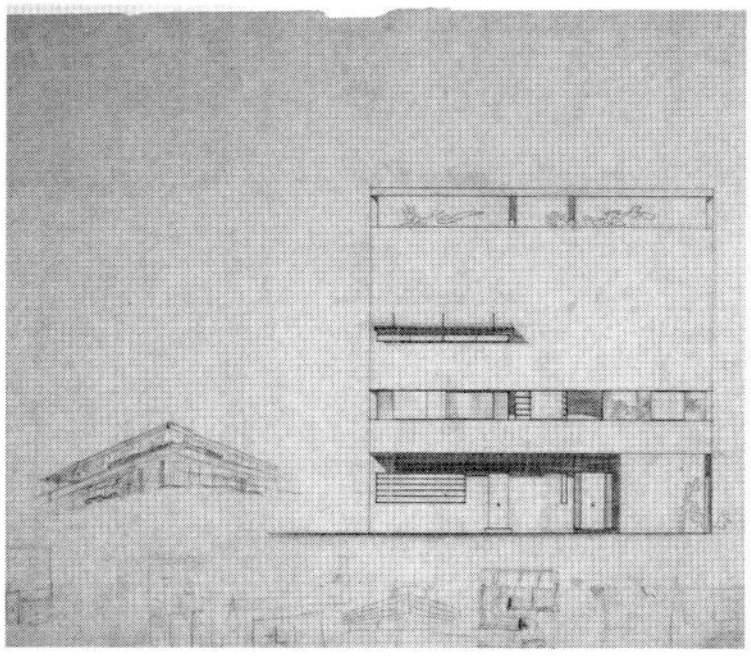

右：カルタゴの住宅スタディ
左にサヴォワ邸らしきスケッチがある
左：オカンポ邸スタディ
右下にサヴォワ邸を思わせる断面図がある

実はル・コルビュジエは、それこそクリーニング屋の領収書まで含めた膨大な量の資料を残しているのですが、サヴォワ邸の最初の案に関するスケッチはほとんど残っていません。10月28日の案、つまり現在われわれが見ているサヴォワ邸の姿とほとんど変わらない計画案がいきなり登場したように見えます。ところが、サヴォワ邸のためのスケッチとしてではなく、まだサヴォワ邸の設計依頼を受ける前の段階で、他のプロジェクトのスケッチの余白にサヴォワ邸らしき案を見ることができます。1928年のカルタゴの住宅[44]の計画案の余白に、どうもこれはサヴォワ邸ではないかと思われるような、ピロティで持ち上げられた四角い箱に水平連続窓のあるスケッチが発見されています。また、やはり1928年にアルゼンチン、ブエノスアイレスに計画されていたオカンポ邸[45]のスケッチの端に、地面からスロープで上がりそのまま貫通して建物の中に入って行くようなスケッチが残されています。こうしたスケッチを見ると、後のサヴォワ邸に繋がっていくような断片的なイメージは、実際にポワシーの敷地を与えられ住宅の設計を依頼される前から彼の頭の中にはあったようなのです。逆に言えば、サヴォワ邸の設計を依頼されて初めて、彼にとっての住宅のひとつの理想的なイメージがそのまま実現できる敷地条件が与えられたといってよいのかもしれません。そのように考えないと、約1か月という驚くほど短い期間でこれだけ完成度の高い案が出来たということは、いくら設計者がル・コルビュジエだとしても説明しにくいと思います。ル・コルビュジエが1925年に両親のための住宅としてレマン湖畔に完成させた「小さな家」の時も、実は敷地が決まる前にほとんど設計を終わらせていて、出来上がった計画案を手に敷地を後から探したとみずから説明しています。この「小さな家」と同様に、サヴォワ邸は敷地条件が与えられる前からすでに彼の頭の中では設計がほとんどできあがっていたのかもしれません。

★44――カルタゴの住宅（ベゾー邸） Villa Baizeau, Carthage 1927年から30年にかけて設計されたチュニジア、カルタゴに建つ住宅。

★45――オカンポ邸 Villa Ocampo 1928年にアルゼンチン、ブエノスアイレスに計画された未完の住宅。

ルーフテラスからサロンを見る

サロンに作りつけられた暖炉

夫人の私室（ブドワール）

サロン

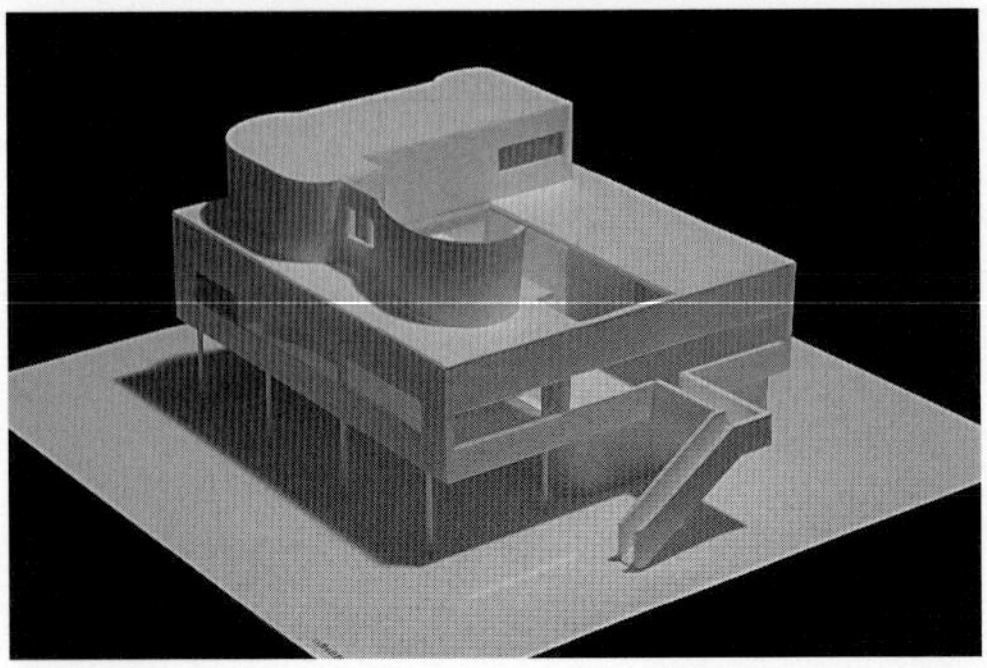

その話を裏付けるような証拠もあります。ル・コルビュジエはこの最初の案に相当自信を持っていたようで、実はサヴォワ夫妻にプレゼンテーションする時にはすでに図面のインキング（墨入れ）まで終わらせていました。通常インキングは基本設計が承認された段階で、もうこれ以上プランの大きな変更はないという段階になってからスタッフの手によって行われるものです。事実、これ以降の案ではスタッフが大変でインキングをする余裕もなかったのでしょうが、一切インキング図面は残されておらず、鉛筆書きの図面しか残っていません。サヴォワ夫妻もこの案は基本的には気に入っていたようで、特に新しい要望は出なかったようです。ただし、ひとつ大きな障害がありました。建設コストが予定していた予算を大幅にオーヴァーしていたのです。見積金額は78万５０００フランでした。そのためル・コルビュジエは予算を減額するためのスタディを始めていくことになりました。

11月６日案——計画案その2

11月６日案、７日案では、ほとんど半減に近いくらいの非常に大胆な削減をしています。スパンとしてはX方向、Y方向、それぞれ１スパンずつ削るという減額案です。そのために、１階ピロティ内部での車廻しはとれないし、中央のスロープもなくなってしまっていましたので、ルーフテラスから屋上へ上がるのはコンパクトな螺旋階段だけということになってしまいました。子供室と客室は個別の浴室は確保できず、共用の浴室が１つあるだけになってしまっています。ただし、３階にサヴォワ夫妻の寝室を置くという構成はそのまま残しています。そういう意味では、最初の案の断面構成は変更せず、１階は車廻しと使用人の部屋、２階が接客エリア、３階が

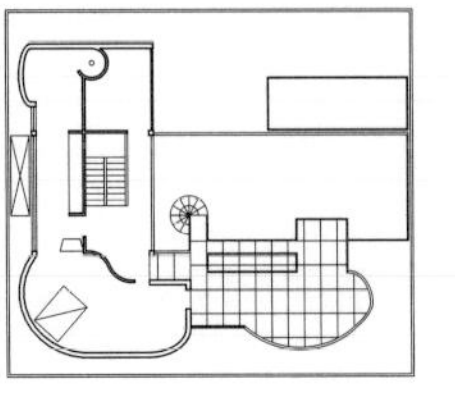

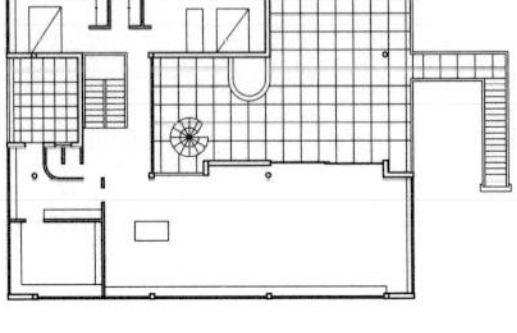

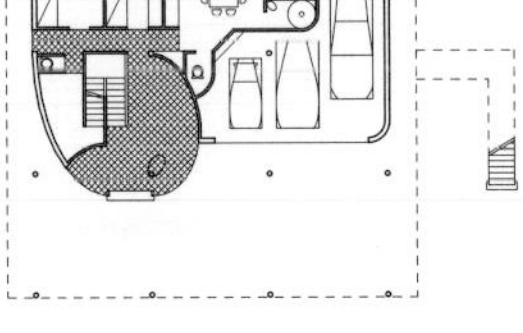

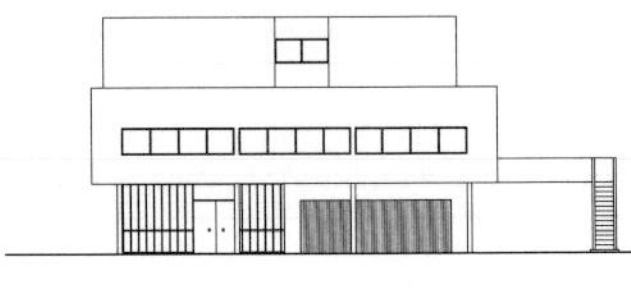

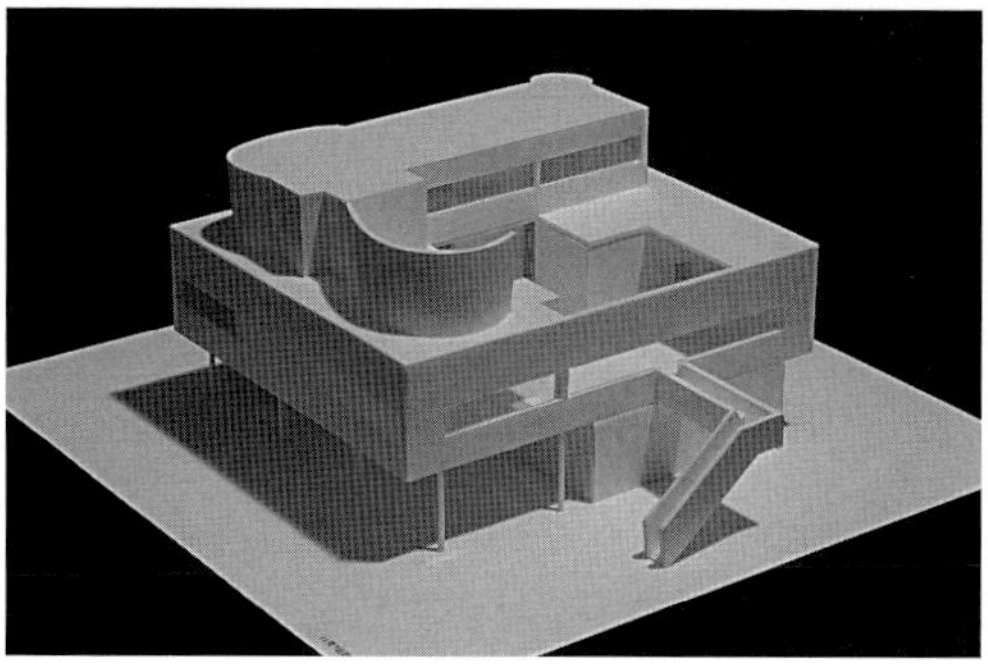

プライヴェートルームという、ヨーロッパの古典的な邸宅の構成をそのまま守った上での縮小案になっています。

11月7日案——計画案その3

この案は前日の11月6日案で2階のルーフテラスがあまりに狭く、サロンから見た時に視界の目の前に壁があるような圧迫感を感じたために、約1・5メートルのキャンティレバーの方向を変えることによって、サロンから見たルーフテラスの奥行き感を少しでも大きくできるような変更を試した案なのですが、おそらくル・コルビュジエはまったく満足できなかったのだろうと思います。

しかし、この案でひとつ重要な発見がありました。２階平面図の左上のコーナー部分にある客室において、最終案と同様に入口近くにキャビネットが造り付けられることによって、部屋の入口を入ってから奥に回りこむという動きのあるプランがこの11月7日案で初めて現れたのです。部屋が水平連続窓に沿って回転するような動き★を獲得し始めた最初の大きな一歩が、この案には記されています。11月6日案には、そうした動きはまったくありませんでした。減額案を探るためにコンパクトなプランニングを試すというプロセスの中で、水平連続窓という形態上の特徴が逆に空間を動かし始めたと見ることもできます。水平に繋がっていく窓に沿ってパンするような視線の動きとシンクロするように、空間が形作られていくのです。

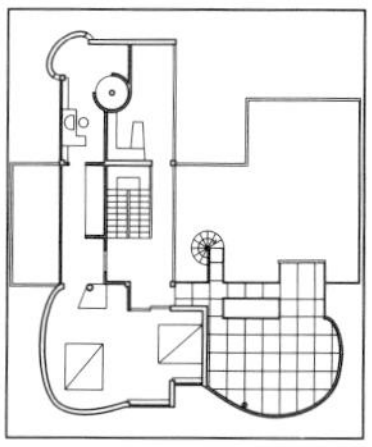

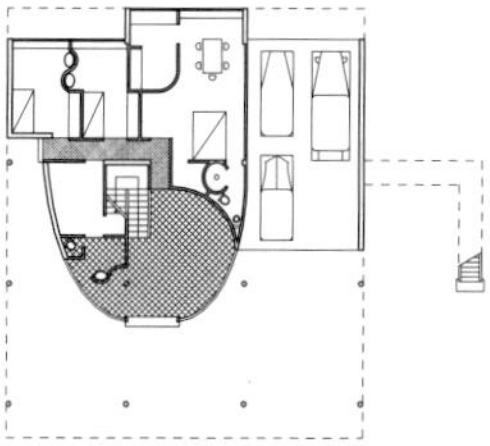

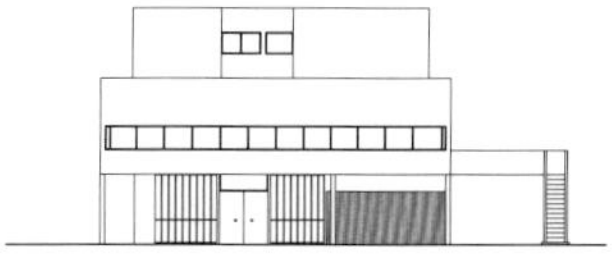

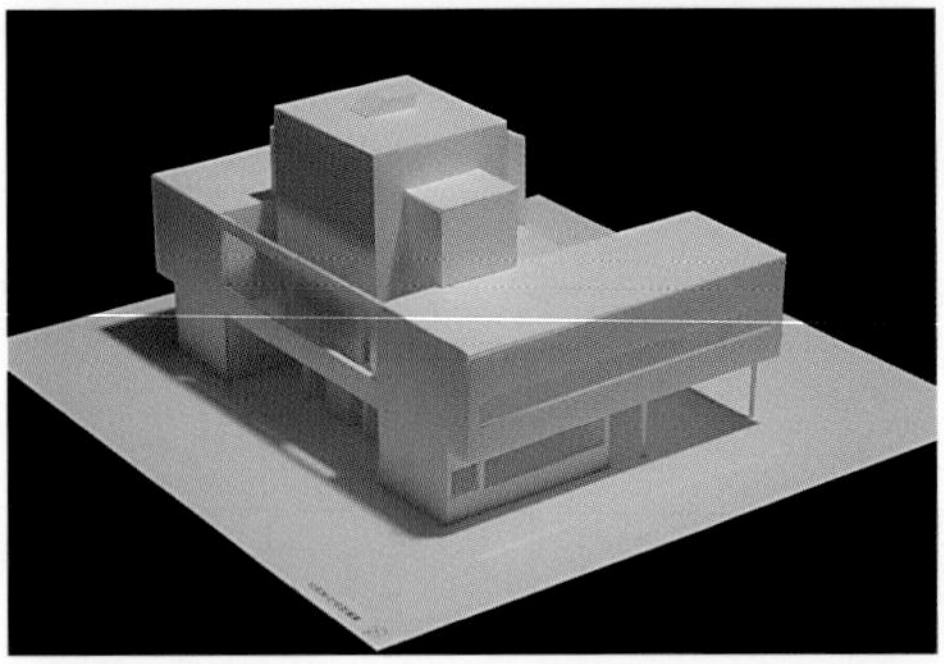

11月26日案──計画案その4

11月26日案は、一見するとサヴォワ邸とはとても思えない形をしています。1階ピロティには車廻しをそのまま建築形態に置き換えた特徴的な曲線はなくなっています。中央のスロープもありません。特徴的なスカイラインを形成していた自由な曲面も姿を消して、シンメトリーを強調した堅苦しい案になってしまったように見えます。しかし11月7日以降、約3週間をかけてさまざまなスタディを重ねたスケッチが残されており、新たにパースも描いてかなり真剣にスタディしていたことがわかります。階の基本的な構成はこの案でも変更されていません。中央の螺旋階段の廻りに、螺旋のスロープをからませるというアイディアを試していたりもします。

この案の最大の特徴は、これまで水平性がまさっていた案に対して、初めて垂直のヴォリュームが貫入するような構成の検討をはじめたことです。スロープの代わりに中央にある階段室が主な動線となっているのですが、ホールの吹抜けと一体になり建物を垂直に貫いています。このスタディがきっかけとなって、これまで裏に隠されていた動線が垂直要素となって建築的プロムナードに参加するようになったのではないか、と考えることができると思います。そして、11月7日案の客室で発見された水平連続窓に沿って回り込むような空間の動きは、さらに多くの部屋に適用されることになりました。子供室では、ベッドの奥に回りこんだ先に机を造り付けるという最終案とほぼ同じ構成がここにはすでに現れています。★配膳室からキッチンに回りこむ動線もすでにこの案では完成されています。そして限られたスペースの中でサロンとキッチンをどのように関係付けるかという課題も、この案でほぼ完成したといってよいでしょう。空間の回転運動が住宅全体をまとめ上げる上で重要なモティーフとなりつつあることが、次第に明らかになってきました。

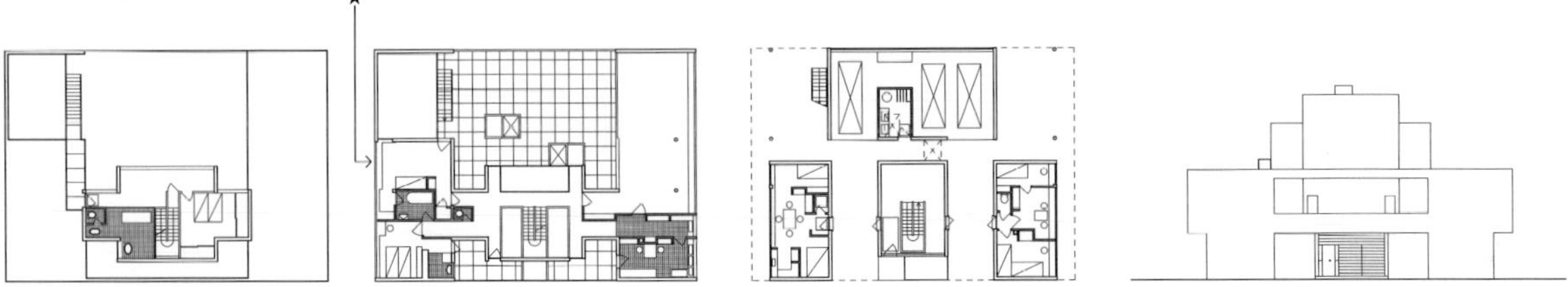

2 階ルーフテラス　室内のように設えられたテーブル

12月17日案――計画案その5

約1か月半のスタディの結果、結局最初の案にきわめて近い案にル・コルビュジエは戻ってきました。ただし減額のためにスパンは5メートルから4・75メートルに変更され、面積で約10%が縮小されています。また3階にあったサヴォワ夫妻の寝室を2階に組み入れることで、3階はソラリウム（日光浴室）と呼ばれるルーフテラスだけとなりました。そのため2階の平面は最初の10月28日案と比較するとかなり混み合ったように見えますが、これまで述べてきたように水平連続窓に沿って回り込むような動きを各部屋に導入することによって、狭い部屋の中に奥行き感を持たせるような工夫をすることで、全体をまとめ上げようとしています。サロンとキッチンに関しては11月26日案で発見された構成がそのまま採用されています。

最終的に建設された案と異なるのは、サーヴィス階段がスロープと平行に置かれ、まだ独立した要素として建築的プロムナードには積極的に参加してはいないこと、子供室、客室への通路が主寝室への通路と共有されていること、そして客室だけが水平連続窓に沿った動きをまだ獲得していないことです。★

先にコスト分析のところで述べたように、この案でようやく見積り金額を55万8000フランまで削減することができて、この案で工事契約を結ぶことになりました。しかしル・コルビュジエはさらにスタディを進め、実際に建設が始まる時には別の案を用意していました。

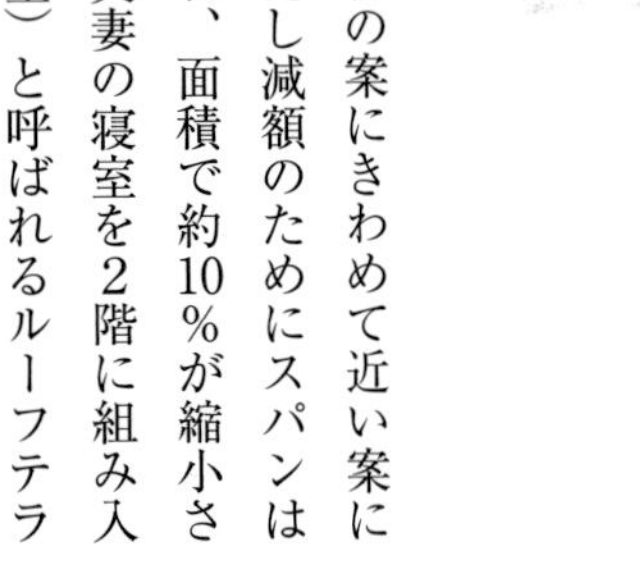

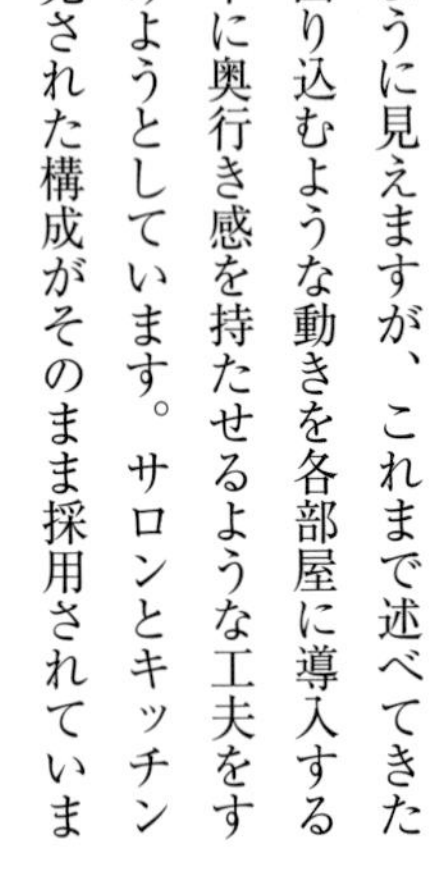

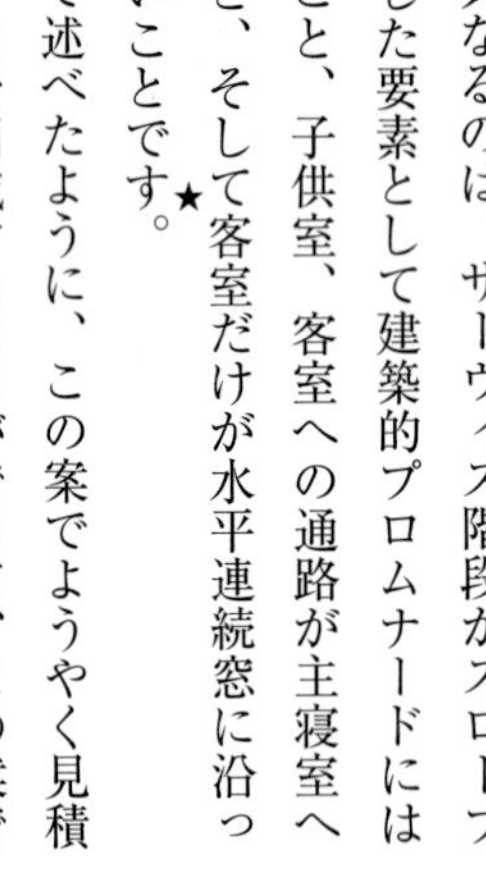

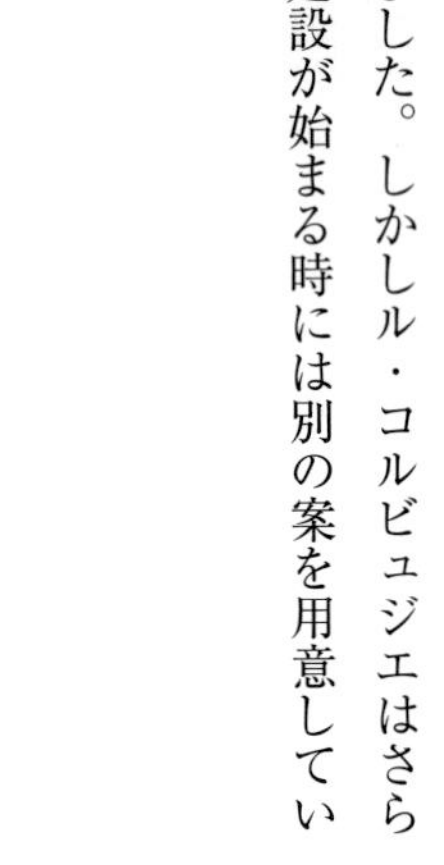

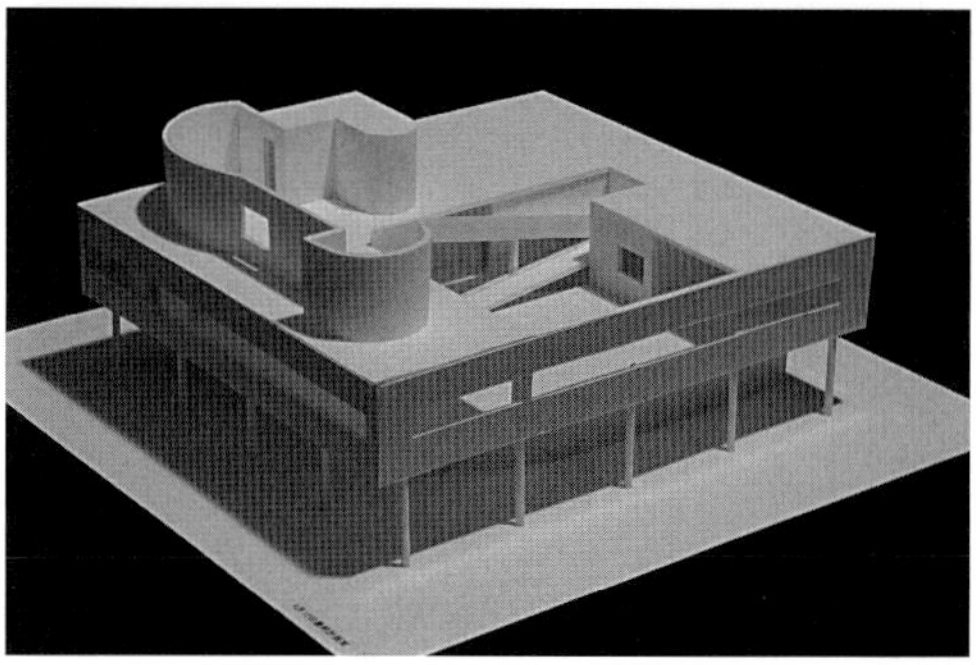

4月12日案（1929年）——ついに決定

この案が最終的に建設された4月12日案です。12月17日案が建設コストも含めてサヴォワ夫妻から承認されたので工事契約をしたのですが、着工までにル・コルビュジエはさらに検討を進め、新しい案を準備しています。最終案の最大の特徴は、サーヴィス階段が向きを90度変えて建築的プロムナードに積極的に参加するようになったことです。★56ページの写真を見てもわかるように螺旋状の踊り場がスロープに直行して向き合うことによって、実に魅力的な表情が生まれています。この変更によって主寝室への通路と、子供室、客室への通路がそれぞれ独立した通路となり、そのため客室はかなり狭くなってしまいました。しかし、11月7日案で発見された空間構成、すなわち客室の入口近くにクローゼットとトイレを設置することによって、水平連続窓に沿って回り込んでからベッドに到達するという構成が導入され、回り込む動きがこの客室にも取り入れられて、すべての部屋がこの回転運動の特質を獲得したのです。★

11月7日案で初めて発見されたこの空間の運動は、設計プロセスの中で次第に重要な役割を演じるようになり、そして最終案にいたってすべての部屋がその運動を獲得することで、初めてル・コルビュジエはこの案で建設することを納得できたのではないでしょうか。

あらためて全体を見てみましょう。減額案を作るという目的で始まったスタディが、ほぼ元の案に回帰したように見えるのですが、途中の段階で後に重要となるさまざまな特徴を発見していったプロセスであったことがよくわかります。特に模型写真で見比べると、最終的なサヴォワ邸がいかにシェイプアップされ、美しいプロポーションでまとめられたかがわかると思います。減額ということを逆手に取った、素晴らしいデザインプロセスだといってよいでしょう。

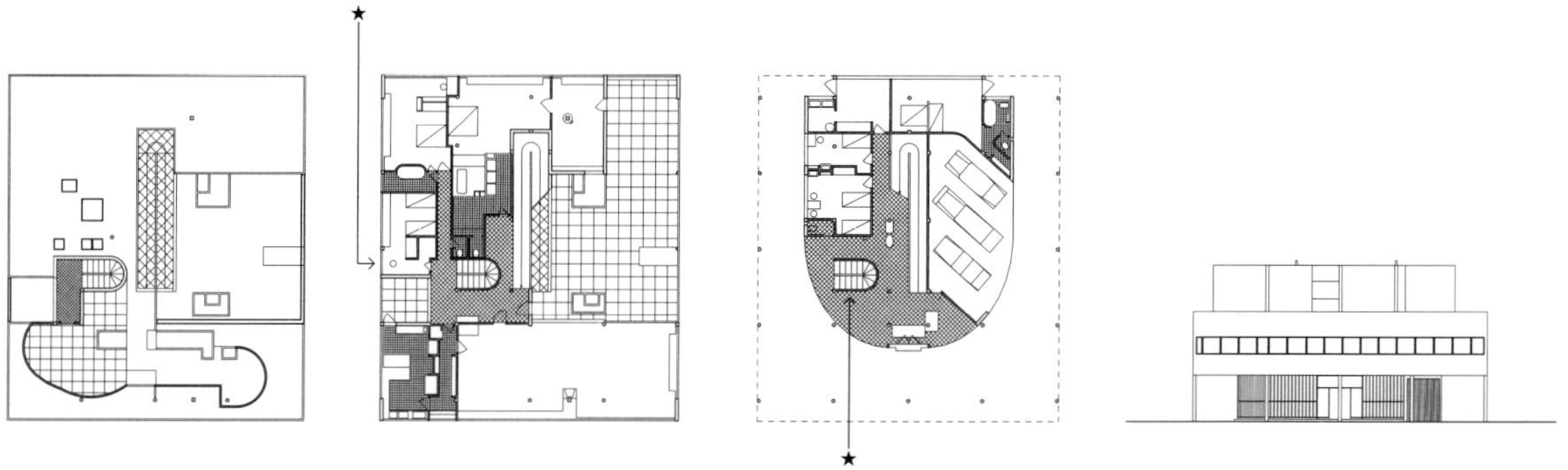

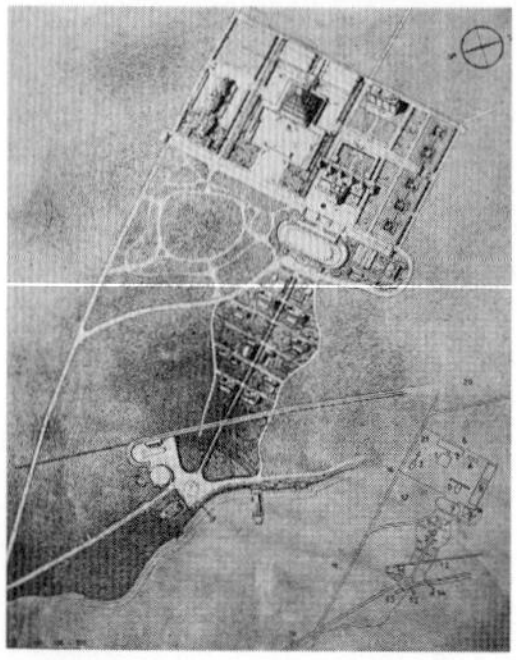

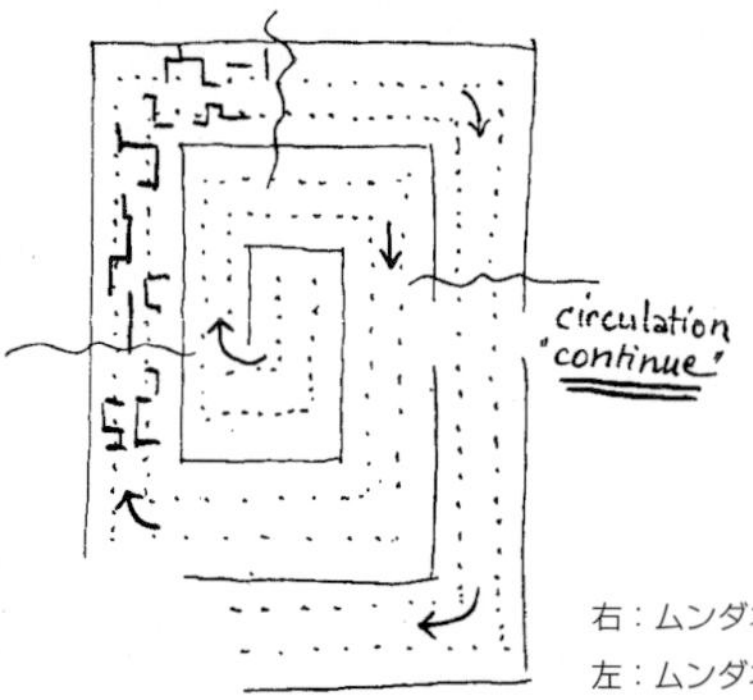

右：ムンダネウム、世界美術館　平面ダイアグラム
左：ムンダネウム配置図

美術館で展開される螺旋のアイディア

サヴォワ邸で発見された螺旋の動きは、他のプロジェクトでどのように展開されていったのでしょうか。この螺旋という形態は、「無限に成長するミュージアム」の構想に顕著に見ることができます。無限に成長するミュージアムの構想の最初のアイディアは1929年、ムンダネウム計画の中のミュージアム、「世界美術館」[46]です。したがって彼にとっては無限に成長するミュージアムの螺旋形のプラン構成は、サヴォワ邸とほぼ同時期に考え始められたアイディアだということがわかります。

ムンダネウムとは、国際連盟という政治的な国際組織に対抗して、同じジュネーヴに世界の知識を集結させるような世界文化センターを作ろうという壮大なプロジェクトで、資産家で思想家のポール・オトレ[47]から依頼されました。実現はしませんでしたが、その中にミュージアムの計画も含まれていたのです。世界美術館は古代メソポタミアの聖塔、ジッグラトのような四角い螺旋状の山型です。中央の頂上までエレベーターで上がって、そこから四角い螺旋のスロープを降りながら進んでいきます。古代から始まって、下に降りるにしたがって時代が新しくなり、最後は現代に至る。動線としては、フランク・ロイド・ライト[48]が設計したニューヨークのグッゲンハイム美術館[49]ととても似ています。笑い話のようですが、現代から先はどうするのかというと、地面に潜っていくそうです。この建物以後のミュージアム構想では、上から下への螺旋降下ではなく、蚊取り線香のように渦巻きが水平に展開していきます。その頃のヨーロッパで活発に発言をしていた論客にカレル・タイゲ[50]というチェコの美学者・評論家がいます。この人はもうばりばりのモダニストだったので、国際連盟案は高く評価していたのですが、ジッグラトの形状

★46〜49

★46——ムンダネウム・世界美術館　Mundaneum-MUSEE MONDIAL　ル・コルビュジエの国際連盟本部案に魅了されたポール・オトレから依頼された世界文化センター構想。国際大学、世界美術館、国際学術協会、資料図書館の4つの機能に応じた建物および国内部門からなり、1928年の計画ではそれぞれの建物は黄金比をもった矩形の敷地のなかに配置されている。ジッグラト型の螺旋の段状構造を持つ世界美術館はその中心に位置している。カレル・タイゲらの批評家によって、その古典主義的な形態を激しく批判された。

★47——ポール・オトレ　Paul Otlet 1868-1944　ベルギー・ブリュッセルの弁護士、書誌学者、実業家で、国際協会連盟書記長を務めた。1895年にブリュッセルに国際図書館学研究所、1910年に国際協会連合を設立。1914年以降は、国際連盟の設立に貢献。政治的組織である国際連盟に対し、ムンダネウムを中心とした世界都市を文化的組織として構想した。スイス・ジュネーヴから始まり、ベルギー・ブリュッセル、アントワープなどで計画が模索されたが、実現されることはなかった。

★48——フランク・ロイド・ライト　Frank Lloyd Wright 1867-1959　アメリカの建築家。ル・コルビュジエ、L・ミース・ファン・デル・ローエと並び、20世紀建築の三大巨匠のひとりとされる。ルイス・H・サリヴァンの事務所などに勤めた後、独立。サリヴァンの事務所では主に住宅の設計を担当する一方、サリヴァンの代表作、オーディトリアム・ビルの設計にも関わる。自然から学ぶ有機的な形態を建築構造に組み込み、密度の濃い空間を作り上げた。代表作に、落水荘（カウフマン邸、1936年）、グッゲンハイム美術館（1959年）などがある。

★49——グッゲンハイム美術館　The Solomon R. Guggenheim Museum, New York　鉱山業で莫大な資産を築いたマイヤー・グッゲンハイムの息子であるソロモ

右：インド・チャンディガールの美術館（設計 1950 年、竣工 1962 年）
中：インド・アーメダバードの美術館（設計 1952 年、竣工 1957 年）
左：東京・国立西洋美術館（設計 1957 年、竣工 1959 年）

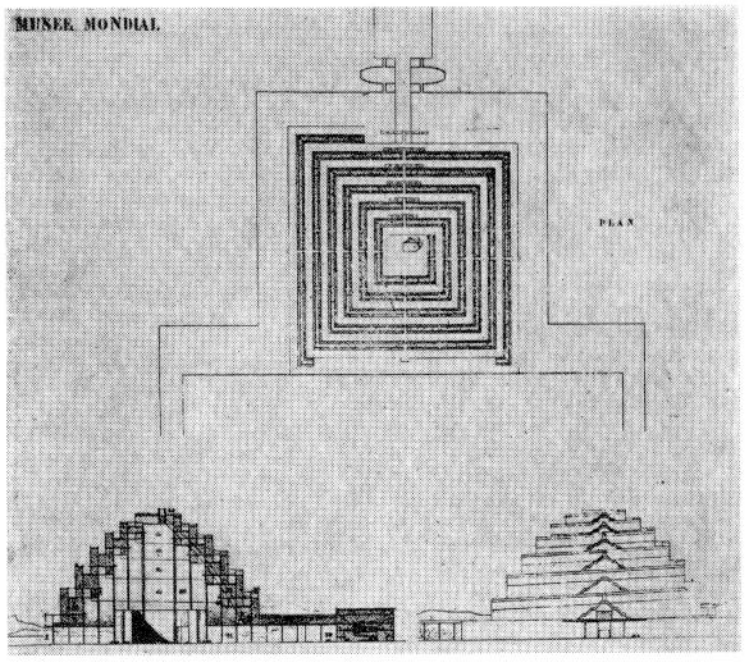

ムンダネウム、世界美術館　立面と断面のスタディ

をとるムンダネウムは非常に古典的に見えた。だから、このプロジェクトが発表された時には、ル・コルビュジエはもう死んだというようなことを言って批判を浴びせていました。

ル・コルビュジエは生涯で美術館を10館程度計画しましたが、実現したのは3館だけです。その中では、上野の西洋美術館[51]が最も完成度が高いといえるのではないでしょうか。アーメダバード[52]やチャンディガール[53]の美術館はあまり成功したとはいえません。熱帯に近い光の下では、ル・コルビュジエが考えるような光の採り入れ方が難しかったようです。一方で、1931年のパリの現代美術館、36年のリオ・デ・ジャネイロ、39年のアルジェリア・フィリップヴィル、45年のフランス・サン＝ディエ、晩年にはベルリン、フランクフルトなど、都市計画の主要な施設として、執拗に「無限に成長するミュージアム」のアイディアが繰り返されていきますが、計画自体が解消されてしまったりして実現できていません。

空想ギャラリー＝サヴォワ邸

サヴォワ邸と「無限に成長するミュージアム」を重ねて見ていくと、サヴォワ邸そのものが、近代建築とはまったく無縁といってよいさまざまなオブジェが展示された、ル・コルビュジエの空想ギャラリーのようにすら見えてきます。エントランス・ホールに設えられた、まるで大聖堂入口の聖水盤のような洗面台、2階サロンにオブジェのように置かれた暖炉、屋上テラスを内部空間と見せかけるように水平連続窓に沿って造り付けられたテーブル、そしてブルーのタイルで仕上げられた浴槽と寝椅子。ル・コルビュジエが東方旅行で目にしてスケッチをしてきた、モダニズムとは無縁な、ある意

ン・R・グッゲンハイムが収集した同時代の抽象美術コレクションをもとに、1939年、「非対象絵画美術館」として設立、1952年に現在の名称に改称、コレクションも現代美術の観点から幅広く充実していく。1959年に、フランク・ロイド・ライトが最晩年に設計を手がけた、巻き貝を逆さにした形状の建物に移転。建物の中心は吹き抜けになっており、取り囲むゆるやかな螺旋状の通路の壁面に沿って作品が展示されている。入場者はエレベーターで最上階まで上がり、通路を降りながら鑑賞を進める。

★50――カレル・タイゲ　Karel Teige　1900-1951　チェコの建築評論家、グラフィックデザイナー。同時代ヨーロッパのモダニズム芸術の動向を自身が編集する雑誌などでチェコに紹介し、国内での運動を主導する。最晩年は共産党政府により発言を封じられる。

★51――国立西洋美術館　National Museum for Western art, Tokyo　1959年に上野公園に開館した美術館。戦後フランス政府から返還された、印象主義絵画を中心とした松方コレクションを展示するための美術館として、ル・コルビュジエに設計が依頼された。監理は弟子の坂倉準三、前川國男、吉阪隆正が行なった。1979年には前川國男の設計により新館を増築。

★52――インドのアーメダバード美術館　The Culture Center of Ahmedabad : the Museum　無限に成長するミュージアムの構想をル・コルビュジエが実現した最初の美術館。1957年に完成。1スパン7メートル×7メートルを基本単位として縦横にそれぞれ7つ繰り返した、50メートル四方の正方形の建物である。

★53――チャンディガールの美術館　Museum and Art Gallery, Chandigarh　1962年に竣工した、無限に成長するミュージアムの最後の建物。

1階エントランスホールの洗面台

ソラリウムから見下ろした2階ルーフテラスのテーブル

主寝室から見た浴室　左に 2 階スロープに繋がる通路が見える

味では時代を超えたヴァナキュラーな建築的オブジェたちが、あたかも本当の博物館のようにその螺旋に沿って展示をされているような錯覚すら生まれてきます。

この「無限に成長する」というアイディアが一体どこから生まれたのか、もちろん確かなことはわからないし、ル・コルビュジエの創造がいつでもそうであるように、複数のきっかけがまるでアマルガムのような化学変化を起こすことでアイディアが熟成されるので、特定の事物や経験を原因と特定しようとすることには意味がありません。ル・コルビュジエ自身が全集の4巻に掲載したアルジェリアのフィリップビル（現在のスキクダ）に計画したミュージアムの形態を説明するために巻貝を例としてあげていたように、ル・コルビュジエがいつも手元において眺めていたオブジェたちももちろん重要なインスピレーションを与えていたのだと思います。しかし、実はピエロ・デッラ・フランチェスカの「キリスト鞭打ち」が、その最初のきっかけとして重要な役割を果たしていたと考えることもできるのではないか、と私は想像しています。

「キリスト鞭打ち」再び

ピエロ・デッラ・フランチェスカの「キリスト鞭打ち」をもう一度みてみましょう。この絵画の構成の不思議さは、まるで無関係に見える画面の並置といった構図だけの問題にとどまりません。絵画の制作の前に建築的な平面図をすべて決定してから透視図法を用いて画面構成を考えていたといわれるピエロ・デッラ・フランチェスカが、これだけ正確な透視図法に準拠していながら、その画面の細部を偶然に任せていることなどありえないからです。右手の前景に

作者不詳（中部イタリア）「透視図による理想都市」

立つ3人の視線はなぜすべて別々の方向に向けられているのでしょうか。右側に立つ明らかに高位と思われる礼服を着た人物は、何かを語りかけているように手を持ち上げている左側の人物を見守っているように見えるのですが、その異国風の髭を伸ばした左側の人物は右斜め前方にいる何者かに向かって語りかけようとして、決して視線が出会うことがありません。そしてさらに不思議なことに、中央に立つ人物は服装も簡素な貫衣で、左右の2人にはまったく無関心であるかのように左斜め前方を見据えています。美術史家たちがこの人物を当時すでに死去していたフェデリーコ・ダ・モンテフェルトロの甥オッタヴィアーノ、あるいはフェデリーコの庶子ブオンコンテと特定し、この絵画がキリストの受難に重ねあわされた追悼という役割を持つと解釈しているのは、そうした理由からです。つまりこの左右の二分された奥行きの異なる画面が示す距離感は、その2つの出来事が異なる時代に生起したという時間的な隔たりを表現すると同時に、受胎告知の画面構成のように聖と俗という空間的な隔たりをも表現していると考えることができるのです。

さらに、光、あるいは光源の問題があります。絵画全体の光源は太陽光線で右手から光が当てられているのですが、左半分のキリストの鞭打ちの画面を見ると円柱が明らかに別な光で照らされていることに気付きます。さらによく見ていくと、キリストがいる上部の格子天井だけが周囲と比べて異常に明るいことや、画面の一番左に座る審問官ピラトの席の基壇の光り方などを見ると、どうやらキリスト上部に点光源が想定されていることがわかります。長い間ピエロ・デッラ・フランチェスカの作とされてきた「透視図による理想都市」も、左手手前のファサードが暗く、そのファサードの裏に点光源が隠されているとしか見えません。どうしてこのように一見不合理な光源を想定するのでしょうか。背景は数学的な透明性にあふれた幾何学で構成されているのですが、そこに投げかけられる光は

右：ピエロ・デッラ・フランチェスカ「聖十字架伝説」（1450年代）より、
「ソロモンとシバの女王との会見」部分
左：ピエロ・デッラ・フランチェスカ「円柱柱頭の遠近法表現」
（『絵画のための遠近法』第3書命題7（1470-80年頃）より）

2 階ゲストルームと子供室への通路

まるでそうした幾何学性を否定するような神秘性が持たされているのです。このように一見矛盾するような構成が重ね合わせられていることが、互いの特徴を浮かび上がらせ、絵画の魅力をさらに豊かにしていると考えてもよいと思います。

ルネサンスと呼ばれた15世紀イタリアの人々が夢中になって研究した透視図法とは一体何だったのでしょうか。それは世界の正確な、いわば科学的な写像として始まったのかもしれませんが、図法としての研究を続けながらピエロ・デッラ・フランチェスカはむしろそれをおそらく世界を再構築する道具として捉え始めるようになっていったのではないでしょうか。そして画面を二分することは、時間概念の導入と共に、新たな世界観の構築という重要な契機があるように思われます。ヴァザーリ[54]の『ルネサンス芸術家列伝』によると、生前のピエロ・デッラ・フランチェスカは画家としてよりもむしろ数学者、遠近法の創始者としての評価が高かったようです。ピエロは長い間時代遅れとされ、忘れ去られた画家だったのですが、その抑制された感情表現と透明な数学的秩序によって、１９２０年代のヨーロッパにおいてその現代性が急速に再評価されるようになりました。１９２７年にはロベルト・ロンギ[55]によりピエロ最初のモノグラフが出版され、１９２９年にフランスの画家アンドレ・ロート[56]がピエロを「最初のキュビスト」と位置づけて、その評価が決定的なものとなります。またしても、１９２９年です。不思議なめぐりあわせといってよいと思います。

★54――ジョルジョ・ヴァザーリ Giorgio Vasari 1511-1574 イタリアの画家、建築家、歴史家。フィレンツェでアンドレア・デル・サルトらに絵画を師事する。1550年に『ルネサンス芸術家列伝』（正式名称は、『著名画家・彫刻家・建築家列伝』）を出版したことによって、後に「最初の美術史家」と呼ばれることになる。本書は「ルネサンス」を強く意識したもので、ジョットとチマブーエによって始められ、ミケランジェロ、ダ・ヴィンチ、ラファエロによって頂点を迎えると定義付けられた。

★55――ロベルト・ロンギ Roberto Longhi 1890-1970 イタリアの美術史家。トリノ大学でのカラヴァッジオの研究からスタートし主に15世紀の絵画を専門とするが、20世紀のカルロ・カッラやウンベルト・ボッチョーニなどイタリア未来派まで幅広く論じる。1927年に出版した代表作『ピエロ・デッラ・フランチェスカ』は画家の再評価を決定的なものとする（同年、フランス語訳）。ボローニャ大学やフィレンツェ大学で研究と教育を続ける一方で、展覧会の組織などにも積極的に関わる。ボローニャ大学での弟子には、後に詩人、脚本家、映画監督として活躍するピエル・パオロ・パゾリーニなどがいる。

★56――アンドレ・ロート Andre Lhote 1885-1962 フランスの画家・批評家。フォーヴィスム風の絵画を経てキュビスムに傾斜。美術教育にも力を入れ、パリ・モンパルナスに開いた学校では、前田寛治や黒田重太郎など日本人留学生が師事した。

内部のスロープから外部のスロープへ

そもそも、なぜサヴォワ邸は名作なのか ——近代建築の5原則を超えて

この住宅がなぜ「20世紀の住宅建築を代表する名作」と言われているのか。しばしば、それは大きく2つの理由から説明されます。

1つは、ル・コルビュジエが提唱した「近代建築の5原則」を目に見える、理想的なかたちで実現しているからだというものです。「近代建築の5原則」とは、〈ピロティ〉、〈屋上庭園〉、〈自由な立面〉、〈水平連続窓〉、〈自由な平面〉という5つの項目なのですが、ル・コルビュジエがそれまでパリ市内で設計した住宅というのは、不整形な敷地の条件などで非常に大きな制約を受けていたこともあって、これら5つが部分的なかたちでしか実現できなかった。それに対して、このポワシーの制約のない自由な土地を与えられて、初めて5つの原則すべてが非常にわかりやすく実現できた。その意味ではル・コルビュジエ自身にとってもひとつの区切りになる住宅だったのだろうなと思います。

もう1つは、日本では、富永譲氏によって広く知られるようになった、「建築的プロムナード」です。これがサヴォワ邸で表現されている。住宅の中心にあるスロープや螺旋階段が象徴しているのですが、それまではある場所からある場所へ移るという通路、つまり「廊下」には、それほど重要な役割が与えられてこなかったわけです。建築物の中で、それぞれの部屋にはみないろいろなイメージは持っていたけれど、部屋と部屋をどう繋ぐかということについては、関心が向けられることは少なかった。それに対してこの住宅では、部屋と部屋を結ぶ通路に「散策」という意味が加えられ、移動に伴いながら視線も動き回るという能動性がデザインに取り入れられた。そしてこの「建築的プロムナード」が、住宅全体の印象を形

成する上で非常に大きな役割を果たすことができるということがわかった。

ル・コルビュジエ自身は、「建築的プロムナード」をアラブ建築からの教訓だと説明しています。先ほども述べたように、ちょうどサヴォワ邸を設計している最中に南米に講演旅行をして、その時の講演の記録が『プレシジョン』という本にまとめられています。そこでサヴォワ邸の絵を描きながら、いろいろな説明をしています。ヨーロッパのバロックという様式は、静的な固い構成でしかなくて、そこには建築的な楽しみはまったくない。今までの古典的な建築がいかにつまらない経験しか与えてこなかったか。一方それに対して、アラブの街には、ぐるぐると路を巡りながら次々に新しいシーンが現れてくる迷宮とでも呼べるような「重層性」がある。ル・コルビュジエはそのことを、「私はアラブ建築を選ぶ」という言い方で表現しています。ヴァナキュラー[57]な建築には古典建築が気付かなかった豊かな可能性があり、私はそこからいろいろなことを学んで、新しい建築を作っている、という説明をしています。「モダニズム」が、古典主義[58]に対するアンチテーゼとしてのスタイルだけを指すのではなく、彼が『東方への旅』という本で記しているように、建築が他者との出会い、発見から成り立っているということを明らかにする思想だといえます。それを自ら実践するかのように、サヴォワ邸のスロープも、実はアラブ建築からの教訓なのですよ、という説明をしているのがとても面白いところだと思います。

この「建築的プロムナード」と「近代建築の5原則」が、後世の建築家に与えた影響というのはものすごく大きい。中でもピロティは、1960年代から70年代まで、日本の公共建築にも特に強い影響を与えてきました。当時は、ピロティがあることが公共建築の特徴だというくらい重要な要素になっていました。

サヴォワ邸は今でこそ、20世紀を代表する傑作として高く評価されています。しかし、竣工当時には「近代建築の5原則」が非常にわかりやすく実現された住宅として認識されていたものの、全面的に受け入れられていたわけではありませんでした。美術史家のハンス・ゼードルマイヤー[59]が『中心の喪失』（1948年）という本の中で、「サヴォワ邸は地上に舞い降りた宇宙船」であるという表現をしていますが、サヴォワ邸が発表された当初はモダニズムの建築言語としての新奇性が注目されていたのだと思います。もちろんそれだけでも十分評価は高かったのですが、時代が下るにつれて歴史的な建築とも比較されるようになり、さらに評価が上がっていったようなところがあります。

　ル・コルビュジエ自身もサヴォワ邸以前から「住宅は住むための機械である」という有名な言葉を残しています。本来は、住宅も機械のように精密に作られるべきであり、また住宅が手工芸的に作られるものから、工業製品のように量産化され、もっと民衆のためのものになるべきだという意識を表現したものです。ところが、しばしばその意味は、住宅が「住む機械である」という意味に誤解され、批判の的となります。つまり、人間が機械に住むとは何事か、そのような思想に基づいて作られた住宅は非人間的で、そんな家には住みたくない、もっと人間的な暮らしがしたいという批判です。本人の責任でもあると思うのですが、ル・コルビュジエはモダニズム建築の旗手として尊敬される一方で、1920年代当時からずっとこのような一面的なヒューマニズムによる批判にも晒され続けています。

　サヴォワ邸の評価がはっきりと変わった大きなきっかけは2つあると思っています。1つは建築史家のコーリン・ロウの論文「理想的ヴィラの数学」（1947年、『理想的ヴィラの数学とその他のエッセイ』〔1976年〕に所収、日本語訳『マニエリスムと近代建築』伊東豊雄／松永安光訳〔1981年〕）と、もう1つは建築家ロバ

★57——ヴァナキュラー　vernacular　その地域固有（土着的）な様式・方法による建造物をヴァナキュラーな建築と形容する。しばしば、土地の地理的特性や風土・環境、文化様式に適応した形態・形成過程を持つ。

★58——古典主義　classicism　古代ギリシア・ローマ時代の調和や比例、秩序に基づく芸術を理想とする立場であり様式である。新古典主義は18世紀後半のフランスに、華美で装飾性豊かなロココ様式に対抗するものとして現われた。古典主義の様式を当世風に取り入れ、より重厚で荘厳な建造物を作り出し一世を風靡した。19世紀に入ると次第に、保守的で鈍重な様式として捉えられるようになっていく。フランスの芸術アカデミー、その付属機関としてスタートしたエコール・デ・ボザールはこの古典主義の美学に則っており、新しい芸術動向であるモダニズムとは折り合わなかった。ル・コルビュジエにおいてはしばしばモダニズムに対置する概念として使われる。

★59——ハンス・ゼードルマイヤー　Hans Sedlmayr 1896-1984　オーストリアの美術史家。中東の建築物に関心を抱き、建築家を志すが、美術史に転向する。構造分析を提唱し、建築や絵画を分析した。主著に『中心の喪失』（日本語訳『同』石川公一／阿部公正訳、1965年）など。

★60——コーリン・ロウ　Colin Rowe 1920-1999　イギリス生まれの建築史家、建築評論家。ロンドン大学ヴァールブルグ研究所でルドルフ・ウィトカウアーに、イェール大学でヘンリー＝ラッセル・ヒッチコックにそれぞれ師事。長くコーネル大学で教鞭をとる。ピーター・アイゼンマン、リチャード・マイヤーを始め、同時代を代表する多くの建築家に影響を与える。論文「透明性——虚と実」（ロバート・スラツキーとの共著）では、ヴァルター・グロピウスによるガラス張りのバウハウス校舎を「実（字義通り）の透明性（literal transparency）」とする一方で、ル・コルビュジエのシュタイン邸

ート・ヴェンチューリによる『建築の多様性と対立性』（1966年、日本語訳『建築の多様性と対立性』伊藤公文訳（1982年））という本です。サヴォワ邸を見直し、歴史のなかに新たな位置づけをする上で、この2つの著作はとても大きな役割を果たしたと思います。

パラディオとル・コルビュジエ
——コーリン・ロウ「理想的ヴィラの数学」

コーリン・ロウ[60]の「理想的ヴィラの数学」では、マニエリスム[61]後期のイタリアの建築家、アンドレア・パラディオによるイタリア・ヴィチェンツァにあるアルメリコ・カプラ邸（ラ・ロトンダ）という貴族の邸宅とサヴォワ邸との敷地の状況や佇まいの共通性について触れていますが、より直接的に説明しているのは、ル・コルビュジエのガルシュの住宅[62]（シュタイン邸）と、同じくパラディオによるヴェネツィア近郊のフォスカリ邸[63]（ラ・マルコンテンタ）という2つの住宅です。平面図とその構造の骨格をダイアグラムも用いながら比較しているのですが、両方とも空間の骨格が酷似している。それまでは、近代建築とは古典主義に対立するものだと誰もが思っていました。特にギーディオンはその部分を強調することで、これからの時代は近代建築の時代だというプロパガンダを展開しました。しかしコーリン・ロウは、実は近代建築の空間の本質は優れた古典建築ととても似通った構造を持っているということを初めて明らかにしました。この著作によって初めて近代建築そのものが歴史的事実として相対化され、客観化されるようになった。近代建築が単なる新しい時代の建築で古典主義と対立するものとしてではな

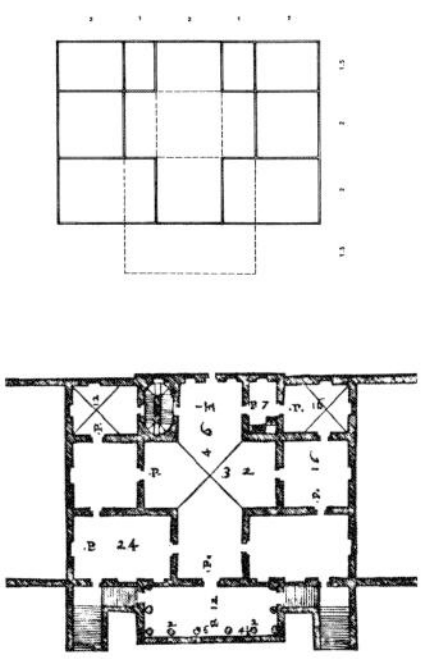

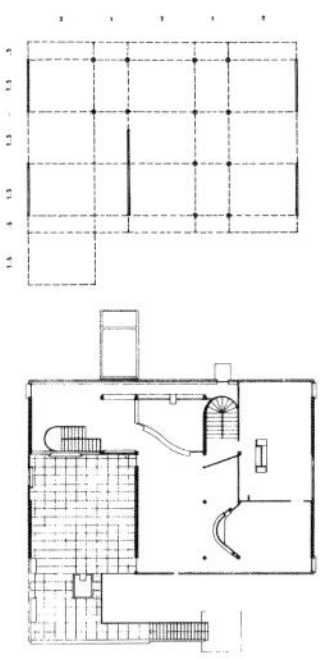

右：ガルシュの住宅
ダイアグラム（上）と平面図（下）
左：フォスカリ邸
ダイアグラム（上）と平面図（下）

フォスカリ邸

ガルシュの住宅

を「虚（現象的）の透明性（phenomenal transparency）」を実現する建築物と位置づけ、知覚的なレヴェルでの透明性を定義した。

ラ・ロトンダ

く、長い建築の歴史の中で過去との連続性を持って現れたものであるということを、非常にわかりやすいかたちで説明したという意味で、画期的な論文だったと思います。

パラディオは1600年代以降、新古典主義の時代を含めて約300年間にわたって西洋社会における建築のひとつの理想型、イコンとして強い影響を与えていました。イギリスでは特にその人気が高かった。当時、好きな建築家は誰ですかというアンケートをとれば､ほとんどの人が即座にパラディオと答えていたことでしょう。歴史上本当に長い期間にわたって模倣されましたし、参照され続けました。同時に自分でも建築書を出版して、わかりやすく図面も公表し、模倣しやすい状況を上手につくっていた。現代でも、建築家は雑誌などで作品を発表するときには自分のコンセプトなどを説明しますが、パラディオはそうしたメディア戦略のはしりだったといえます。そして、出来上がった作品をそのまま正直に掲載するのではなく、ほんとうはこうしたかったというように図面を書き直すことによって、全部理想的なかたちの図版として自分の作品集をまとめ、それをヨーロッパ中に広めるという、ある意味で非常にジャーナリスティックな動きをした。こうした活動が功を奏したこともあって、ラ・ロトンダについて知らない人は誰もいなくて、多くの人にとっての憧れとなっていった。第三代アメリカ大統領のトマス・ジェファソン[64]は建築家としても知られていますが、彼もパラディオの信奉者で、彼の建築はパラディオのスタイルを切り貼りして作られていたくらいです。ですから、コーリン・ロウがこれだけはっきりとル・コルビュジエとパラディオの共通点について分析しわかりやすく説明したことは､相当のインパクトがありました。しかもラ・ロトンダとサヴォワ邸に関しては詳しい分析は載せないで、最後に謎めいたような口調で、実はこの2つの建築には非常に近いものがある、とそれだけつぶやくように論文を終わらせています。これま

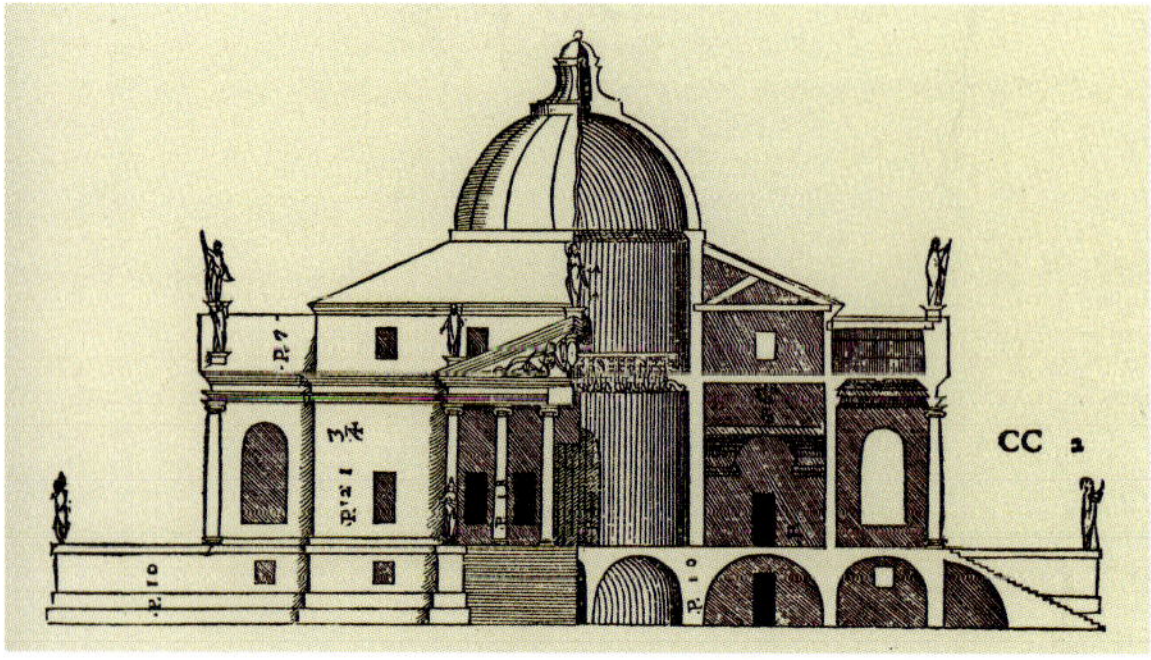

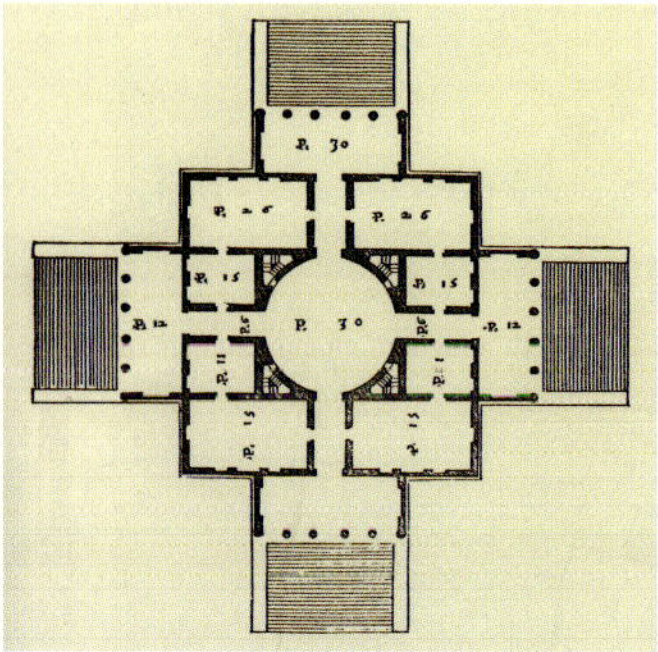

右：ラ・ロトンダ平面図
左：ラ・ロトンダ立断面図

での300年間、ラ・ロトンダがヨーロッパの建築を代表していたのが、この論文によって、サヴォワ邸がその後の時代を代表するひとつのイコンになったという切り替わりがなされたと私は思っています。この論文以降、サヴォワ邸が歴史上の新奇な対象、あるいは特異点ということではなくて、実は古典的な美学をも包含していると誰もが口に出して言えるようになったのです。

曖昧さ——ロバート・ヴェンチューリ『建築の多様性と対立性』

もうひとつ、サヴォワ邸の評価にきわめて大きな影響を与えた論評は、ロバート・ヴェンチューリが1966年にMoMA（ニューヨーク近代美術館）から出版した『建築の多様性と対立性』です。この本は近代建築をどのように見直すかという非常に明確な意図を持っていて、その後のいわゆるポストモダニズムの理論的背景を準備した著作だと言われています。建築は何かの思想を表明するための道具ではなくて、現実の建築が持っている複雑な要素（Complexity and Contradiction）、ある意味では曖昧さが建築的な表現の豊かさを生むということを、多くの例を挙げながら説明しています。実はこの本の中でサヴォワ邸とル・コルビュジエについての言及がある箇所を確認していくと、15箇所もあります。例えば第6章「つじつま合わせ、並びに秩序の限界——慣習的な要素」を見ると、サンガッロによるパラッツォ・タルージやボローニャにある太陽道路とならんでサヴォワ邸をひとつの例として、以下のように述べています。

《近代建築のサヴォイ邸を例にとると、コルビュジェは厳格で支配的な秩序を設定しながらも、その範囲内での例外的、状況的な不整合を認めている》（81ページ）。

★61——マニエリスム mannerism イタリア・ルネサンスの後期にローマを中心に興った芸術様式。建築の様式としてはゴシック的な調和を意図的に外していく構成として現れた。

★62——ガルシュの住宅（シュタイン=ド・モンズィ邸） Villa Stein-de Monzie. Garche 1926年から28年にかけて建てられたパリ郊外、ガルシュに建つ住宅。シュタイン夫妻とド・モンズィ夫人、それぞれの住宅が一体化した建物である。後年、コーリン・ロウによりパラディオのフォスカリ邸との空間的類似が指摘された。

★63——フォスカリ邸（ラ・マルコンテンタ） Villa Foscari (La Malcontenta) 1560年頃に建設されたアンドレア・パラディオ設計による貴族の邸宅。ヴェネツィアとパドヴァをつなぐブレンタ河に面して建つ。十字型平面とクロス・ヴォールトの高い吹抜空間、そして浴場窓など典型的なパラディオ・モティーフを持つ代表作。

★64——トマス・ジェファソン Thomas Jefferson 1743-1826 アメリカ合衆国第三代大統領（2期、1801〜1809年）。建築家以外に、政治哲学者、発明家、音楽家の面も併せ持つ。個人の自由の擁護、人民主権の政治思想はアメリカ的民主主義の核となった。建築家としての代表作にはパラディオの影響を強く受けたヴァージニア大学などがある。

　このように、何かのテーマについて語ろうとするたびに、サヴォワ邸がその例として繰り返し挙げられています。サヴォワ邸が、いかに種々の曖昧さをはらんでいることによって建築的な豊かさを生み出しているかということを、さまざまなテーマのもとに繰り返し説明する。この本を読んでいると、サヴォワ邸が「近代建築の5原則」などとは無関係でも優れていると思えてくる。今ではヴェンチューリはあまり読まれなくなってしまいましたが、私のように１９８０年代に建築を勉強して者にとっては、まだヴェンチューリが現役の建築家として活躍していた時代で、身近に感じる存在でした。そのヴェンチューリの、この１９６０年代の代表的な著作の中で、サヴォワ邸が豊富な参照例と説得力のある語り口によって今までとはまったく違う評価の中でとりあげられて、やはりル・コルビュジエ、そしてサヴォワ邸の持つ魅力の奥深さがあらためて認識されたといってよいでしょう。

　いろいろな世代によってル・コルビュジエの受け取り方はきっと違うのだろうなとは思いますが、特に私たちの世代にとっては、このようにヴェンチューリ、そしてコーリン・ロウの果たした役割はきわめて大きかったのです。サヴォワ邸はいわゆる「近代建築の5原則」を最も純粋に表現した作品といわれています。しかしそれだけでは、この建てられてからすでに70年以上も経過した住宅がいまだに多くの人々を魅了し続けている理由を説明することはできません。この住宅でル・コルビュジエが展開させた空間的テーマがいまだに現代的なものとして建築家を魅了し続けているからこそ、20世紀を代表する傑作と言われ続けているのです。

　ル・コルビュジエ、そしてサヴォワ邸が後の世代の建築家に与えた影響はあまりに大きいですから、それらを一つひとつ説明することはとてもできませんが、ここでは異なる世代に属する２人の建築家の作品を例としてあげて、サヴォワ邸がどのように解釈され、そして変形されたことによって、それぞれの時代の建築表現にいかに影響を与えてきたかを考えてみたいと思います。ひとつはリチャード・マイヤーが1975年に完成させたアセニウム、そしてもうひとつはレム・コールハースが1992年にオランダ、ロッテルダムに完成させたクンストハルです。もちろんこの2人の建築家にル・コルビュジエの影響を代表させるわけにはいきませんが、建築家がそれぞれの時代の問題意識をサヴォワ邸に投影し、変形させながら、建築の新しい表現方法を模索していった創造の現場を垣間見ることができると思います。

★65——リチャード・マイヤー　Richard Meier 1934-　アメリカの建築家。コーネル大学在学中にコーリン・ロウから影響を受け、ル・コルビュジエの「白の時代」のスタイルをより洗練させた建築スタイルを完成させた。ロサンジェルスのゲッティ・センターやバルセロナ現代美術館などを設計。1985年に当時最年少でプリツカー賞、1995年に世界文化賞を受賞。

現代のル・コルビュジエ1——リチャード・マイヤー

コーリン・ロウを理論的なバックグラウンドとして、ル・コルビュジエの「白の時代」を洗練させた建築スタイルを展開させた五人の建築家たちは、1969年にMoMAで行われた展覧会に取り上げられ、その展覧会の記録である『Five Architects』(1972年)によって「ニューヨーク・ファイヴ」と呼ばれるようになりました。リチャード・マイヤー、ジョン・ヘイダック、マイケル・グレイヴス、ピーター・アイゼンマン、グワスミー&シーゲル、以上の5人がそのメンバーなのですが、リチャード・マイヤー[65](1934年〜)は中でも最も洗練されたスタイルを持つ建築家として1970年代から80年代にかけて大きな影響力を持っていました。

そのマイヤーの初期の代表作が、1975年に完成させたアセニウムと呼ばれる建物で、社会主義者ロバート・オーエンが1824年に「平等社会」の実験村を試みた場所として知られる、米国インディアナ州ニュー・ハーモニーに建設されています。アセニウムは、ワバシュ川からニュー・ハーモニーに着いた来訪者たちを最初に迎え、街の歴史を紹介するビジター・センターとして計画されました。しばしば氾濫を繰り返すワバシュ川沿いですから、建物は盛土されたマウンドの上に建ち、そのマウンドを上るという人々の動きがそのまま建築化されるかのように、内部空間ではスロープが中心的な役割をになっています。サヴォワ邸においてはグリッドの中に押し込まれていたスロープは、このアセニウムでは全体を貫くスパイン（背骨）の役割をになっており、トップライトや吹き抜けといった要素がスロープのまわりに演出され、形態的にも空間的にも、サヴォワ邸以上にスロープが中心であることをはっきり示しています。まるでル・コルビュジエの11月26日案に現れた中央の階段室案で吹き抜けや採光方法を検討していたことを、スロープに置き換えてなぞっているかのようです。そしてそのスロープが中心であることをさらに強調するために、スロープ周囲の形態は意図的に複雑化させています。サヴォワ邸では四角い枠組の中に浴室などの自由な形態が展開されることで、グリッドと自由な曲面が対比されていたのですが、アセニウムではサヴォワ邸の内部と外部がひっくり返されて、自由な曲面が逆に外に露出されることでスロープの求心性を強調しようとしているかのように見えます。サヴォワ邸でル・コルビュジエが展開したテーマは、ある部分は強調され、またある部分は反転されることによって、新しい展開を見せているのです。連歌のようだともいえるかもしれません。

　後期のル・コルビュジエがどちらかというと荒々しいコンクリートと自由な曲線によってきわめて造形的な作品を指向していたのに対し、マイヤーはまるでル・コルビュジエの「白の時代」の建築はまだ十分には開発されていないとでもいうかのように、ル・コルビュジエの１９２０年代の建築的スタイルをあたかもマニエリスムの

アセニウム

上右：吹き抜けの中に展開するスロープ
上左：外観
下右：配置図　下がワバシュ川
下左：平面図

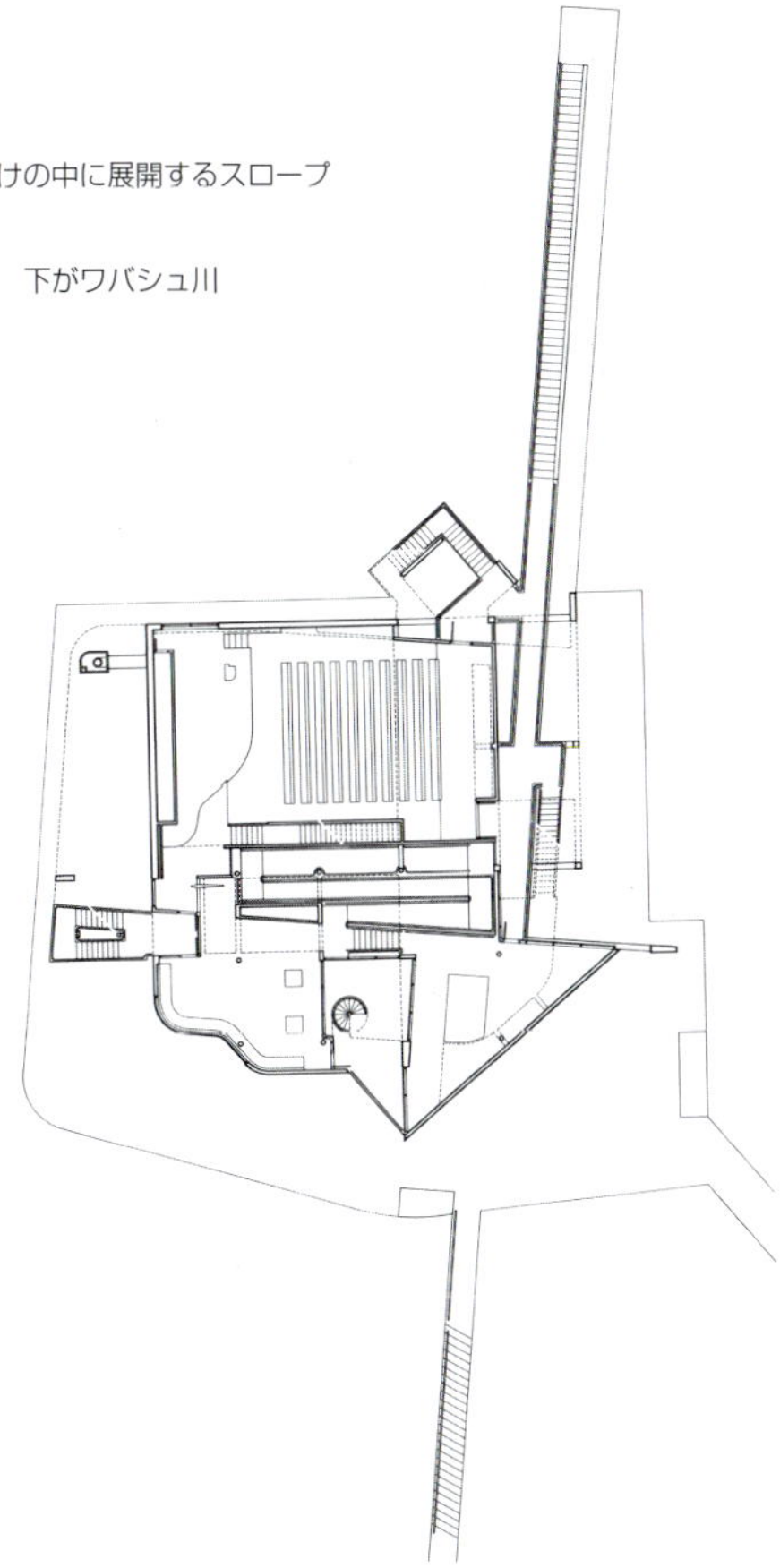

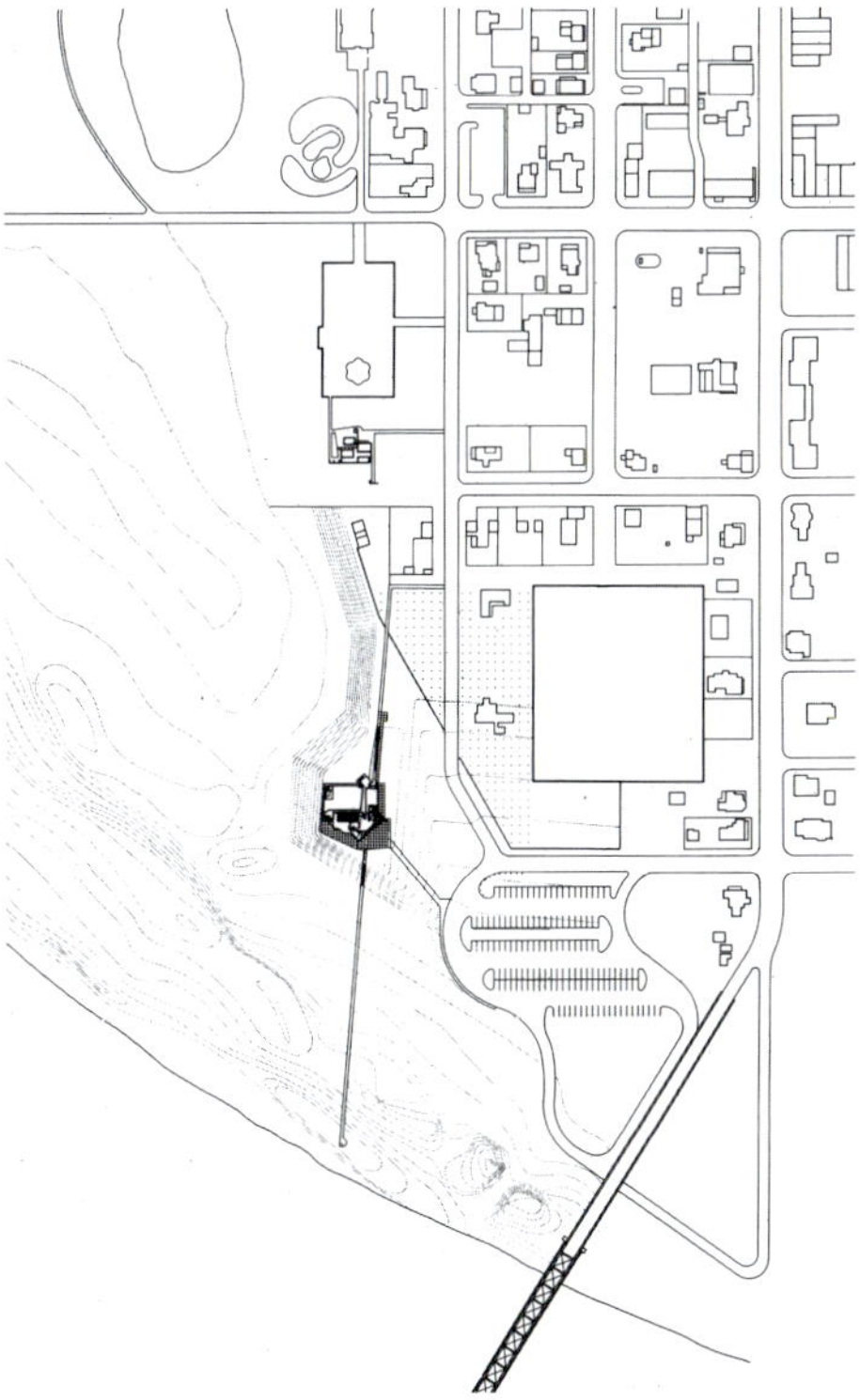

RICHARD MEIER ARCHITECT 1964/1984, RIZZOLI, 1984 より

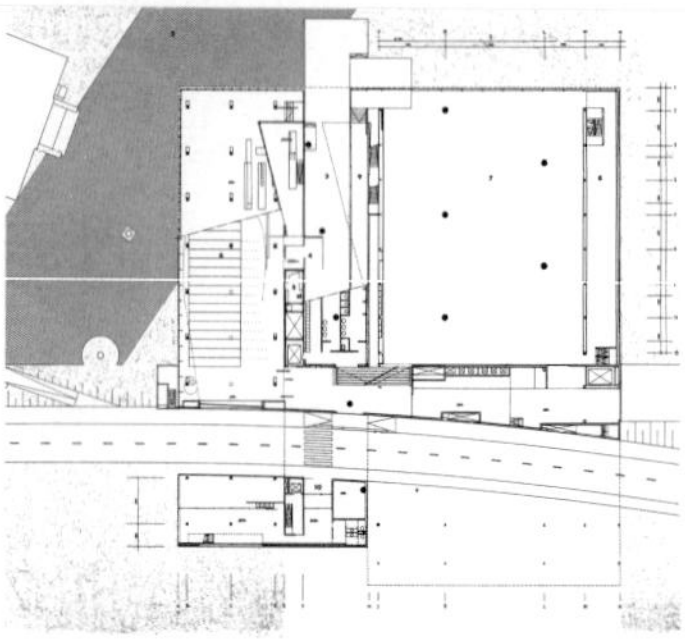

クンストハル

右：外観
左：平面図

EL CROQUIS 53+791987-1998
oma/rem koolhaas, 1998 より

ように徹底的に洗練させていきます。ル・コルビュジエ自身が捨て去ったスタイルを後の世代の建築家が再生させたのですから、不思議な構図ともいえます。ル・コルビュジエの「白の時代」の建築言語をマイヤーは展開させ、洗練させたのです。そのスタイルによって1970年代の建築家に圧倒的な影響力を持っていましたが、その究極ともいえるような洗練によって、逆に新たな建築的テーマを誘発することになります。現代では、次に述べるレム・コールハースに代表されるような、より空間にシフトしたテーマが注目されることになります。

現代のル・コルビュジエ2——レム・コールハース

オランダを代表する建築家レム・コールハース[66]（1944年〜）は、そのリアリズムとも呼ばれる建築的スタイルだけを見るとル・コルビュジエとはまったく無関係に見えるのですが、特に初期の作品群を見ると、実はル・コルビュジエがその端緒を開いた空間の可能性を劇的に展開させることで新たな空間の可能性を探ろうとしていることがわかります。彼の初期の代表作がオランダ、ロッテルダムに1992年に完成させた美術館、クンストハルです。この美術館はまさにサヴォワ邸の中央のスロープ空間をそのまま建物全体にまで押し広げることによって、空間全体が螺旋の運動によってすべてが一繋がりになったような印象を与えてくれます。建物全体のシルエットはサヴォワ邸と同様な矩形ですから、全体の構図はサヴォワ邸ときわめて近いといえるのですが、その中央のスロープが周囲の空間を過剰なまでに変形させていくプロセスはきわめてスリリングですらあります。

★66

★66——レム・コールハース Rem Koolhaas 1944- オランダの建築家。1975年にOMA（Office for Metropolitan Architecture）を設立。イギリスのAAスクールで建築を学ぶ。クンストハルや中国中央電視台本部ビルなど公共建築のほか、ボルドーの住宅のような個人住宅でも知られる。1978年に『錯乱のニューヨーク』（鈴木圭介訳、ちくま学芸文庫、1999年）、1995年に『S,M,L,XL』ではOMAの活動をまとめ現代社会と建築の関係性を問うた。ハーヴァード大学で教鞭を執る。

この美術館の中央を貫くスロープは外部空間から始まるのですが、そのスロープは前面道路と背後の公園との間のレヴェル差を直線で結ぶというきわめて即物的なプロセスから生まれています。サヴォワ邸において、中央のスロープは1階では内部空間そして2階では外部空間として構成されていますが、クンストハルではスロープの内部外部の構成はより複雑になり、ギャラリーをつなぐ経路である内部スロープと、アプローチ空間となっているスロープが平行するような不思議な場所が演出されます。そしてサヴォワ邸とは逆に、上階になると美術館内部の通路となっていくのですが、そのスロープは各階で軸がずらされ、そこに中庭としての外部空間がから

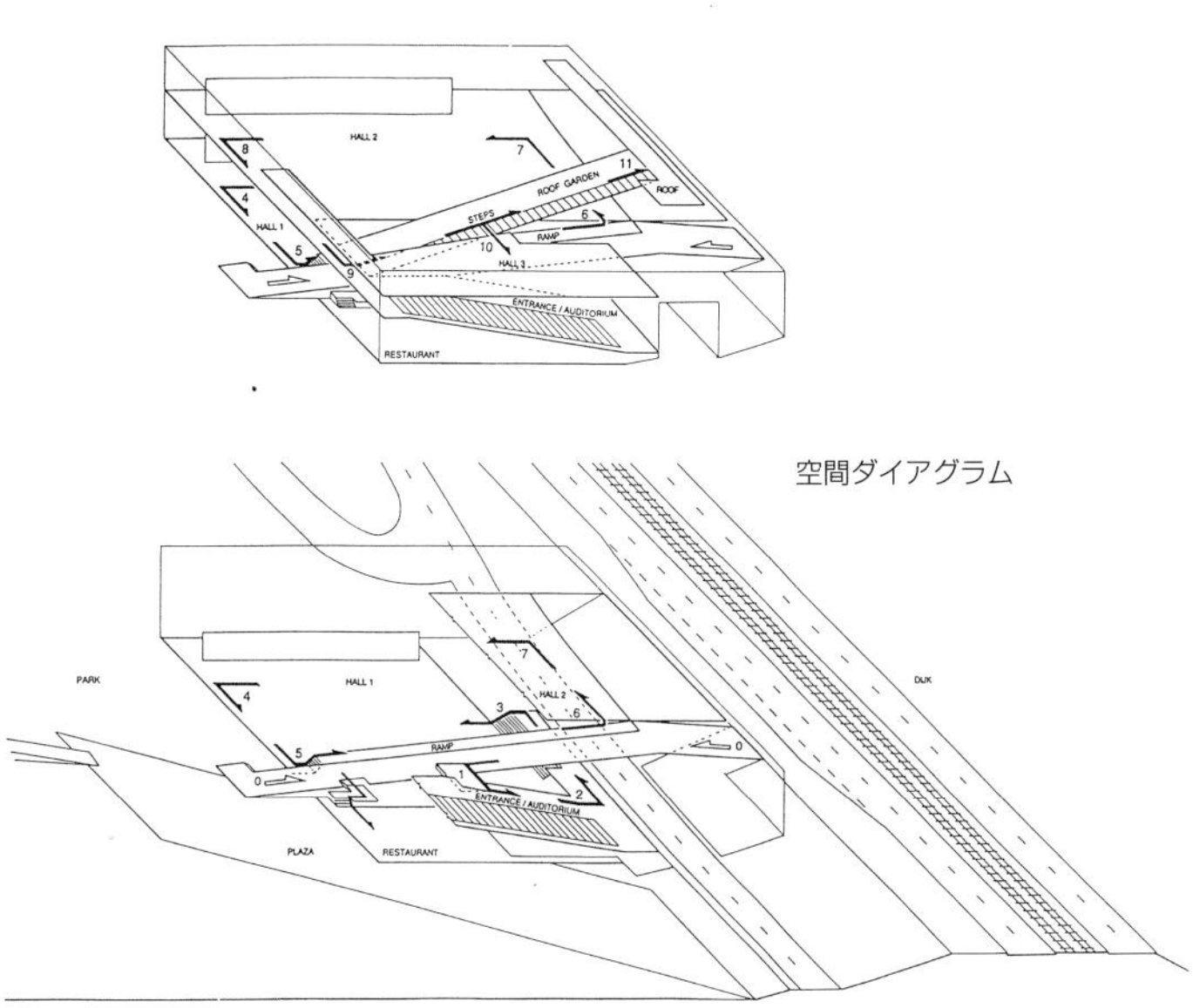

空間ダイアグラム

EL CROQUIS 53+791987-1998 oma/rem koolhaas, 1998 より

クンストハル　スロープをめぐる風景

EL CROQUIS 53+791987-1998 oma/rem koolhaas, 1998 より

んだり、あるいはトップライトが設けられたりすることによって、スロープを廻る「建築的プロムナード」には実に多彩な表情が与えられています。

スロープが周囲の空間を過剰なまでに変形させると述べましたが、同時にスロープそのものを肥大化させて周囲を侵食するという操作も加えられています。その典型が美術館エントランスの横にあるレクチャーホールです。本来通路であったスロープの幅が横に広げられることによって、そのまま傾斜床として椅子が据え付けられ、通路はレクチャーホールに変身させられていますし、柱はその傾斜に対して垂直に置かれているので、斜めの動きが柱によっても強調されることになります。スロープ周囲に置かれた展示室においても、スロープの斜めの動きや線がさまざまな違反を繰り広げます。軸のずれた線があちこちで衝突を繰り返し、柱はまるで人の歩みを再現するかのように、グリッドからすべてずらされています。リチャード・マイヤーはある意味ではスタティックにル・コルビュジエの主題を反転させていますが、コールハースはむしろスロープが持っている本来の運動を肥大させ、周囲を侵食させていくのです。ル・コルビュジエがサヴォワ邸の設計プロセスで発見していった「空間の運動」の可能性がここまでの広がりを持たせせられるのかと驚かされます。

「近代建築の5原則」を体現したサヴォワ邸はひとつの完成形だとおもわれるかもしれませんが、こうした作品群をみていくと、実はひとつの出発点に過ぎないのではないか、ル・コルビュジエが展開させようとした建築的なアイディアには無限の可能性があるのではないか、と思えてきます。リチャード・マイヤー、そしてレム・コールハースのサヴォワ邸の再解釈が、サヴォワ邸が持っていたポテンシャルを逆照射してくれているのです。

１９２０年代ヨーロッパの精神的風景

サヴォワ邸が１９２０年代のル・コルビュジエの探求の集大成であったこと、そしてそれまでル・コルビュジエがパリ市内の狭い、そして不整形な敷地と格闘してきた作品群と比較すると、ほとんど理想的といってもよいほど恵まれた敷地条件の中で理想的な住宅を完成させたことによって、逆にその後のル・コルビュジエがまったく異なる作風を展開できるようになったのではないか、と考えることができると思います。つまりサヴォワ邸はル・コルビュジエにとってひとつの頂点であると同時に、いや頂点だからこそ、次のフェイズへの大きな転換点を示しているのだといえると思います。

外観上のきわめてスタティックな、古典的ともいってよい3層構成を強調した姿が、さまざまな運動体を内包していることによって、多くの緊張と軋轢を生み出しており、それがまたサヴォワ邸の複雑な魅力を生み出しています。「近代建築の5原則」といったわかりやすい、いわば説明的プロパガンダとはまったく異なる次元で、ル・コルビュジエは自らの建築的テーマと格闘しています。サヴォワ邸は近代建築のプロパガンダのためのイラストレーションではなく、主題と変奏、規範と逸脱、カルテジアン・グリッド[67]と無限の螺旋運動といったさまざまな二項対立の緊張を孕んだ、いわばひとつの劇場として読まれるべきなのだと思います。そしてそれはル・コルビュジエ個人のレヴェルにとどまるものではなく、時代が大きく近代へと動きつつあった１９２０年代ヨーロッパの精神的な風景をも映し出していたといってよいのではないでしょうか。

★67――カルテジアン・グリッド　Cartesian Grid　デカルト座標、すなわち直交座標系を意味する。x、y、z方向に均質な座標を想定し、すべての位置が単純な座標数値で決定されるために、場を均質に捉える意味を持ち、近代が目指した均質空間を象徴する。

間奏　サヴォワ邸——言葉の森

サヴォワ邸は完成直後から現代そうみられているような近代を代表する住宅建築の傑作とみられていたわけではない。その深い魅力は多くの建築家、評論家による多彩な研究と分析の積み重ねによって次第に明らかになってきたといってよい。サヴォワ邸をめぐる言説は、例えばゼードルマイヤーのような「宙に浮いた箱」といった形態をめぐる議論から始まり、次第に形から離れてむしろ富永譲がそうであったように「建築的プロムナード」といった空間を語る言葉へと移り、近年はコロミーナに代表されるような、視線や知覚を主題とした「メディア論」へと重心が移りつつあるように見える。そうしたサヴォワ邸をめぐる言説の移り変わりは、実はそのまま近代以降の建築家たちがどのように建築を考えようとしてきたかの変遷をパラレルに映し出していると考えることもできるのだ。ここに引用した言葉たちは、意図的に時系列をランダムに配列している。あたかもサヴォワ邸のスロープを上るように、あなた自身がサヴォワ邸をめぐる言葉の森を散策し、自分自身の感覚に最もふさわしい言葉を見つけていただきたい。

空中の箱

ハンス・ゼードルマイヤー

《これほどめだったものでないにしても、同じような傾向はいたるところに見いだされる。とりわけル・コルビュジェに見られるように、住宅を——その必要が少しもないのに——ピロティの上にのせることを好むというこの時代の精神も、同じような衝動のあらわれにほかならない。かれが設計したポアッシーの家は、ちょうど宇宙船が着陸したときのように、支柱に支えられて芝生に横たわっている。ル・コルビュジエの設計する浮かんでいるような家は、下部の方がだんだんと軽くなっているように見える。同じようにかれの絵にも、透明なものが空間に浮かんでいるのが見いだされる。〈輝く農家〉の計画では、農家までも——これまでは大地に束縛されたものの典型であったが——ピロティの上にのった比較的丈の高い小住宅に変わっている。そうしてそれに対しては、きわめて見え透いた理由がつけられているのである。この時代の理想の一つは〈空中の箱〉なのだ。》（ハンス・ゼードルマイヤー『中心の喪失　危機に立つ近代芸術』石川公一・阿部公正訳、美術出版社、1965年、135〜136ページ）

肉体の実在

磯崎新

《あれほど理知的でみずからを透明な論理の枠組のなかに制禦し、絵画にせよ、徹底して透明でありえたはずのひとりの男が、なぜ突然にこのように不透明な物体にこだわりはじめ、建築物にも、石や木材といった、はるか昔に放棄してしまったはずの反工業的素材を乱用しはじめたのか。

私には、その回心の契機は彼の絵画に登場しはじめた肉体の実在にあったのではないかと思うのだ。いやそれはあてずっぽうな推測で、あの海に沈んで海に還元されてしまった彼みずからの肉体に問いかけるわけにはいかないけど、すくなくともサヴォア邸に結晶したような彼の仕事が、熱っぽい立体のドラマを執拗に組み立ててはいても、影の部分つまり暗部を意識的に欠落させていたことと思いあわせると、肉体を意識することはその時期における回心の主要な契機となったとみてもいいのではないか。》（磯崎新『ル・コルビュジエとはだれか』王国社、2000年、19〜20ページ）

そこでは光が重要な役割を果たす

ノルベルト・フーゼ

《居住階から、今度は屋外斜路となる「建築的プロムナード」を昇っていくと、折り返しのところから居間とサンルームの両方がみえる。このサンルームの部分は、模型では着色されているが、現在はほかの部分と

同様に白く塗られている。このためその部分は付加されたものというよりは、住宅内部の連続もしくは拡張といった印象を与える。ここでも仕切りや保護の壁の自由な形態が、定義を与えて造形する建築家の存在を暗示する。シュタイン邸とは違って、この壁の形態はもはやなにかの引用ではない。また独立した形態要素として認識し得ないほど、全体のなかに融合している。そこでは光が重要な役割を果たす。この時期のル・コルビュジエの住宅において、光が意味するものは、単なる採光や建築を補う要素ではなかった。光は彼の住宅のすべての部分に共有される本質的な要素であり、住宅内の生活に作用を及ぼすものと考えられていたのである。》（ノルベルト・フーゼ『ル・コルビュジェ』安松孝訳、ＰＡＲＣＯ出版、１９９５年、48～50ページ）

窓がレンズなら、家自身は自然を向いたカメラだ

ビアトリス・コロミーナ

《窓がレンズなら、家自身は自然を向いたカメラだ。自然から距離をおき、それは移動することができる。ちょうどカメラがパリから砂漠へと持ち運び可能なように、住宅もまた、ポアッシーからビアリッツへ、アルゼンティアーナへと、持ち運び可能なのである。（中略）

ここで住宅は風景のフレーミングの観点から描写されているが、このフレーミングが住宅自体の見え方に及ぼす効果は、その中を移動する訪問者によるものだ。住宅は宙に浮いており、前や後ろ、側面というもの

はない。この住宅は場所を選ばす、〈非物質的〉でもある。つまり、この住宅は単なる物質的なオブジェとして建てられ、そこから特定の眺めが可能となるようなものではなく、訪問者によって振り付けられる視覚の継起以外の何ものでもないだろう。この方法は、映画監督が映画の編集効果を考えるのと同じやり方だ。》（ビアトリス・コロミーナ『マスメディアとしての近代建築 アドルフ・ロースとル・コルビュジェ』松畑強訳、鹿島出版会、１９９６年、１８９～１９０ページ）

横方向に途切れのない連続的なフレーミング

後藤武

《サヴォワ邸の水平連続窓は、横方向に途切れのない連続的なフレーミングを供給しているが、その実、映像としては単調であると言えなくもない。ル・コルビュジェはサヴォワ邸以後、さまざまな窓の変異形を生み出しては、水平方向に連続する映像表現を執拗に追求している。》（後藤武「複製技術としての建築」『DETAIL JAPAN 特集：ル・コルビュジエ 開かれた建築』２００７年７月号、リード・ビジネス・インフォメーション株式会社、１１１ページ）

積極的な妥協

ロバート・ヴェンチューリ

《彼はサヴォイ邸の一階平面において、先述した通り、空間とサーキュレーションに関して生じた例外的な状況に応じて、柱を省いたりずらしたりすることによって、秩序の一部を乱し、つじつま合わせをしている。こうした積極的な妥協を行なうことにより、ル・コルビュジエは全体構成の支配的な規則性を、より一層生き生きとしたものにしたのだ。》（ロバート・ヴェンチューリ『建築の多様性と対立性』伊藤公文訳、鹿島出版会、1982年、95ページ）

建築のなかには中心がなく、（中略）それらを包み込む被膜は外からのみ強く意識される

富永讓

《しかしサヴォア邸の三つの層は、むしろ各層ごとに特徴的な断片を形作っているように思える。建築のなかには中心的な場所がなく、クライマックスが複数ありそれらを包み込む被膜は外からのみ強く意識される。》（富永讓『ル・コルビュジエ 建築の詩 12の住宅の空間構成』鹿島出版会、2003年、163ページ）

すべての移動はそこで荘厳なあゆみに変わる

スタニスラウス・フォン・モース

《アメリカの思い出の中で、彼は、ニューヨークのセントラル・ステーションの斜路について述べるが、次いで突然そこにマルセイユの思い出が入りこんでくる。

「おお！美しい正面階段よ。マルセイユ、サン＝シャルル駅のかくもすばらしい正面階段よ。――天に昇るチャプリンよ！」

サヴォア邸の《三次元の正面階段》は《住む機械》を一挙に高貴な器具に変えてしまう。すべての移動はそこで荘厳なあゆみに変わる。

実際、建築に運動を導入しているのはこの斜路である。ギーディオンが言うように、斜路は「サヴォア邸の全体をある一点から把握することを不可能」にしており、「それは、空気＝時間の概念に対応している」。シュマルソフやリーグルやその他の人々によって、時間は空間知覚の根本的な基準だとされたが、ここでの建築構成においても主要なる要因となっている。》（スタニスラウス・フォン・モース『ル・コルビュジエの生涯 建築とその神話』住野天平訳、彰国社、1981年、123～124ページ）

サヴォイ邸をある一点だけから見て理解するのは不可能である

ジークフリード・ギーディオン

《サヴォイ邸をある一点だけから見て理解するのは不可能である。文字通り、それは時・空間の構造である。家屋の本体は上からも下からも、内にも外にも、あらゆる方向に開口が明けられている。どの点の断面も、内部空間と外部空間とが互いにそれと見分けられないほど貫入し合っている。

ボロミーニは、その後期バロックの二、三の教会で内外空間の相互貫入をまさに成就しようとしていた。この相互貫入は、われわれの時代になって初めて、近代技術の方法によって一八八九年のエッフェル塔で実現された。今や一九二〇年代の後期に、住宅において、それをなしとげることができるようになったのである。この可能性は骨組式の構造の中に滞在していた。しかし、その骨組もル・コルビュジエがやったように新しい空間概念の助けによって用いられなければならなかった。このことは彼が建築を精神的構造（construction spirituelle）と定義した時に意味づけていたところのものである。》（ジークフリード・ギーディオン『空間 時間 建築』2、太田實訳、丸善株式会社、1969年、611ページ）

自由な内部空間と「透明な」外観との間に生まれる緊張感

アラン・コフーン

《一九二〇年代のル・コルビュジェの作品における自由な内部空間と「透明な」外観との間に生まれる緊張感は、ポワシーにあるサヴォワ邸で最高潮に達した。ピロティによって持ち上げられたこの住宅は、まるで地球の球面を感じさせるような広大な敷地の上に純粋な白いプリズムとして浮いているように見える。外からやって来た車は家の下に入り込み、訪れた人はエントランス・ロビーからスロープを上がってメイン・フロアへと導かれる。壁によって囲まれたメイン・フロアはもちろん生活のための内部空間にあてられているのだが、同時にルーフ・テラスも大きな面積を占めている。この囲い込むキューブの幾何学的な純粋さに対して、内部空間はそれ自身のダイナミックな論理にしたがって非対称に構成され、きわめて自由な印象を与える。それなのに、内部と外部という二つの世界を分けている壁はきわめて薄い膜でしかなく、しかも水平に連続した窓という切り込みが入れられている。ウェルギリウス的な風景から一旦切り離された住人は、その水平連続窓という額縁越しに再びその風景と出会うことになるのだ。最初に設定されたキューブは、その次の瞬間には開放されている。》（Alan Colquhoun, *Modern Architecture*, Oxford University Press, 2002, pp. 148-149／中村研一訳）

人間の動きを制御する機構

富永譲

《建築の現象は、人が動くことによって、時間の経過とともに現れてくる。客観的な三次元空間として一挙に知覚されるものではない。

これは当然の事柄であるように思えるが、実は、二〇世紀初頭に発見されたアインシュタインをはじめとする科学、ベルグソンに代表される哲学の達成と呼応した空間の概念なのである。このことは設計する建築家の側からすれば〈建築の枠組みとは、人間の動きを制御する機構〉そのものとなり、それを意識化したところに、サヴォア邸の魅力の中心があると私は考えている。》（富永譲『ル・コルビュジエ　建築の詩　12の住宅の空間構成』鹿島出版会、２００３年、１５４～１５６ページ）

外皮と内部との対位法的な解決

ロバート・ヴェンチューリ

《それはサヴォイ邸である。立面の窓は、壁が途切れたものというよりは穴であり、従って、流れるような空間の水平方向の広がりを壁がきちっと押さえている。しかし、ここには、内部を囲うこと以上の空間的な意味合いが、ジョンソン・ワックス・ビルと対照的なかたちで存在する。

壁面の開口部から、または上方の突出部から窺える内部の込み入った形態を、厳格な正方形の外壁面がとり囲んでいる。この場合、サヴォイ邸の緊張を孕んだ姿が示すものとは、部分的に崩れている厳格な外皮と、部分的には外側からも知られる複雑な内部との、対位法的な解決である。その内部の秩序は、家庭にまつわる数多くの機能やスケールやプライヴァシーにはつきもののある種の不透明な部分を受け入れ、そして、外部の秩序は、この家が当時置かれていた周辺の緑地や、後年恐らくはそうなるだろうと予測された周辺の町の、双方のスケールにつじつまを合わせた、一個の家の姿を表現している。

　建物は、空間の中の空間とともに物の中の物も含みうるし、また、サヴォイ邸と同様にとは言わずとも、外側の形と内部空間とが対比的であることも可能である。》（ロバート・ヴェンチューリ『建築の多様性と対立性』伊藤公文訳、鹿島出版会、1982年、132ページ）

機械の精神の形而上学は、もはや機械の詩学へと横滑りしている

八束はじめ

《この頃からル・コルビュジエ（前述のように二八年から彼は絵にもこの名で署名し出している）の絵画には、「詩的な感応を惹き起こすオブジェ」があらわれる。それは昂進されたオブジェ・ティプであり、時には人体であるが、ここではその前身の有用性はもはや問われなくなる。「詩」への傾斜が「有用性」のイデオロギーを超えてしまう。スタイン邸やサ

ヴォア邸でも事情は変らない。機械の隠喩とオブジェ・ティプのそれとが、新精神という形而上学的な機構の上で――だからそれはもともと両義的な関係でしかなかったわけだが――微妙なバランスをとっていた「住居機械」は、もはや巨匠的なレトリックの手段と変貌している。デースブルクのクック邸批判にも見えた船の隠喩、というより直喩は、サヴォア邸により一層明らかである。機械の精神の形而上学は、もはや機械の詩学へと横滑りしている。イデオロギーを逸脱した所では、「機械」はもはや詩学の口実であるにすぎず、他のものへと席を譲っていく布置は既に整えられている。皮肉なことは、元来オブジェ・ティプが、個人主義に対抗する規範として構想されたという事実である。キュービズムの創始者たちと同様の道をル・コルビュジェは歩み出しているのである。》（八束はじめ『ル・コルビュジェ』岩波書店、1983年、82ページ）

緊張感は、ユートピア的な夢を性急に表現しようとしていることから生じている

ウィリアム・J・R・カーティス

《もしヴィラ・サヴォワが単に形式的な律儀さを示しているだけのものであるならば、これほど深く表現を究めることはできなかったであろう。この建物の持つ緊張感は、ユートピア的な夢を性急に表現しようとしていることから生じている。客船やコンクリートのフレームといった新し

い時代のイコンが、ピューリズム絵画から生まれた形態と融合されている。アッパー・ミドル・クラスの生活の儀式が、ル・コルビュジエ的な理想都市とも関連する理想的現代生活のアレゴリー、すなわち歩行者と自動車のレベルの分離、開放的な外部テラス、動きを祝福するランプに翻訳されている。幻想が恣意性を排した慣習の中へ翻案される。ル・コルビュジエが過去の偉大なスタイルの中に直観的に読み取った論理・秩序・真実という概念を、彼は現代に再現しようとしていた。合理主義はそのための出発点であるが、目的ではない。相対主義や物質主義が破壊した理想を、彼は建築の中に復活させようとしたのである。》（ウィリアム・J・R・カーティス『ル・コルビュジェ　理念と形態』中村研一訳、鹿島出版会、１９９２年、１２５～１２６ページ）

旧来の建築像を否定し尽くしたという過程だけがもつ創作的問題が集約されている

越後島研一

《サヴォワ邸には、近代建築を推進し、ひとつの極にまで到った、ファーンズワース邸とは別の過程が集約されている。最初になし遂げた彼だけの冒険の内容、旧来の建築像を逆転し得た、個別の創作範囲での拠りどころが反映されている。たとえ極的な実現であっても、「空中の箱」を純粋に示すだけなら、近代建築の「実作としての古典」とはなり得ない。

ここには、現実に根差し、実施の過程を経つつ、旧来の建築像を否定し尽くしたという過程だけがもつ創作的問題が集約されている。》（越後島研一「サヴォア邸」『建築文化 特集 ル・コルビュジエ百科 新世紀の建築を切り拓く69アイテム』2001年2月号、彰国社、66ページ）

ル・コルビュジエは躊躇なしに未検証でリスクの高い技術を実験的に使う

アレグザンダー・ツォニス

《一九二八年に設計を依頼され、一九三一年に完成したこの邸宅は不幸な一生を歩むこととなる。当初よりこの建築は「日常生活のための諸機能」に重きを置いたものではなかった。ル・コルビュジエの考えでは、ヴィラ・ロトンダのように「ヴェルギリウスの夢の中に入って」週末を過ごす人びとのための建築、「テクノロジーが生む詩」となるはずであった。そしてこの建築に限ったことではないが、ル・コルビュジエは躊躇なしに未検証でリスクの高い技術を実験的に使う。これが裏目に出て、この建築は環境的、技術的悪夢と化した。》（アレグザンダー・ツォニス『ル・コルビュジエ 機械とメタファーの詩学』繁昌朗訳、鹿島出版会、２００７年、64〜67ページ）

カメラの視点を導入しようと試みた

後藤武

《サヴォワ邸でル・コルビュジエは、住宅のなかにカメラの視点を導入しようと試みた。それは、透明で均質な地続きの空間ではなく、空間が映像によって分断されるような、不均質で断片的な世界である。建築が住み手に働きかける感覚は、かつてのような自然で現実的なものではないということ。直接的な現前としての経験をもたらす建築から、間接的でつぎはぎだらけの機械的な経験が、住宅という場で生み出されはじめたのではないだろうか。》（後藤武「複製技術としての建築」『DETAIL JAPAN 特集 ル・コルビュジエ 開かれた建築』２００７年7月号、リード・ビジネス・インフォメーション株式会社、１１１ページ）

ル・コルビュジエの住宅は視線のフレーミングである

ビアトリス・コロミーナ

《ル・コルビュジエの住宅では、アドルフ・ロースの室内空間とはまるで正反対のことが観察されるだろう。ル・コルビュジエの住宅の写真

では、決して窓にカーテンがかけられたり、カメラと窓のあいだに余計なものが置かれたりすることはない。逆に、家の中のものはすべて、見る者の注意がたえず住宅の周辺部分に向かうよう配置されている。こういう計算された操作はさらに屋外へと視線を誘導し、ル・コルビュジエの住宅が視線のフレーミングであるという見方をほのめかしている。たとえ実際に「屋外」、つまりテラスや「ルーフ・ガーデン」にいるときでも、壁は風景をフレームするよう構成され、そこから室内へ向かう視線は、サヴォワ邸のいつもの写真のように、さらにこの壁を通してフレーミングされた風景へと向かうことになる（つまり、一連の重ね合わせられたフレーム）。こうしたフレーミングにはまた、〈プロムナード〉を通して時間性が与えられる。アドルフ・ロースの住宅と違い、知覚はここでは動きの継起の中で起き、ずっと止まったままでいることなど考えようもない。》（ビアトリス・コロミーナ『マスメディアとしての近代建築 アドルフ・ロースとル・コルビュジエ』松畑強訳、鹿島出版会、1996年、177〜179ページ）

ル・コルビュジエの記憶の貯蔵庫

富永譲

《この二つの秩序《システム》が重ね合わされ、折り合いをつけ、ひとつの作品が構成されている。柱の規則性《レギュラー》と壁の不規則性《イレギュラー》の対立、表面に見られる全体の単一の秩序《システム》と内部の部分の秩序《システム》のずれ。近代建築の五つの要点によって形成された外側の均一な被膜はそうした内部の出来事をつつみ隠す仮面のようである。整然たる枠組みのなかにおさめられた内部を辿ること

によって、今でもル・コルビュジエの記憶の貯蔵庫の内側を覗き見ることができる。》（富永譲『ル・コルビュジエ 幾何学と人間の尺度』丸善株式会社、1989年、58ページ）

サヴォア邸をモデルにしてスタートすべきだ

磯崎新

《一九六三年の暮に初めて自分で仕事を始めました。この時に住宅の設計を依頼されて作った最初のプランです。このプランはご覧のように、四角い箱です。この箱はそっくり空中に持ち上げられているので、サヴォア邸のパターンを無意識に模倣しているということは、一目瞭然です。ですから、スロープが中に入っています。サヴォア邸ほど大きくないので、テラスに飛び出してしまっている。面積も半分ぐらいなので大変無理なプランです。いちばん最初のとっかかりでした。ですから、私自身も五〇年代に学生であったわけですが、アメリカニズムの影響を受け、インターナショナリズムの影響を受け、そしてコルビュジェのサヴォア邸をモデルにしてスタートすべきだ、というふうにこの時まで考えてきたといえるでしょう。》（磯崎新『ル・コルビュジェとはだれか』王国社、2000年、52〜54ページ）

第2章　ル・コルビュジエ——再発見

Le Corbusier

ル・コルビュジエの生涯

1887年スイスの片田舎に生を受けたシャルル＝エドゥアール・ジャンヌレは、1920年にル・コルビュジエという人物像を生み出し、自ら一生をかけてル・コルビュジエを演じることを決意する。そのル・コルビュジエは1922年にパリにアトリエを開設してから1965年に亡くなるまで、約半世紀にわたって建築家として活躍した。ル・コルビュジエが近代建築のひとつの方向性を明確に示した巨匠のひとりであることは、誰もが認める紛れもない事実である。しかし彼の創作は建築だけにとどまるものではない。都市計画や地域計画といった大きなスケールから、インテリア、家具といった小さなスケールまで、人間が関わる環境のあらゆる次元に提案をしていたし、絵画、彫刻といったアートの分野でも活躍し、そして数多くの著作によって自らの考えを世に問いかけてもいた。また編集という意味でも生前に自らの全集を刊行し、自己の設計思想を世界に向けて発信した。映画の監督も経験しているし、フィリップス館では作家や作曲家と協働して映像と音楽を合体させたきわめて今日的な作品まで作り上げている。彼のそうした多様な創作活動はレオナルド・ダ・ヴィンチを彷彿とさせるほどであるが、近代が技術の進歩に伴って専門分化を加速度的に進めていたことを考えると、その多彩な才能の豊かさはさらに際立って見える。ル・コルビュジエは単なる建築家像だけではなく、近代の芸術家像を作り上げたのだといえる。

ル・コルビュジエの業績は、彼自身が編集した8冊の全集によってその全貌を知ることができるが、それ以外にも旅行やアトリエでの設計のためのスケッチやメモ、そして手紙など、後の研究を期待するかのようにル・コルビュジエは膨大な資料を残している。ル・コルビュジエの人生の軌跡は、ラ・ロッシュ＝ジャンヌレ邸を本部としたル・コルビュジエ財団によって管理されており、膨大なテキストとしてわれわれの前に横たわっている。1987年の生誕百年の際には世界中で展覧会が開かれル・コルビュジエに関する出版ラッシュともいえる状況であったが、近年新たに整理された資料がDVDで出版されるなど、いまだにル・コルビュジエをめぐる出版は衰えることがない。「サヴォワ邸」の章でも述べたように、リチャード・マイヤーとレム・コールハースが同じサヴォワ邸を題材としていながら、その着眼点の違いによってまったく異なる建築を展開させることができたほど、彼の残した資産は豊かなのだ。

　最初にル・コルビュジエの生涯を簡潔にたどってみる。

彼の生涯を、

第1期＝1887〜1917年
第2期＝1917〜1931年
第3期＝1931〜1944年
第4期＝1945〜1965年

というように、とりあえず大きく4つの期間に分けて振り返ってみよう。

第1期：1887〜1917年
ラ・ショー・ド・フォンにおける形成期

　1887年10月6日、スイス、ジュラ地方の時計産業で名高い地方都市ラ・ショー・ド・フォンで、時計職人を父として生を受けたシャルル＝エドゥアール・ジャンヌレ、後のル・コルビュジエは、その地の美術学校で教育を受けた。シャルル・レプラトニエを指導者とする当時の教育は、ラスキンやモリスのアーツ・アンド・クラフツ運動から強い影響を受けた自然主義的色彩の濃いものであった。懐中時計の彫金を学び始めたエドゥアールは非凡な才能を示し、1902年にはトリノ装飾芸術国際博覧会に出品した時計[1]で入賞している。しかし、エドゥアールは視力の弱さから時計装飾の職人としての道を断念し（後に彼は左目の視力を完全に失った）、レプラトニエの勧めもあって建築家としての道を歩み始め、地元の建築家ルネ・シャパラの協力のもと、1906年には最初の住宅ファレ邸[2]を完成させている。その後のエドゥアールはレプラトニエを助けて美術学校で教えるようになるのだが、レプラトニエの紹介で地元の名士たちの住宅を設計しては、その設計料を手に旅に出るという生活を繰り返す。1907年にはイタリア、ハンガリーの諸都市を旅行した後ウィーンに6か月滞在、1908年から1909年にかけてはパリのオーギュスト・ペレの事務所で15か月間働きながら、図書館に通い、時にはエコール・デ・ボザールで建築史の講義を聴講してほぼ独学で建築を学び続ける。ペレの影響から鉄筋コンクリート構造に興味を持ったエドゥアールは、後にドミノ・システム[3]と命名した骨組架構と量産住宅の研究をすでに始めている。1910年から1911年にかけてはドイツを訪問し、ドイツ工作連盟のメンバーに出会って、ベルリンのペーター・ベーレンスの下で5か月間働いている。1911年、彼は後に『東方への旅』として出版することになる、彼の形成期をしめくくる7か月間の旅に出て、アテネのアク

1

2

3

4

5

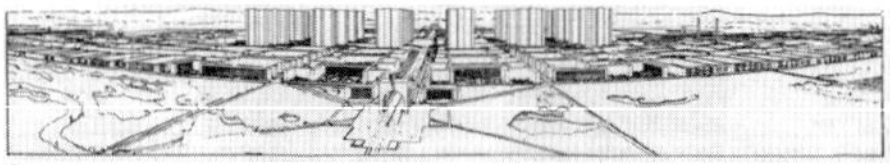
6

7

ロポリス、ローマ近郊ティヴォリにあるハドリアヌス帝のヴィラの廃墟、そしてフィレンツェ近郊エマのカルトジオ会修道院と出会う。多くの旅行で獲得した建築、美術へのエドゥアールの広い視野は、すでにスイスの田舎町には納まりきれなくなっていた。ラ・ショー・ド・フォンでの最後の住宅、シュウォブ邸[4]を完成させたエドゥアールは、1917年パリに移住することを決意する。

第2期：1917〜1931年
パリ、白の時代＝ル・コルビュジエの誕生

パリに出たエドゥアールは、すぐに建築の設計を始めることはできず、後の彼の生涯を象徴するように2つの方向に向かって動き始める。1つはパリの芸術サークルに加わり、ペレの紹介で画家アメデ・オザンファンと知り合い、その後は彼とアトリエを共有して5年間を過ごし画家としての道を歩もうとする。もう1つは彼の技術的な追求の端緒として土木会社のコンサルタントを務めながら、建材工場の経営を始めている（この経営はうまくいかず、後に倒産している）。1918年にはオザンファンと共同で展覧会を開き、キュビスムを批判した「ピュリスム（純粋主義）」を宣言。そして1920年には詩人ポール・デルメらとともに雑誌『レスプリ・ヌーヴォー』を創刊し、その創刊号に掲載する記事に初めてル・コルビュジエと署名した。建築家ル・コルビュジエの誕生である。この雑誌に掲載された記事をまとめた『建築をめざして』によって、ル・コルビュジエは世界的に注目を集めることになる。1922年、やはりペレの事務所で修業していた従弟のピエール・ジャンヌレと共同で、セーブル街35番地に建築設計のアトリエを開く。同年にサロン・ドートンヌに「シトロアン型住宅」[5]と「300万人の現代都市」[6]を展示。そして、後に「白の時代」と呼ばれるように、装飾を排した白い壁面による純粋立方体を主要なモティーフとした個人住宅を多く手掛けていく。オザンファンのアトリエ[7]、ラ・ロッシュ＝ジャンヌレ邸[8]、クック邸[9]、チャーチ邸[10]、シュタイン邸[11]、そして1931年に、この時代の集大成ともいえるサヴォワ邸を完成させ、「近代建築の5原則」を明文化した。また、量産住宅の探求も続け、1926年にはボルドー近郊ペサックに50戸の標準化した労働者住宅[12]を実現。1927年にはドイツ工作連盟に招かれ、ミース・ファン・デル・ローエが全体計画を担当していたヴァイゼンホフのジードルンク（集合住宅）に2戸の住宅を設計している[13]。この時期にはまだ大規模な公共建築の設計を手掛ける機会は少なかったのだが、1927年の国際連盟本部

8

9

10

11

12

13

14

15

16

の設計競技[14]でル・コルビュジエの案は一旦は1等となりながら、まだ現代建築を受け入れることのできなかったアカデミズム派の策略により失格とされ、逆にル・コルビュジエの国際的な名声がさらに高まるという皮肉な結果となる。実務としては住宅を設計しながら、ル・コルビュジエは世界に向けてさまざまな働きかけをしていく。1928年に創設された近代建築国際会議（CIAM）への参加、実業家ポール・オトレの呼び掛けに答えてデザインした「ムンダネウム（世界都市）」の発表、「輝く都市」計画によるモスクワへの働きかけ、南米での連続講演とその記録をまとめた『プレシジョン（黎明）』の発表、リオ、サン・パウロなどの都市計画プロジェクトの提案など、そして家具デザインも手がけるようになり、シャルロット・ペリアンと共同でオリジナル家具をサロン・ドートンヌに出品するなど、精力的に活動を展開した。1930年にはフランス国籍を取得し、イヴォンヌ・ガリと結婚。

第3期：1931〜1944年
転換期＝ブルータルなスタイルへ

サヴォワ邸の完成した1931年前後から、しだいにル・コルビュジエは集合住宅や公共建築などの設計を依頼されるようになっていたが、その建築的スタイルは「白の時代」から離れ、荒々しいコンクリートを表現の主体とした土着的な、よりブルータルなものに変貌していく。その過渡的なスタイルとして、救世軍難民院[15]、スイス学生会館[16]、ジュネーヴのクラルテ集合住宅[17]、ナンジュセール＝エ＝コリ街の集合住宅[18]（この最上階にル・コルビュジエは亡くなるまで住んでいた）などがあげられるが、ド・マンドロ邸[19]（1932年）、セル＝サン＝クルーの週末のための小住宅（1935年）に見られる荒々しい煉瓦積みの壁面[20]、コンクリートの浅いヴォールトといった建築言語は、ル・コルビュジエが明らかにそれまでとは異なるものに関心を移していったことを物語っている。モスクワでのコンペに応募したソヴィエト・パレスのプロジェクト[21]は残念ながら採用されなかったが、ル・コルビュジエの作品の中でももっとも造形的な完成度は高く、建築界に大きな影響を与えた。この時期は次第に戦争が近付き建築の仕事が少なくなってきたためでもあるが、都市計画の提案がきわめて多い。その中には実際には誰からも依頼されていないにもかかわらず、案を作成して持ちかけるといった強引なものさえある。1931年以降10年近く通って何度も提案し直しながら結局実現できなかった、アルジェの都市への提案『オビュ計画[22]』、アン

17

18

19

20

21

22

23

24

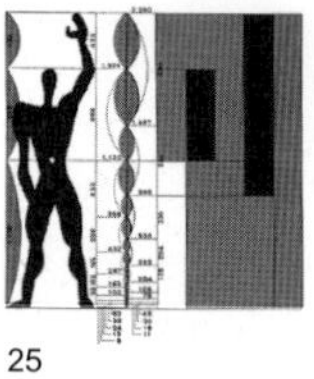
25

26

27

28

トワープ、ジュネーヴ、ストックホルムなどの都市計画、あるいはチェコスロヴァキアの実業家バチャのために計画した地域計画、そして第4回CIAM会議でまとめた「アテネ憲章」は後の都市計画の基本的な理念を形成するきわめて重要なものとなった。アメリカ、そして再び南米への講演旅行にも出かけ、近代建築の伝道者として熱狂的に歓迎されながら、実際の仕事につながることはなかった。

1936年ルチオ・コスタとオスカー・ニーマイヤーがリオ・デ・ジャネイロに教育省[23]の建物を設計したとき、ル・コルビュジエはコンサルタントを務めたのだが、そのファサードはガラスではなく、「ブリーズ・ソレイユ（日除け）」と呼ばれるコンクリートの薄いルーバーによって覆われていた。アルジェの都市計画の最後の案でも、ル・コルビュジエはブリーズ・ソレイユによるスカイスクレーパー[24]を提案しており、そうした気候風土に適応した建築言語は10年後のインド・チャンディガールにおいて、大きな展開を見せることになる。戦時中のヴィシー政権への協力をめぐって意見が異なるピエール・ジャンヌレはル・コルビュジエの下を去り、1940年にはアトリエは閉鎖され、ル・コルビュジエは著作に専念し、戦後に発表するモデュロール[25]と呼ばれる黄金比を下敷きとした寸法体系の基礎が作られるなど、この時期は戦後のヨーロッパが復興に向けて動き始めた時にル・コルビュジエが大きく飛躍するための重要な準備期間となっていた。

第4期：1945〜1965年 後期の活動＝理想的共同体の実現

1945年に再開したル・コルビュジエのアトリエには、戦後復興のための建築、都市計画の多くの仕事が舞い込んできた。最初の大きな仕事はマルセイユに1600人を居住させる巨大な集合住宅である。ユニテ・ダビタシオン[26]（居住単位）と名付けられたこの建物はピロティによって地面から持ち上げられ、住居だけではなく商店や保育園、体育館までを備えた一種の共同体として考えられており、ル・コルビュジエがずっと憧れていた航海客船のイメージが投影され、またエマの修道院で抱いた共同体の理想的姿も反映された、ル・コルビュジエの代表作といってよい。建物のあらゆる部分にモデュロールが用いられたことでも知られている。ユニテはその後、規模はやや小さくなるがほぼ同じ姿でレゼ＝レ＝ナント、ブリエ＝アン＝フォレ、ベルリン、フィルミニに建設される。その後も、それまでのル・コルビュジエのイメージとまったく結びつかない、蟹の甲羅を伏せたような屋根を

29

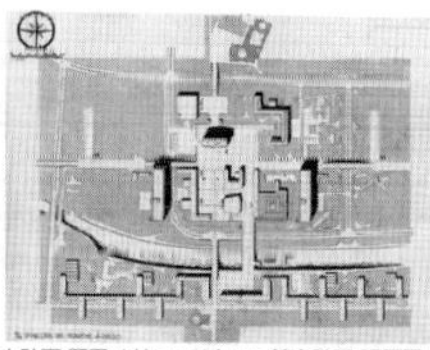

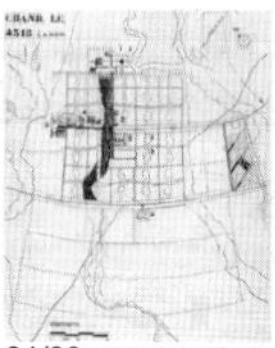
31/30 チャンディガール 基本計画 配置／サン＝ディエ 基本計画 配置図

32

33

34

35

36

37

持ち直角がひとつもないロンシャンのノートル・ダム・デュ・オー礼拝堂[27]を完成させて世界を驚かせたし（1955年）、進歩的な思想をもつクチュリエ神父の推挙により、ラ・トゥーレットの修道院[28]も設計した（1959年）。若き旅の日々に抱いた共同体の理想像がこうして実現されていったのである。最晩年に計画していたフィルミニのサン・ピエール教会[29]は2006年に完成した。

1945年、サン＝ディエなどの諸都市の復興計画[30]を策定するが、いずれも実現されることはなかった。ル・コルビュジエは住民の意見を取り入れることがあまり得意ではなく、結果的に自己の理念を押しつけることになってしまったからだといわれる。ル・コルビュジエのヨーロッパやアフリカ、南米での都市計画はついにひとつも実現しなかったが、独立したばかりのインドにおけるパンジャブ州の新州都、チャンディガール[31]で初めて大規模に実現することになった。1951年にインドに招かれたル・コルビュジエは、都市計画に加えて首都機能を担う総合庁舎[32]、高等裁判所[33]、州議会[34]を設計し、美術館[35]、建築学校といった多くの公共施設も設計することができた。最後には開かれた手と影の塔の2つのモニュメントを完成させる（1985年）。インドではさらにアーメダバードの裕福なクライアントに招かれ、繊維織物業協会会館[36]、美術館[37]、ショーダン邸[38]、サラバイ邸[39]を実現させた。1945年に家具職人ジョゼフ・サヴィーナと共に初めて彫刻作品を作り始めたル・コルビュジエは、1948年にはタペストリーの下図の作成もしており、チャンディガールの州議会のためにエナメルの壁画[40]も制作している。

無限に成長するミュージアムの最も洗練された実現作品は、日本の上野に完成した国立西洋美術館[41]である。またアメリカで最終的に実現したのは、ハーバード大学キャンパスに完成したカーペンター視覚芸術センター[42]だけであった。最晩年のル・コルビュジエは、旧オルセー駅跡のホテルと会議場、ミラノ近郊のオリヴェッティ計算機センター、ストラスブールの会議場、ブラジリアのフランス大使館、ヴェネツィアの病院など多数のプロジェクトに取り組んでいたのだが、1965年8月27日11時、カップ・マルタンの海岸で水浴中に心臓麻痺を起こし、77歳だったル・コルビュジエは帰らぬ人となる。9月1日にはルーブル宮のクール・キャレで当時のアンドレ・マルロー文化相を葬儀委員長として国葬が営まれ、インドからはガンジス川の水が、そしてギリシャからはパルテノンの土が供えられた。

38

39

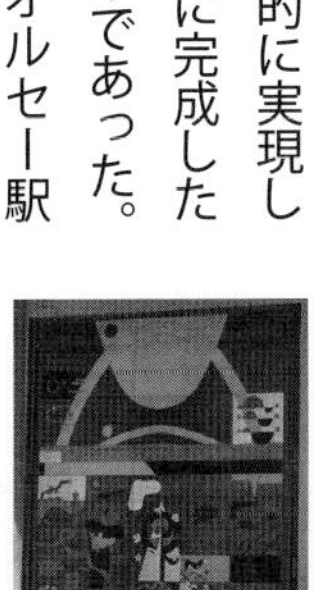
40

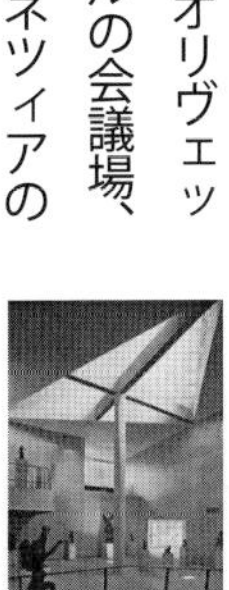
41

42

絵画

ル・コルビュジエは終生画家であることをやめようとはしなかった。レプラトニエの勧めによって建築家への道を歩み始めるまでは、家族のだれもがエドゥアールは画家になるのだと考えていたし、初めてパリに出かけた1908年に、当時鉄筋コンクリートという新しい構造を建築表現に用いた先駆者であったオーギュスト・ペレの事務所に採用されたのも、旅行スケッチが上手であったからだと言われている。そして1917年にパリに移り住んでからは、ペレに紹介された画家オザンファンと5年間アトリエを共にし、オザンファンと共同ではあるが個展も開いている。[1]建築家として世界的に著名になってからも、午前中は自宅のアトリエでキャンバスに向かい、午後からセーブル街35番地のアトリエに行き所員に指示を出しながら設計に没頭するという生活を続けていた。建築家として世界的な名声を得たことに比較すると、ル・コルビュジエの絵画はそれほど高く評価されてきたわけではないし、絵画のモティーフがそのまま建築に活かされるといった単純な関係もない。しかし、架構形式の追及や新しい技術への興味、モデュロールという数学的秩序の構築といったル・コルビュジエの理論的側面に対して、後期ル・コルビュジエが展開させたイメージの自由な連鎖、メタモルフォーゼを考える上で彼が絵を描くことに没頭していたことは軽視できない。事実、ピュリスム時代のル・コルビュジエは楽器やガラス瓶といった幾何学的なモティーフ[2]を主としていたのに対し、1920年代後半からは、彼が「詩的感応を呼ぶオブジェ」と呼んでいた、カップ・マルタンの浜辺で拾い集めた小石、貝殻、流木といったオブジェを好んでスケッチするようになり[3]、次第に女性の人体を明らかに連想させるモティーフ[4]を主とするように確実に変化していく。絵画でのこうしたモティーフの変化は、1920年代に彼が完成させた「白の時代」と呼ばれる純粋立方体による構成から離れ1930年代から始まる曲線を多く取り入れた建築的構成を予言しているといってもよいだろう。1929年、南米に講演旅行に出かけた際にサン＝テグジュペリの操縦する飛行機で上空から見たうねる河川に強く印象付けられたことも、ひとつのきっかけになっている。

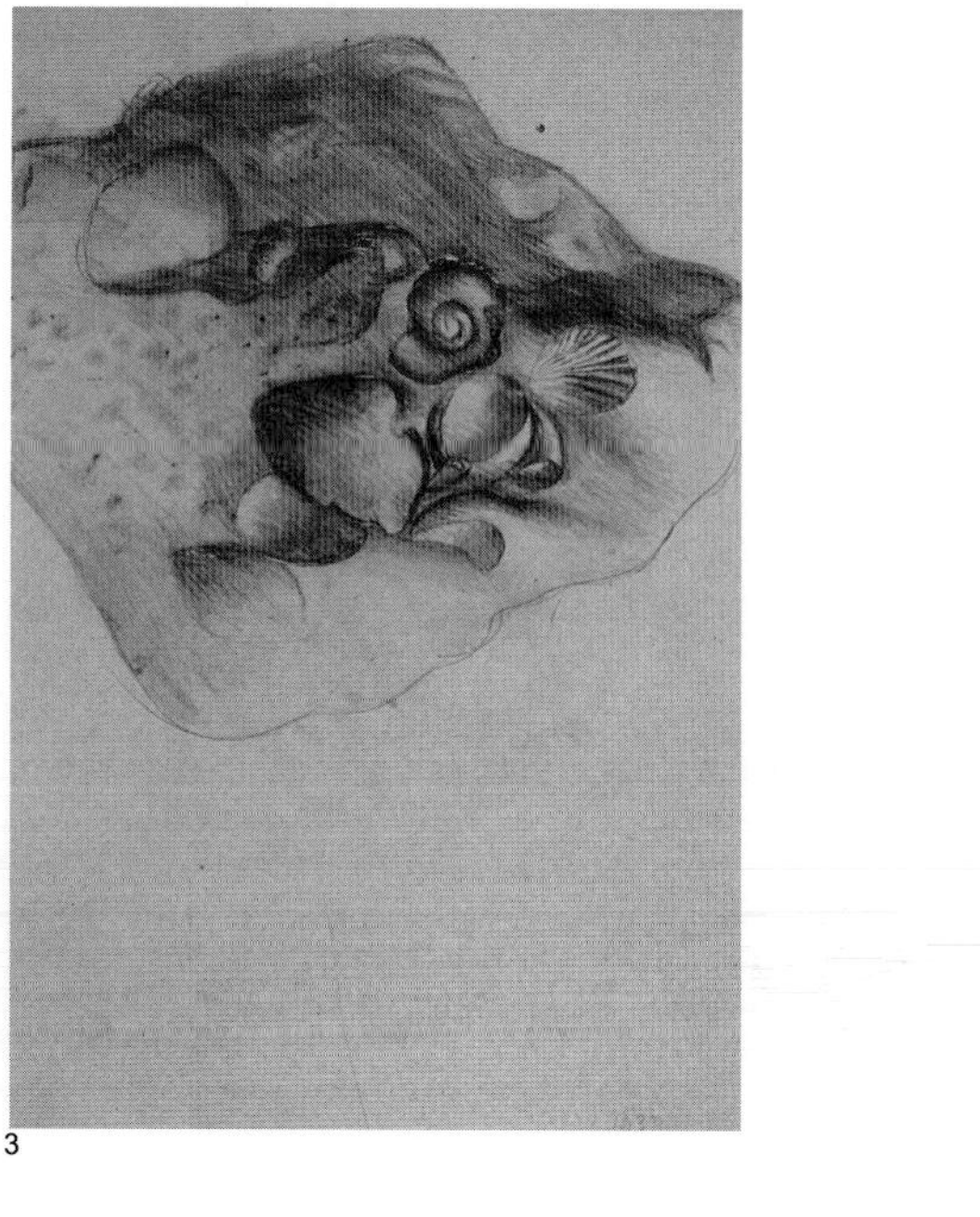

3

1

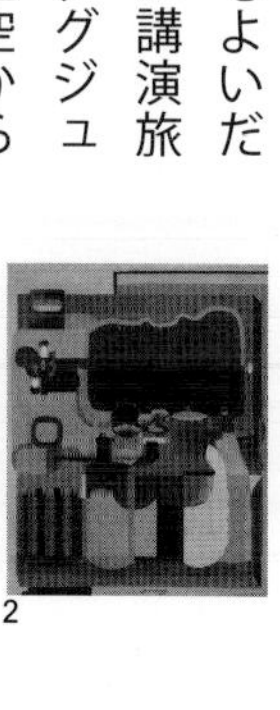

2

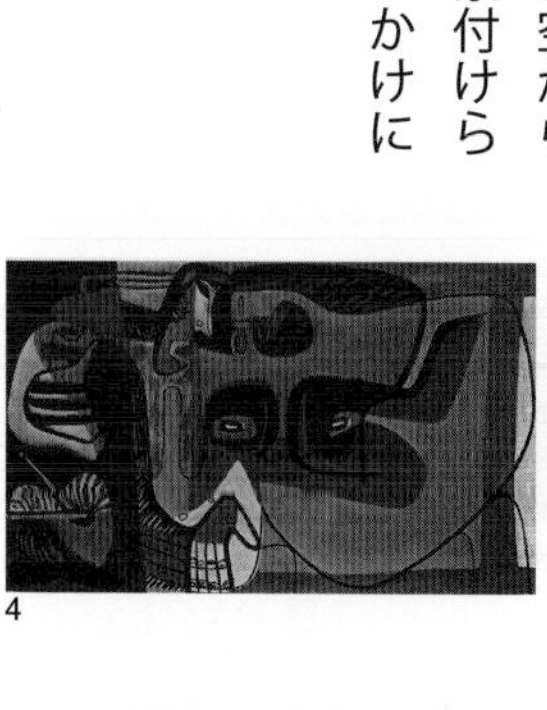

4

彫刻

ル・コルビュジエが3次元で空間的に展開する彫刻に興味を持ったのは、絵画と比較するとずいぶんと遅い。また、残された彫刻作品はル・コルビュジエ自身の手によるものではなく、ル・コルビュジエのスケッチと指示によって、ブルターニュの家具職人ジョゼフ・サヴィーナが制作したものである。1935年に知人の紹介で知り合った2人はすぐに意気投合したらしい。それまで家具だけを制作していたサヴィーナに彫刻を始めるように勧めたのはル・コルビュジエだったといわれている。

ドイツ軍がパリを占領していた1940年から43年にかけてル・コルビュジエはピレネー山中の小さな村オゾンに滞在し、「ウビュ」「パニュルジュ」「オゾン」[5]と題された一連のデッサンを制作し、それが彫刻作品を生み出す大きなきっかけとなっていた。サヴィーナとの最初の協働作品は1946年であり、ル・コルビュジエは送られてきた彫刻の木地に彩色を試みている。[6]ル・コルビュジエはこうした彫刻作品を「聴覚的形態」と呼び、建築的な造形意図を拡大してくれるものとみなして、一時期熱中していた。アルカイックな造形を目指したル・コルビュジエの晩年の作品群、特にロンシャンの教会などを見ると、こうした彫刻作品を制作する過程で彼が発見した成果が建築的な造形の次のステップを用意していたのではないかと想像できるし、彫刻に意図的に残されたサヴィーナのノミの跡は後期ル・コルビュジエの荒々しいコンクリートを予感させる。

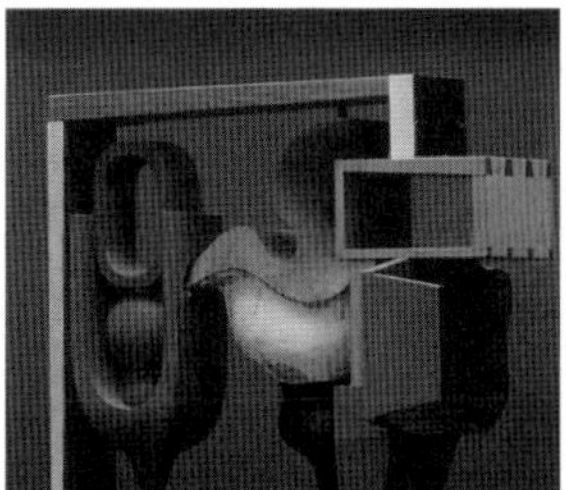
6

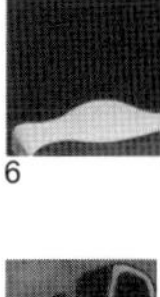
5

1：暖炉　1919
2：ヴァイオリン、グラス、ボトル　1925
3：貝殻の形の残る石（化石）1932
4：アルマ=リオ　1949
5：オゾン　1943
6：静物　1957

家具

1928年に家具デザイナーのシャルロット・ペリアンを事務所にスタッフとして迎え入れ、ル・コルビュジエは本格的に「座るための機械」として家具デザインに取り組み始めた。そのデザインはクロームメッキ仕上げの細いスチールパイプと牛皮とによって構成されており、支持するもの（脚に用いられたスチール・パイプ）と支持されるもの（座に用いられた牛皮）とが明確に分節されていることに大きな特徴がある。こうしたデザインは、同時代のデ・スティルやドイツ工作連盟、バウハウスから間違いなく大きな影響を受けているが、その優雅なプロポーションはむしろ曲げ木を巧妙に組み合わせたトーネットの家具を思わせる。同時代のリートフェルトの「赤と青の椅子」（1918年）やマルセル・ブロイヤーによる「ワシリー・チェア」（1925年）、ミース・ファン・デル・ローエによる一連の椅子などと比較すると、ル・コルビュジエのデザインが機能だけを追求していたわけではないことがよくわかる。ル・コルビュジエとペリアンによるデザインが優れていた点は、モダンなイメージを追求するだけではなく、機械時代のメタファーと古典的な木製家具の優雅さとをきわめて巧妙に融合させている点にある。発表された10数点の作品の中でも、「自由に動く背を持つ椅子」[7]（LC1）、「ソファ」[8]（LC2）、「傾きが連続的に変わる寝椅子」[9]（LC4）、「飛行機用の楕円形断面のパイプを用いたテーブル」[10]（LC6）といった作品は、モダン家具の古典といってよいだろう。1929年の発表時にはトーネット社によって制作されたのだが、1965年にイタリアのカッシーナ社によって復刻され、今でもオリジナルのままの家具を購入することができる。

7

　現在われわれが見ているル・コルビュジエの家具は、ほとんどすべてが1929年のサロン・ドートンヌに発表されたものであり、サヴォワ邸の設計とほぼ同時期にあたる。1930年代に入って機械時代のメタファーから地域主義へ興味を移していったル・コルビュジエは、新たに家具をデザインすることはほとんどなかった。

8

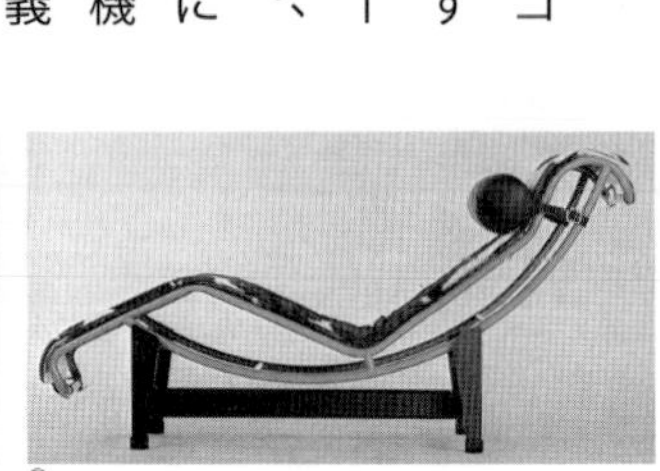
9

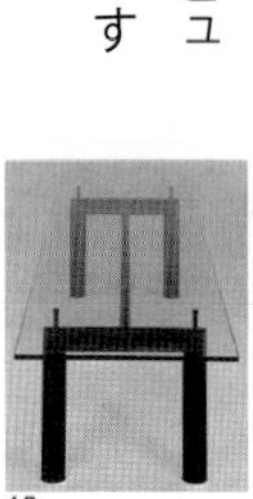
10

都市計画

　まだ建築家としてはパリではまったく無名であった1922年、ル・コルビュジエはそれまでの研究の成果をまとめた「300万人の現代都市」[11][12]をサロン・ドートンヌに発表し、大きな反響を受ける。このプロジェクトは経営・製造・輸送・居住・余暇といった機能を明確にゾーニングした産業都市の一般解を検証している。中央に置かれた高層建築によって建ぺい率は低く抑えられ、建物の間に残された空間は公園として人々に開放され、その周囲には中層の集合住宅がジグザグに配置されることによって

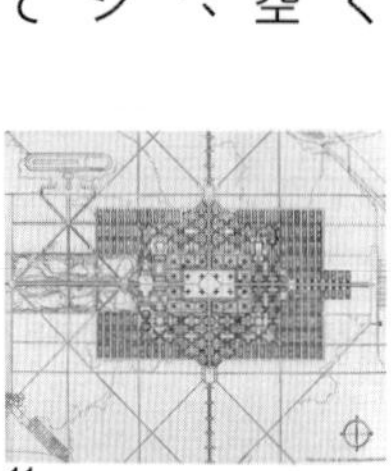
11

緑の中を縫うように置かれていた。光・空間・緑という人々の根源的な快適性を強調したこの計画は、それまでの都市のイメージと近代技術が可能にした超高層建築とを巧妙に融合したものであった。マンハッタンに見られるような実用的なグリッドが下敷きとなり、ボザール的といってもよいような古典主義的ヒエラルキーも踏襲され、ルネサンスの理想都市のような象徴的幾何学が取り入れられているが、その重要な交差点には大聖堂ではなく飛行場まで含めた主要な交通機関のターミナル駅が配置され、近代的なサーキュレーションが古典的配置に組み込まれていることがわかる。そこにはトニー・ガルニエの「工業都市」やイタリア未来派のサンテリアの「新都市」に描かれた計画案からの影響も見ることができる。そして彼自身が「クリスタル・タワー」[13]と呼んだガラスのスカイスクレイパーは、ミース・ファン・デル・ローエが1921年に提案したプロジェクトを明らかに参照しているし、アメリカがすでに実現していた超高層による産業都市をさらに洗練させたものだと考えることもできる。それまで人々がぼんやりと思い描いていた未来に明確な形を与えたこの計画案と「光、空間、緑」というコンセプトは、いまだに現代の都市イメージを形作っているといってよい。

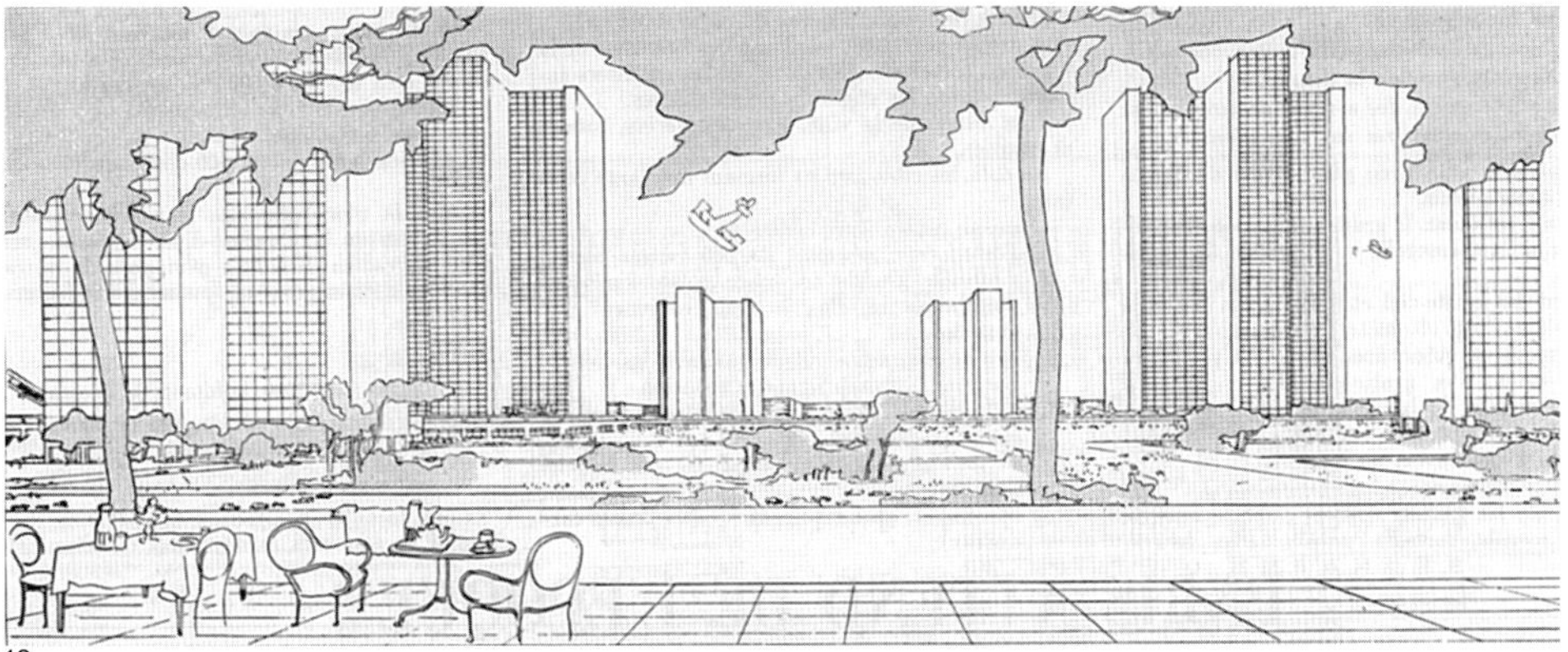
12

そして1925年には「300万人の現代都市」[14]をパリに応用した「ヴォワザン計画」[15]を装飾美術博覧会に出品した。航空機製造会社を経営していたガブリエル・ヴォワザンの資金援助を受け、その名前が計画に冠されている。セーヌ川の北側にある既存の街区をすべて解体した上でまったく新しい街区を提案しているが、流通や資本の集中といった経済性を特化させたこの急進的な提案は受け入れられることはなかった。特にソヴィエトからは、ル・コルビュジエの都市計画は階級差別に根ざした資本家の利潤追求のメカニズムにすぎない、と痛烈に批判されたのである。ル・コルビュジエは自分の都市計画が人民のためであるということを示さなければならなかった。

1930年、ル・コルビュジエは「モスクワへの返答」と題した書簡に17枚の図版を付け、「現代都市」に大きな変更を加えた配置案を作成した。これが彼の新しい理

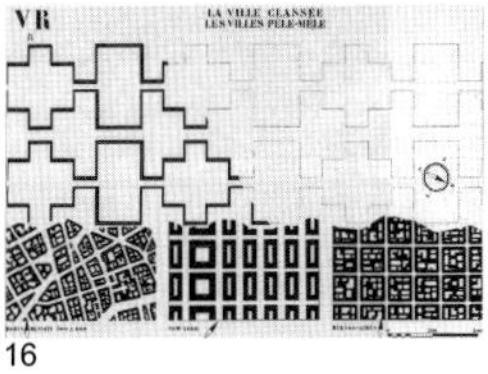

16

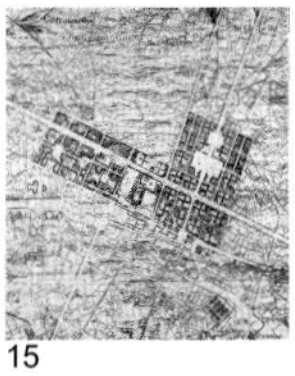
15

14

13

11：300万人の現代都市 基本計画 配置図
12：300万人の現代都市 基本計画 パース
13：クリスタルタワー 模型
14：ヴォワザン計画 基本計画 模型
15：ヴォワザン計画 基本計画 配置図
16：『輝く都市』1935 表紙

想都市であり、後にいくつかのテキスト、図版を加えて『輝く都市』[16]として出版された。高密度を保ちながらサーキュレーションと緑地を確保するという基本的な理念は変わらず、その構成要素もスカイスクレイパーと集合住宅であったが、配置計画は中央集権的なものではなく、頭、背骨、体といった人体のイメージを抽象的に表現し、拡張可能な線形都市が層状に配置されていた。後にチャンディガールにおいて実現する基本的なアイディアがすでにここには出そろっている。

南米への旅行でうねる大地を空から見たル・コルビュジエは、1930年以降は次第に地域主義的な思考に傾いていき、都市計画においてもまったく異なるアプローチをするようになっていた。ロンシャンの礼拝堂で展開させた曲線のモティーフは、実は彼が1930年代に夢中になっていたアルジェのための都市計画において最初に現れているのである。1931年に招待されて都市計画に関する講演をしたル・コルビュジエは、アルジェの市長ブルネルが都市計画に興味を持っていることを知ると滞在を延長して都市を調査し、正式には何も依頼されぬまま1932年に計画案を発表した。ル・コルビュジエ自身によって「砲弾（オーバス）」[17]と命名された計画案は、「輝く都市」をアルジェという特殊な文脈に置き換え、変形させたものである。海岸線にそって発射された砲弾が、丘にぶつかり爆発して旧市街に砕け散ったように見える。水辺の業務地区、丘の麓で優雅な曲線を描く中流階級のための集合住宅、そして海岸に沿って緩やかな円弧を描く高速道路の下には集合住宅が置かれ、カスバの上を飛び越えていた。厳密な直行グリッドは、アルジェのランドスケープから導かれた女性的な曲線に置き換えられている。あまりにも規模が大きすぎるという批判から、高速道路をあきらめて業務地区に集中したオーバスB、オーバスCを1934年に提案したが、ブルネルが選挙に落選してル・コルビュジエも運命を共にすることになる。それでもあきらめずに1938年にはオーバスD、1939年にはオーバスEを提案し、コンクリート[18]のブリーズ・ソレイユによる超高層の提案までしている。しかし、1941年にはそれまで務めていたアルジェの地区計画委員も解任され、なおもあきらめずに提案した「基準計画」も完全に拒否されて、ついにアルジェとの関係は何一つ実現されないままに終わることになる。

17 砲弾（オーバス）基本計画 模型

戦後の復興期には爆撃などで破壊された多くの都市が新たな計画を必要としていた。ル・コルビュジエはラ・ロシュル・ラ・パリス地方の主任都市計画家に任命され、またサン＝ディエでも復興計画[19]を

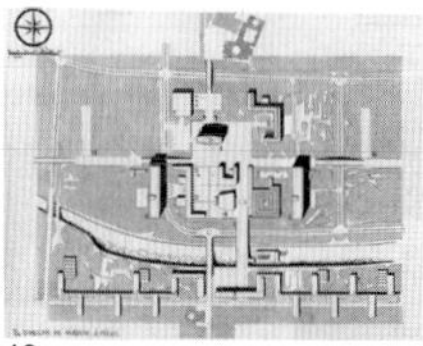
19

18 オーバスE スケッチ

担当する。サン＝ディエでル・コルビュジエが提案したのは博物館などのパブリックな中心施設の廻りを8個のユニテが取り囲む案で、アクロポリスのような構造を持っていた。破壊された旧市街を復旧せずにすべて新しい建物で置き換えるル・コルビュジエの案は、結局受け入れられることはなかった。フランスの戦後復興で唯一ル・コルビュジエが実現できたのは、都市計画ではなく、マルセイユの巨大な集合住宅、ユニテ・ダビタシオンだけである。

最後にル・コルビュジエを受け入れたのは、イギリスから独立したばかりのインドである。パキスタンの分離独立によってパンジャブ州が二分され、州都ラホールがパキスタン側に残ったことによって、インドは新しい州都を必要としていた。この新しい州都はヒンドゥー教の権力の女神である「チャンディ」にちなんで、チャンディガールと命名された。ネルー首相が友人でもあったアメリカ人の都市計画家アルバート・マイヤーに都市のレイアウトを依頼し、かつてル・コルビュジエのアトリエの所員でもあったノヴィッキーに建築の設計が依頼されたのであるが、ノヴィッキーが飛行機事故で他界してしまったために新たに建築家が探され、イギリスのジェーン・ドリューとマックスウェル・フライの推薦によってル・コルビュジエに首都の設計が依頼されることになった。

1951年春にル・コルビュジエはインドへ行き、4週間でほぼすべてのプランを完成させた。[20] 計画案の頭、胴体、腕、背骨、胃といったアンソロポモルフィック（神人同形同性説的）なダイアグラムは「輝く都市」の構成にきわめて近いのだが、頭部にあたる行政機能の中心は超高層ではなく、インドの気候に対応した低層の建築群に置き換えられている。ル・コルビュジエがチャンディガールのために計画した施設は主に州会議事堂、[21] 高等裁判所、[22] 総合庁舎、[23] そして知事公邸の4つである。ル・コルビュジエは都市全体の軸を受ける中央奥に知事公邸を置き、議事堂と裁判所をその軸を挟んで対称形に向かい合わせ、立法と司法の対等性を示すように配置した。総合庁舎は議事堂の背後に控える形で置かれている。知事公邸だけは、その配置、形態があまりに象徴的であり民主的でないという理由でネルーから拒否され、現在に至るまで建設されていない。これらの建物全体に共通する特徴は、非常に単純なマスの輪郭の中にほとんどの機能が収められていることだ。部屋の単位はヴォリュームとしてはまったくといってよいほど外観には表現されていない。わずかな例外として、議事堂の上院と下院の屋根に、それぞれ双曲線のシルエットを持つタワーとピラミッドの形態が与えられているに過ぎない。全体のシルエットはパラソルとしての屋根とブリーズ・ソレイユの被膜という直射日光を遮るための環境装置によって完全に覆われているからだ。このパラソルとブリーズ・ソレイユの主題が、内部空間と対応しながらあたかも音楽のように多様な変奏を生み出していく様子は、見事というほかはない。

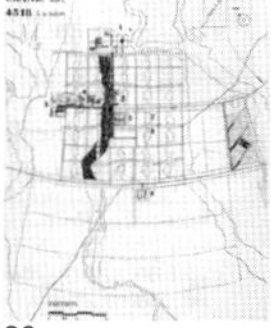
20

21

22

23

家族と家系

父親であるジョルジュ＝エドゥアール・ジャンヌレ＝グリは、時計産業のエナメル職人として雇われていた。この父親に関しては母親ほど多く語られることはないが、地元のアルペン・クラブの会長であったジョルジュは幼いエドゥアールをトレッキングに連れ出し植物や岩を観察させていた。母親マリー＝シャルロット＝アメリー・ジャンヌレ＝ペレはピアニストであり、音楽教師をしていて、家族に芸術的なインスピレーションを与える役割を果たしていた。101歳まで長生きをした母親をル・コルビュジエは終生愛し、大きな影響を受けていた。レマン湖畔にル・コルビュジエが設計した「小さな家」[24]（1925年）は両親のための住宅だったが、父はその後すぐに他界したため、「母の家」と呼ばれることも多い。厳格なプロテスタントであった彼女は規律、規範、仕事への誇りといった価値観を子供たちに伝えていた。「何かを始めようと決心したら、必ずそれをやりとげなさい」という彼女の言葉をル・コルビュジエは晩年まで好んで引用していた。

兄アルベールは彼よりも19か月年長であり、音楽の才能に恵まれ後に作曲家となる。現在ル・コルビュジエ財団本部となっているラ・ロッシュ＝ジャンヌレ邸は、兄アルベールと銀行家ラウル・ラ・ロッシュのための住宅である。

ファッション・モデルであったイヴォンヌ・ガリ[25]とは1920年代の初めに知り合い、1930年に結婚した。ル・コルビュジエは最初から建築家には子供を持つことは無理だとイヴォンヌに話していたようで、2人の間には子供はいない。シャルロット・ペリアンによると、ル・コルビュジエは「髭を生やして理論を振りかざすような女性は大嫌いだった」そうで、イヴォンヌは知性よりも母性を感じさせるような女性であり、来客をもてなすときに皿の下にトカゲのおもちゃを隠しておいて驚かせるといった茶目っ気たっぷりの女性であった。

ラ・ショー・ド・フォンの位置するジュラの谷は、12世紀に迫害された難民がフランス南西部から集まってきた場所だとされており、1685年ナントの勅令が廃止された時もプロテスタントが同様に逃げ込んだ場所である。祖父が1848年の革命の際にヌシャテル城をたった一人で奪取したという逸話を誇りにしく、独自に家系を調査し自分自身の系図を作り上げていたらしい。ル・コルビュジエはそうした祖先の受難の歴

25

24

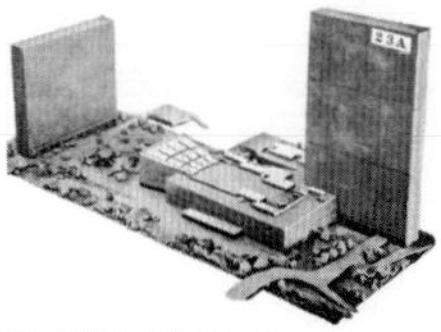

26 国際連合 基本計画 模型

史を自らに重ね合わせ、逆境の中の悲劇的な英雄として自らを演出しようとしていたふしがある。1927年の国際連盟コンペで一旦は1等に選ばれながらアカデミズム派の反対で結局採用されなかった時、そして1947年に国際連合の基本計画[26]をまとめながら実施設計は他の建築家に任されてしまった時など、彼は迫害を受けているということを過剰なまでに強調し、その経過をまとめて本を出版することによって、彼の建築的革新性の評価を高めさせるというメディア的な演出を巧妙に展開させていた。ほぼ独学で建築を学んだル・コルビュジエは終生アカデミズムと敵対し、晩年にはエコール・デ・ボザールからの教授就任依頼を断っている。

師と友人

孤高の建築家というイメージの強いル・コルビュジエであるが、彼の残した多彩な業績も多くの友人、そして師との出会いに触発されて生まれたものである。

ピエール・ジャンヌレ

彼の近くにいつもいて建築を実現する上での最大の功労者だったのは、間違いなく従兄弟のピエール・ジャンヌレ[27]（1896～1967年）だろう。全集の1～3巻は『ル・コルビュジエとピエール・ジャンヌレ全作品集』とされているし、作品発表の際はいつでも連名であった。9歳年下だったピエールはジュネーヴで建築を学び、ル・コルビュジエと同じくペレの事務所で働いていた。1922年にアトリエを開設する際に、ル・コルビュジエは特に建築実務の知識の豊富なピエールを招いて協働体制をとった。ピエールは、デザイン的な協働ももちろんであるが、特に実施設計のまとめや建設会社との打合など実務的な面でル・コルビュジエを終生サポートしていた。晩年の荒々しいコンクリートの印象が強いのでル・コルビュジエ作品には細かいディテールなどないと思われがちであるが、実際に作品を見に行くと、驚くほど丁寧に考えられたディテールを目にすることができる。そうした側面では、おそらくピエールが中心的な役割を担っていたのだろうと思われる。1940年に戦時中のヴィシー政

27

権への対応の意見の違いから2人は一旦は別れたが、1951年にチャンディガールの仕事が始まったことを契機に再びル・コルビュジエはピエールを事務所に呼び戻し、2人の協働体制はル・コルビュジエの死まで続くことになる。

シャルル・レプラトニエ

ル・コルビュジエを建築家への道に導いたのは、ラ・ショー・ド・フォン美術工芸学校の教師シャルル・レプラトニエ[28]（1874〜1946年）である。彼はブタペストやパリのエコール・デ・ボザールに学び、ウィリアム・モリスのアーツ・アンド・クラフツ運動やジョン・ラスキンの思想を熱狂的に崇拝していた。またオーエン・ジョーンズの『装飾の文法』に影響を受け、ジュラ地方のための正しい形態は岩石の地層や針葉樹から抽出されたものでなければならないと述べて、生徒たちを自然の中へと連れ出していた。若きジャンヌレの初期の建築作品はすべてレプラトニエがお膳立てしたものばかりであるし、ドイツへの装飾芸術視察のための旅なども彼がすべて段取りをしており、ル・コルビュジエが後に大きく飛躍する下地はすべてレプラトニエが準備したといっても過言ではない。ラ・ショー・ド・フォンで学んだ、自然を観察することによって芸術の構成原理を把握するという姿勢を、ル・コルビュジエは終生変えることはなかった。

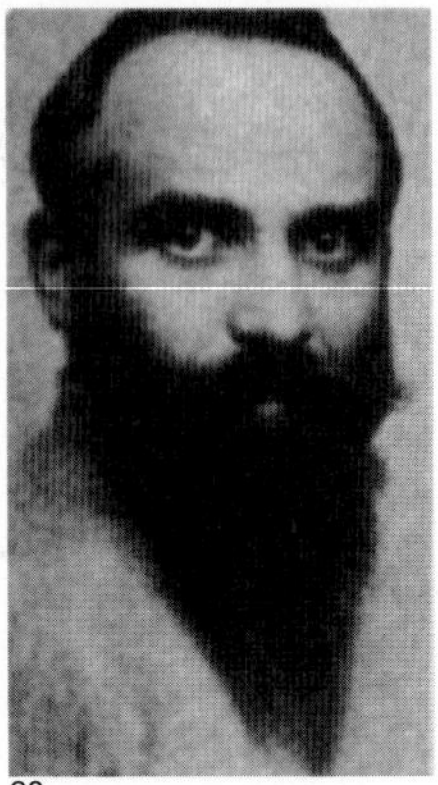
28

オーギュスト・ペレ

ル・コルビュジエが1908年にパリで最初に建築設計の仕事をさせてもらったのが、オーギュスト・ペレ[29]であった。ペレはすでにフランクリン街のアパルトマンなどを完成させており、当時鉄筋コンクリート造のデザインの第一人者と目されていて、この新しい構造に興味を持っていたル・コルビュジエにとっては憧れの建築家であった。若きエドゥアールのスケッチを見たペレはその腕前を賞賛し、自分の右腕となるように言ったといわれている。エドゥアールは1909年に一旦ラ・ショー・ド・フォンに戻るまでの15か月間ペレの事務所で働き、実務としての鉄筋コンクリート造を学ぶことができた。この若い建築家を育てることに興味を持ったペレは、事務所では1日に5時間だけ働くようにさせて、残りの時間で何を勉強すべきか、そしてパリでどのような建築を見るべきかを指導した。レプラトニエに代わって、ペレが新しい師となったのである。初めて住むパリという大都会の空気の中で、彼はエコール・デ・ボザールの芸術史課程に登録し、ロマネ

29

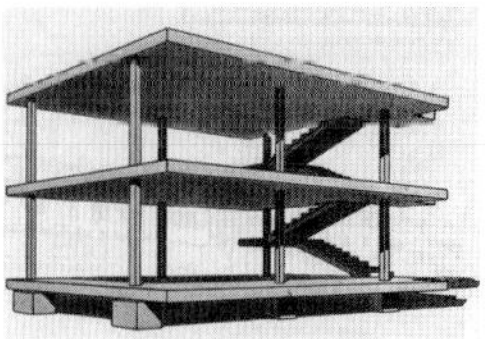
30

スク建築に熱中し、オーギュスト・ショワジーの『建築史』を研究した。ペレが語った「まず架構を把握すること、そうすれば芸術を理解することができる」という言葉は、その後のル・コルビュジエに大きな影響を与えており、1914年に発表した「ドミノ型住宅」[30]はペレとの出会いがなければ生まれていなかったかもしれない。しかし後に皮肉なことに、ル・コルビュジエは自身が発表した近代建築の5原則の1つである水平連続窓に関して、縦長の窓の優位性を擁護するペレと論争することになる。

アメデ・オザンファン

パリに移住したジャンヌレは、ペレの紹介で1918年に画家アメデ・オザンファン[31]と知り合う。パリでブティックを経営し上流階級の仲間入りを果たしていたオザンファンは現代絵画や写真、哲学、人類学など幅広い教養を持ち、田舎から出てきたばかりのジャンヌレにとっては恰好のお手本となった。オザンファンはジャンヌレの隠された絵画の才能を開花させたといってもよいだろう。1918年には共同で展覧会を開いたとされているが、実際にはオザンファンの多くの絵画の中にジャンヌレの作品が2点展示されていたにすぎない。彼らはキュビスムを批判的に継承した「ピュリスム」を提唱し、1920年には詩人ポール・デルメらと共に雑誌『レスプリ・ヌーヴォー』を創刊し、後にル・コルビュジエの名声を確立させた『建築をめざして』にまとめられることになる多くの論文をジャンヌレは執筆することができた。パリではまったく実作がなかったにもかかわらず、ル・コルビュジエはこの1冊の本で革新的な建築家として世界的に有名になったのである。オザンファンは自らが施主となってル・コルビュジエに大きなアトリエを持つ自邸の設計を1922年に依頼している。ル・コルビュジエにとってはオザンファンがパリでの最初のクライアントになった。

31

アラン・クチュリエ神父

それまでまったく宗教建築とは縁のなかったル・コルビュジエがロンシャンの礼拝堂、そしてラ・トゥーレット修道院の設計をすることができたのは、アラン・クチュリエ神父[32]の推薦による。クチュリエは1930年代から雑誌『教会

32　アラン・クチュリエ神父（左）

芸術』の編集者を務めており、教会は現代芸術と建築をもっと熱心に創造しなければならないという議論を展開していた。サン・ポール・ド・ヴァンスにある教会のデザインをマティスに依頼したのもクチュリエが重要な役割を果たしていた。ラ・トゥーレット修道院の設計の際には、クチュリエはル・コルビュジエに南仏プロヴァンスにあるシトー会派の修道院ル・トロネを訪れ、研究するように助言している。東方旅行においてフィレンツェ近郊エマの修道院を共同体の原型として強く印象付けられていたル・コルビュジエは、ル・トロネを通してさらに歴史へと深く入り込んでいき、その後チャンディガールにおいても、インドの気候風土に対応した歴史的建造物を詳細に研究し、パラソルの主題を発見することにもつながっていく。

ヤニス・クセナキス

ル・コルビュジエのセーブル街35番地のアトリエには、世界中から多くの若者が働きに来ていたが、その中でも、後に『メタスタシス』などの作品で世界的に著名な作曲家となったヤニス・クセナキス[33]は後期ル・コルビュジエの豊かな建築言語の展開に大きな貢献をしたことで知られている。ルーマニアで生まれたギリシャ人で、最初は工学技師としてル・コルビュジエのアトリエに雇われていたが、ラ・トゥーレット修道院（1953〜59年）ではデザインの担当者として、特に「オンデュラトワール・パン・ド・ヴェール（波動ガラス[34]面[35]）」と呼ばれる、モデュロールを音楽的に展開させた開口部のデザインを完成させた。これは彼が同時期にすでに作曲を完成していた『メタスタシス』を建築的に置き換えたものだと考えることもできる。そしてブリュッセル万国博覧会におけるフィリップス館[36]（1958年）では、双極放物面をスチール・チューブとテンション・ケーブルの組み合わせで構造的に成立させ、ユニット化されたプレキャスト・コンクリートで覆うことによって、柱なしで連続した曲面を自立させるという美しい形態を完成させている。この形態も『メタスタシス』の、5線譜ではなくグラフとして描かれた記譜法の形態[37]が3次元に展開したものだと考えることもできる。ル・コルビュジエは『モデュロール（II）』の最後に、『メタスタシス』とラ・トゥーレット修道院を紹介し、クセナキスに敬意を払っている。

33

ルシアン・エルベ

写真家ルシアン・エルベは1949年にクチュリエ神父に勧められてマルセイユのユニテを撮影した。その写真を見たル・コルビュジエはエルベのことを「建築家の魂を持った写真家」と絶賛し、その後のほとんどの作品の撮影を依頼する。1950年以降のル・コルビュジエ晩年の作品群は、エルベが捉えたイメージによってわれわれに伝えられたことになる。

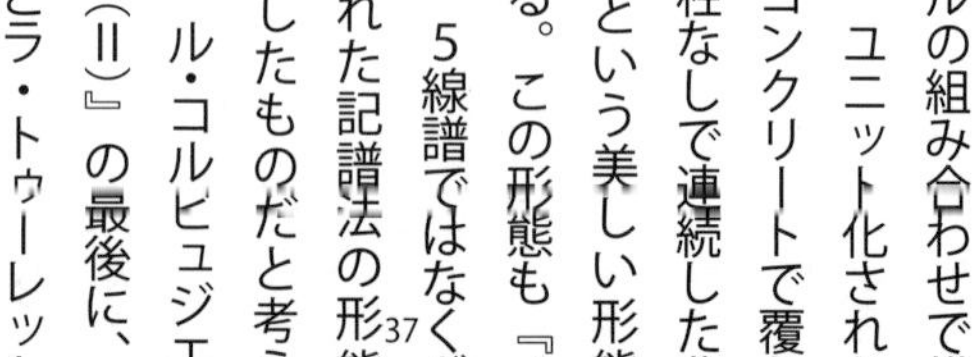
34

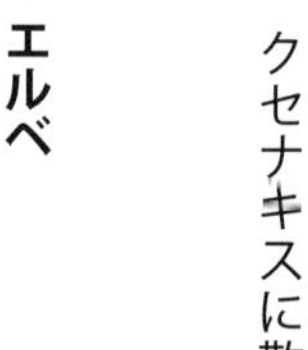
35

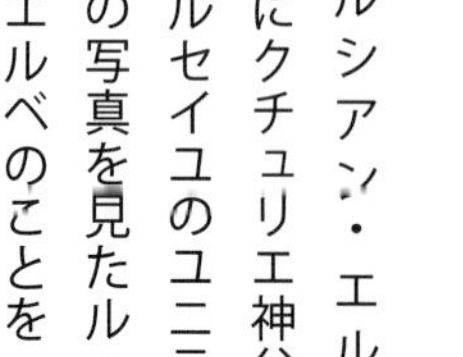
36

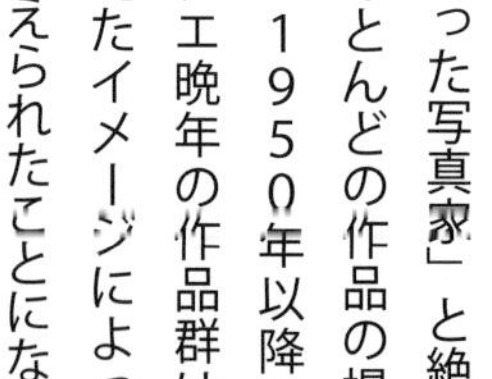
37

日本

ル・コルビュジエと日本はもちろんそれほど深い関係にあるわけではないが、彼がパリに設計事務所を構えた直後から多くの日本人がそのアトリエの門を叩き、ル・コルビュジエの下で働くことを許されている。草創期のアトリエにはフランス人は1人もおらず、モダニズムの巨匠に憧れて日本やインド、南米からはるばる訪れてきた不思議な外人部隊で形成されていたらしい。モダニズムの真髄を学んだ彼らは帰国して、日本の建築界に大きな影響を与えた。中でも前川國男[38]、坂倉準三[39]、吉阪隆正[40]の3人は、帰国後ル・コルビュジエのスタイルを日本の風土の中で展開させ、その後の日本におけるモダニズムの原型を作ったといってよい。

戦後フランスに接収されていた印象主義絵画を中心とする松方コレクションが日本に返却されることになり、上野を敷地とした美術館の設計が日本政府によってル・コルビュジエに依頼されることになった。1955年11月、すでに68歳になっていたル・コルビュジエは美術館の設計のために来日し、敷地を何度も視察しながら京都や奈良を旅行し、そして弟子である前川、坂倉、吉阪の作品を見て回ったりしている。東大寺中門の軸廻りのディテールや先斗町の路地空間などに興味を示していたようだが、ル・コルビュジエは日本建築は線が多すぎると述べて桂離宮や修学院離宮にもあまり興味を示さず、同行者をがっかりさせていた。1959年に竣工した上野の国立西洋美術館をル・コルビュジエは見ることはなかったが、彼が長年温めていた「無限に成長するミュージアム」のアイディアが最も美しく実現された作品が、ヨーロッパではなくアメリカでもなく、日本にあることをわれわれはもっと誇らしく思うべきだろう。

38

39

40

編集と映像

建築家が自分の作品をまとめて出版することはルネサンス以来の伝統であるが、写真という新しいメディアを駆使して自らの作品を「全集」と題して出版した建築家は、ル・コルビュジエが初めてである。ほぼA４の大きさの紙面を横使いとしたブックデザイン[41]は、ル・コルビュジエが1920年代にまとめた「近代建築の5原則」でも強調されていた水平連続窓を最も効果的に表現する判型だったと考えることもできる。1929年に『ル・コルビュジエとピエール・ジャンヌレ全作品集1910〜1929』と題されて第1巻がスイスで出版され、最終の第8巻『1965〜1969』は彼の死後刊行された。もちろん今でも、ル・コルビュジエ研究のための最も基礎的な文献であることに間違いない。彼は自ら解説を書き、写真や図版の取捨選択はもちろんレイアウトにまで深く関わり、挙句の果てには写真の修整まで行って自らの設計意図を伝えることに驚くほどエネルギーを注いでいる。邪魔な背景を消すことなどは序の口で、実際にはあるはずの柱を消してしまった例もある。

そもそも、パリに来たものの建築の実作には恵まれなかったル・コルビュジエは、1918年に出会ったオザンファンと共同で雑誌『レスプリ・ヌーヴォー』を1920年に創刊することによって雑誌編集者、評論家としてデビューし、その名声によって次第に建築の設計依頼を得るようになっていった。実作ではなくメディアが生み出す建築家像によって、彼は建築家として成長していったのである。『建築をめざして』[42]以降も多くの著作を出版したが、その多くの装丁は彼自身のデザインによるものである。

41

1930年にはまだ駆け出しの映画監督であったピエール・シュナルを監督に据えて、ル・コルビュジエは映画も作り上げている。「今日の建築」[43]と題された約10分の短いサイレント映像の前半はル・コルビュジエ自身が設計した住宅の紹介にあてられ、後半は彼の都市計画の理念、「光、空間、緑」を解説しており、いわば『建築をめざして』の映像的要約となっている。

1958年には自らが設計したフィリップス館において上映する映像詩「電気の詩」[44]を、音楽家エドガー・ヴァーレーズ、そして当時は設計スタッフで後に作曲家となったヤニス・クセナキスと共同で制作した。音楽と映像をシンクロさせた作品は現代のミュージック・ビデオの先駆けともいえるもので、次々と現れるアフリカの原住民の仮面や骨、貝、石といった映像のメタモルフォーゼは、シュルレアリスムからの影響も感じさせ、まるで彼の創造のプロセスそのもののようにも見える。彼ほどメディアの持つ力に敏感であった建築家はいない。

42

43

44

起源への旅——メタモルフォーゼ

１９５１年２月18日、黒縁眼鏡をかけ蝶ネクタイを締めた１人の男がヨーロッパからインドへと向けて出発した。デリーの空港に到着した建築家はそのままジープに乗り込んで平原を横切り、まだ人影の無いパンジャブの原野へと足を踏み入れる。後にチャンディガールと命名されることになる都市の建設地として選ばれた、この赤土に覆われた平原は、中央を川が横切り遠くヒマラヤ山系を望む。そのフラクタルな地平線を背景とした空間には光だけが満ち溢れ、視線を遮るものはほとんどない。その光の下で、こんもりと生い茂ったマンゴーの木々が深い影を落とす。照りつける太陽の光を浴びながらあてもなく歩き回って汗ばみ始めたその人物は、１本のマンゴーの木の下にゆっくりと腰を降ろした。ふと見上げた空には、陽光を背に光の透過した1枚の葉の葉脈が浮かび上がる。ル・コルビュジエと呼ばれる建築家は、かつて彼がエドゥアールと呼ばれて幼少期を過ごしたラ・ショー・ド・フォンを、そしてその後の多くの旅を回想する。

ラ・ショー・ド・フォンの美術学校での師レプラトニエから学んだ、自然をスケッチ[1]することによって世界を形成する原理を学ぶという姿勢を、ル・コルビュジエは終生変えることはなかった。ル・コルビュジエは旅行のたびに、著名な建築物だけではなくむしろヴァナキュラーな建築物を多くスケッチし、自身の建築的なイメージを膨らませていった。また、旅行の際にはそれ以前の旅のスケッチも一緒に持ち歩き、何度も見返していたといわれている。自宅のアトリエで絵を描くことがそうしたイメージの変容のための舞台を提供していたのだが、旅もまったく同様に、特にサヴォワ邸以降のル・コルビュジエが自由に展開させた建築的イメージの豊かな世界に大きな貢献をしている。イメージのメタモルフォーゼの場であった旅から切り離してル・コルビュジエを考えることはできない。

いくつかの旅のプロセスを見ていくと、若きエドゥアールが建築を学び始めてからどのように建築を発見していったのかをはっきりと見て取ることができる。１９０７年、エドゥアールが初めてスイスの国外へ出てヴェネツィアを訪れた時は、彼は運河の対岸にあるパラディオのサン・ジョルジオ・マッジョーレ教会には目もくれずに、ドージュの館のアーチに施された植物文様の装飾のスケッチ[2]に没頭していた。こ

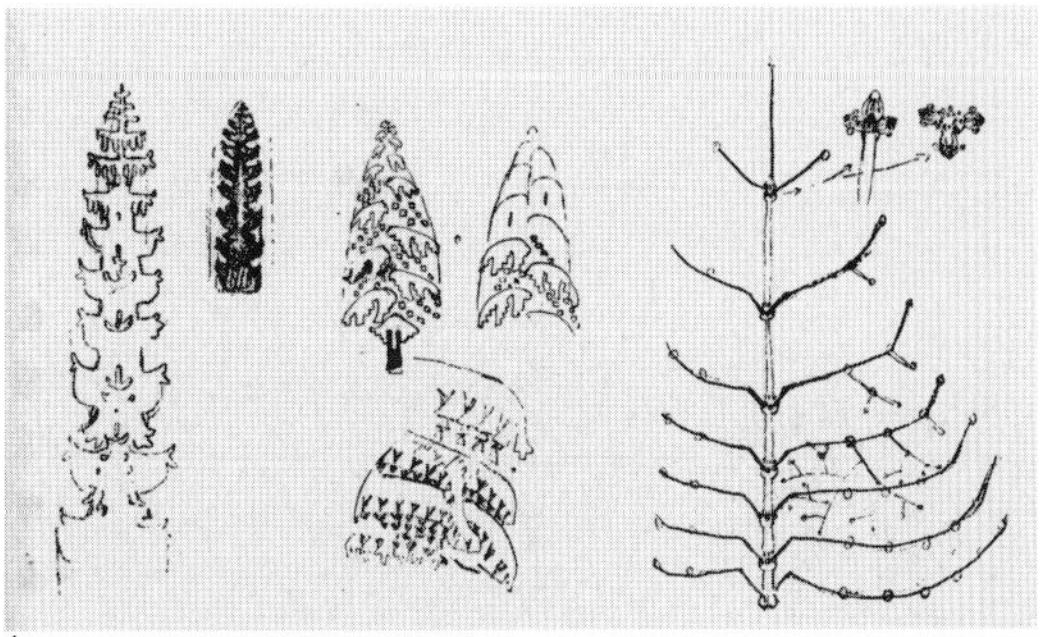
1 ラ・ショー・ド・フォン時代のスケッチ c.1905

2

の時のスケッチの腕前が認められてオーギュスト・ペレの事務所に所員として採用されるのであるが、建築の原型を発見していく後のスケッチとは目指すものがまったく異なっていたことに驚かされる。1908年にはウィーン、ミュンヘン、ナンシーなどを経て、パリでペレの下で15か月間働いたこと、そして1910年にはドイツ工作連盟を訪れてペーター・ベーレンスの下で5か月間働いたことなどによって、次第にエドゥアールは建築家として世界を見る視点を獲得していく。

その建築家としての形成期のひとつの到達点となったのが、1911年から12年にかけて、彼が24歳の時に約6か月間にわたってトルコ、ギリシャ、イタリアといった国々をめぐった旅行である。彼は1965年、すなわち彼の死の年に、50年以上も昔の旅の記録をまとめ直し、さらに加筆までしてまるで遺書のように『東方への旅』と題した著作を上梓し、それが結果的に彼の最後の著作となったのである。旅から建築を学んだル・コルビュジエを象徴する著作だといってよいだろう。この最後の著作の中で、生涯にわたって彼に影響を与え続けたパルテノンやエマの修道院、ハドリアヌス帝のヴィラといった歴史的建築が情熱をもって語られる。そこに、彼がスケッチを通して建築、そして空間の原型を学び取っていく様子をはっきりと見ることができる。歴史の中から抽出された原型は彼の中に深く根をおろし、彼の生涯をかけてさまざまなスケールや場所において展開されていくのである。建築家ル・コルビュジエはこの旅で誕生したといっても過言ではない。では、若きエドゥアールが発見した建築の原型はその後どのような展開を見せたのだろうか。

例えば、フィレンツェ近郊のガルッツォにあるエマのシャルトル会修道院。[3,4,5] この修道院において彼が発見した理想的共同体の姿は、モダニズムの建築言語という範疇を超えたひとつの古典ともいってよい規範を彼に与えて、そのイメージは終生変わることはなかった。個室が2層に重なって集合し、その集合が中庭と結ぶ関係性によって生まれる共同体としてのモデルは、マルセイユを代表とするユニテ・ダビタシオンの集合住宅にも反映されているし、後に実際に修道院を設計することになったラ・トゥーレット、そして死の直前まで取り組んでいたヴェネツィアの病院のプロジェクトにまでその影響を見ることができる。また、彼の建築的なヴォキャブラリーの中でも最も特徴的な、屋外に設えられたテーブルによって外部をあたかも内部のように見せるという場の作り方も、実はエマの修道院の中庭で発見したものなのである。この、屋外のテーブルは1925年レマン湖畔に建てた両親のための「小さな家」[6]で

3

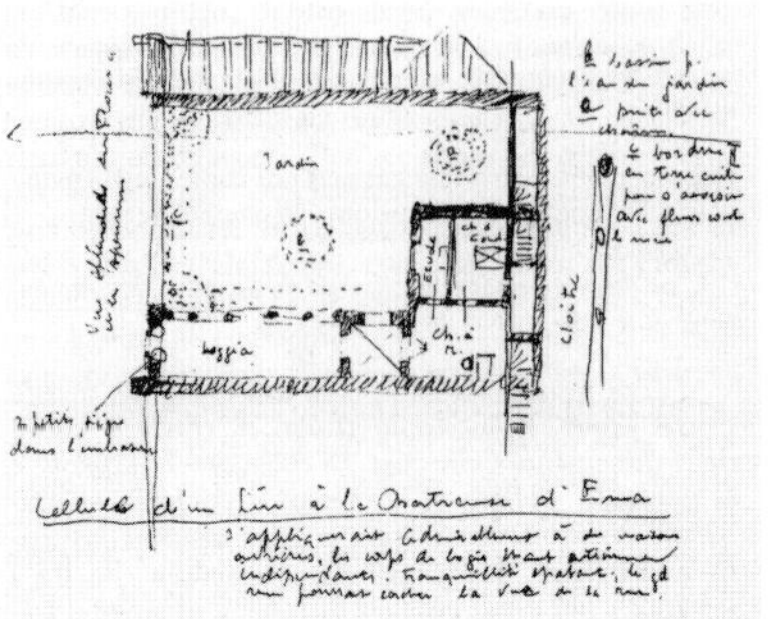
4

5

6

実に効果的に用いられ、その後もサヴォワ邸（1931年）の2階屋上庭園[7]に現れ、そして遠くインドのアーメダバードにおける繊維織物業協会[8]（1956年）のエントランス横にも使われているのだ。

そして、ギリシャのアクロポリス[9][10]。彼は3週間の間毎日パルテノンを訪れさまざまな光のもとでスケッチを重ねた。そのランドスケープの中での佇まいは彼に普遍性への志向へと訴えかけ、「崇高な数学」の具現化と考え、その厳密な秩序を近代の象徴である機械へと重ね合わせたのである。10年後、彼はル・コルビュジエという名前を世界的に有名にすることになる著作『建築をめざして』[11]の中でパルテノンを自動車と併置させ、「精神の純粋な創造としての建築」と述べている。かつてエコール・デ・ボザールといったアカデミズムしか連想することのできなかった「古典」という言葉に、こうして新しい意味が与えられることになった。ロンシャンの教会のための小高い丘の上の敷地を見たル・コルビュジエは、建築へのアプローチの方法にアクロポリスのランドスケープを応用させている。

そして、ハドリアヌス帝のヴィラ。廃墟となりレンガがむき出しとなったその単純な壁面に落ちる光と影の戯れ、特にセラペウムのグロットの劇的なトップライト・システムを彼はスケッチしている[12]。光と影。この建築における普遍的な二元論が、自由な形態の陰影を際立たせる。山中をくりぬくカタコンベのような構成をもつサント＝ボーム計画[13]。かつてマグダラのマリアがパレスチナから移り住んだというドミニク派の聖地に、彼は岩をくりぬいてバシリカを埋め込もうとする。光は、通気孔を兼ねて地表に掘り進められた竪穴からわずかに差し込むだけだ。その筒状の採光システムを、ル・コルビュジエは自分が40年前にスケッチしたハドリアヌス帝のヴィラによって説明する。その採光装置がロンシャン[14]では光の塔を構成し、ラ・トゥーレットではキャノン・リュミエール[15]（光の大砲）へと変容していくのだ。

彼が旅を通して何かを発見し、それが彼の建築に深い影響を与えたのは、まだル・コルビュジエがシャルル＝エドゥアール・ジャンヌレだった若き日々だけではない。1929年に飛行船ツェッペリン号で南米へ講演旅行に出かけ、サン＝テグジュペリの操縦する飛行機で上空から見たうねる大地と河川の姿の強烈な印象[16]は、その後の建築、都市計画に大胆な曲線が持ち込まれるひとつのきっかけをもたらしている。また1931年、1934年のアルジェへの旅行では、街の中にひとつも直線のないガルダイヤ[17]の街並みに強烈な印象を受けてスケッチ

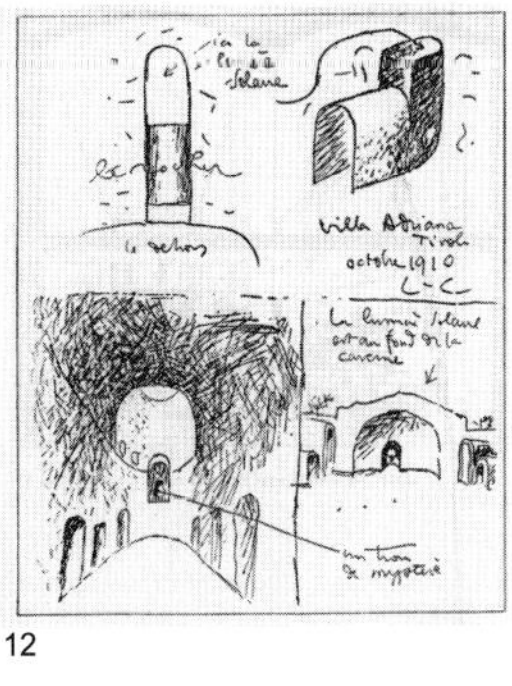

12

Cliché Albert Morancé. Parthénon, de 447 à 434 av. J.-C.

Le standart est une nécessité.
Le standart s'établit sur des bases certaines, non pas arbitrairement, mais avec la sécurité des choses motivées et d'une logique contrôlée par l'expérimentation.
Tous les hommes ont même organisme, mêmes fonctions.
Tous les hommes ont mêmes besoins.
Le contrat social qui évolue à travers les âges détermine des classes, des fonctions, des besoins standarts donnant des produits d'usage standart.
La maison est un produit nécessaire à l'homme.

11

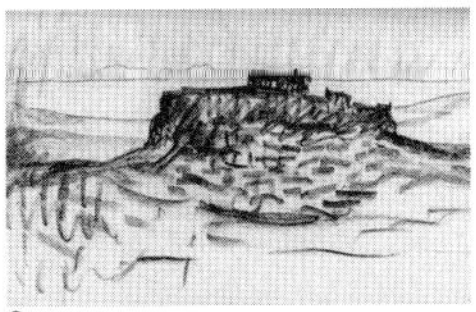
9

10

7

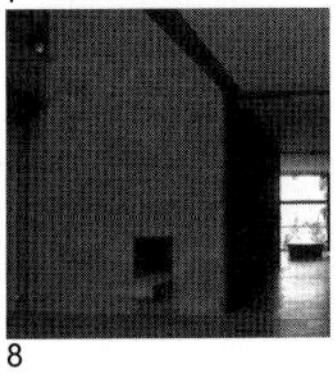
8

をし、その時のスケッチがなければひょっとしたらロンシャンの教会は今のわれわれが見るような姿にはならなかったのではないかとすら考えることができるからだ。

彼の二元論的思考はカルテジアン・グリッドの中に自由に展開する曲面という彼好みのモティーフ[18]も生み出していく。初期の住宅の中では階段室であった曲線は、後の規模の大きな建物の中では会議室へと姿を変えていくのだ。形態はけっして機能から純粋に導き出されているわけではない。スイス学生会館に現れた曲線がその後自由に動き始めることが、彼の後期作品群の大きな特徴となっていく。「直角の詩」を賛美し、精密、標準といったモダニズムの教義を顕揚したル・コルビュジエのピュリスムの中にふと現れた影のような曲線。その曲線体は彼の後期作品群の中で増幅されていく。1920年代の「現代都市」「輝く都市」ではバロック的な直線によって構成されていた都市計画においても、1930年代に入ってからはアルジェの計画のように曲線が多用されるようになる。彼が「詩的感応を呼ぶオブジェ」と呼んでいた、カップ・マルタンの海辺で拾い集めた貝殻、流木、石は、そのまま巨大なスケールに増幅され、ロンシャンの教会へと変貌する。同時に地中海世界の一部として重要な意味を持っていた北アフリカ、ガルダイヤの集落（そこには直角などひとつもない）の記憶も埋め込まれる。ル・コルビュジエ自身はロンシャンの屋根を「ロングアイランドで拾った蟹の甲羅」と説明しているのだが、ル・コルビュジエのイメージのアマルガムはそれほど単純なものではあるまい。

そして旅を可能にさせてくれる自動車、航海客船、飛行機といった近代の発明も、ル・コルビュジエにとっては新しい建築を構想する上で大きなイメージ・ソースとなっていた。『建築をめざして』の中でパルテノンと併置させたドゥーラージュ自動車は、ル・コルビュジエにとっては「部分と全体」の緊密な関係を象徴するイコンであったし、自らも自動車の設計を手掛けたこともあるほどだ。[19]また『飛行機』と題する著作も発表し、1929年には飛行機に用いられる流線型のパイプをシャルロット・ペリアンと共同してデザインしたテーブルの脚に用いたりもしている。なかでも航海客船は近代的な清潔さ、モビリティによるインターナショナルなイメージなどから、水平の連続窓、デッキ、煙突などといったヴォキャブラリーによって、その後も繰り返し用いられるイコンとなった。航海客船は新しい時代の共同体の象徴にすらなっていたのである。「近代建築の5原則」のひとつ、水平連続窓は航海客船そのものであるし、特に1920年代における白の時代のヴィラには、客船をイメージさせる建築形態が随所

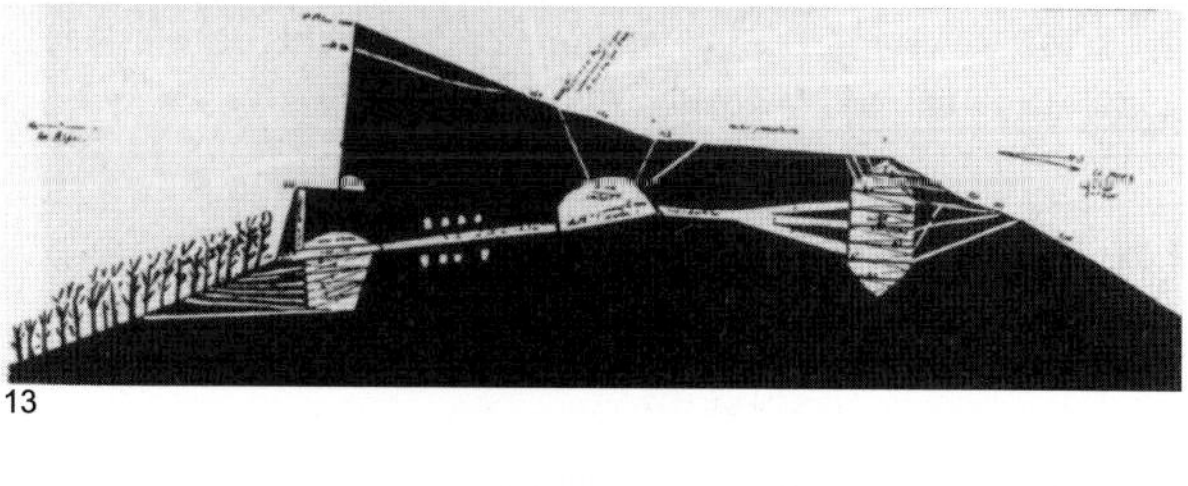
13

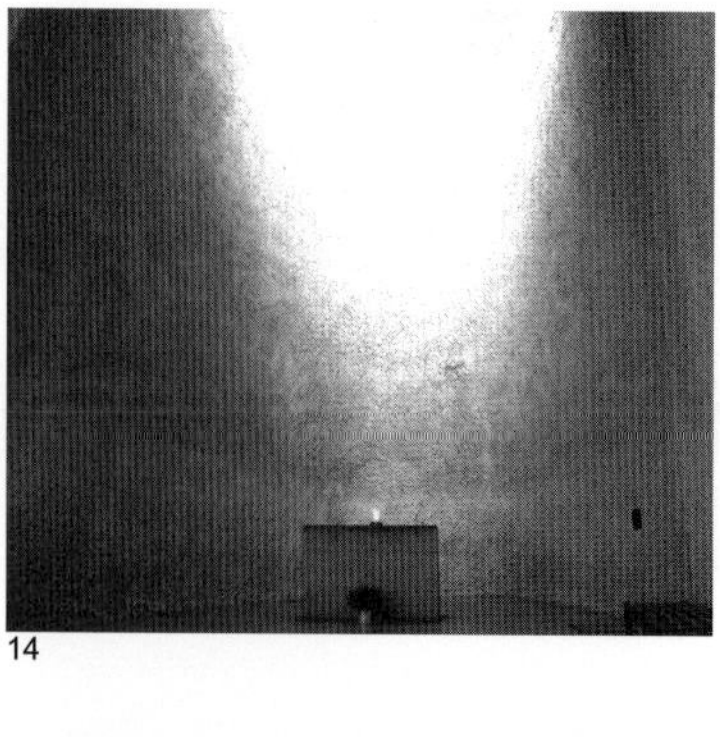
14

に用いられている。そして戦後に実現させたユニテ・ダビタシオンの巨大な姿は、マルセイユという都会の中に浮かぶ共同体としての航海客船[20]をイメージさせるものだといってよいだろう。

架構形式の探求＝起源への遡行

もちろんル・コルビュジエの建築への道程は旅だけから得られたのではない。これはオーギュスト・ペレからの影響も大きかったのだと思うが、彼は歴史を学びながら、おそらくロージェの「始原の小屋」[21]に触発されて、建築を成立させる架構形式というものに深く惹きつけられていく。旅というものが異なる気候、風土、文化の中での建築の多様なあり方へと目を開かせるものであり、場所・空間をめぐる移動という文字通りの旅であったとすれば、彼の架構形式への興味は、歴史への遡行でもあるし、同時に近代以降に開発された鉄やコンクリートといった新しい材料による構造形式の生み出す未来の建築の姿を構想するという意味で、時間をめぐるメタフォリカルな旅だったのではないか、と考えることができる。

1908年、当時まだそれほど一般的ではなかった鉄筋コンクリート造による新しい集合住宅のデザインに取り組んでいたオーギュスト・ペレの事務所に入所し、鉄筋コンクリートという新しい建設技術に取り組んで15か月間働いていたし、1910年にはベルリンでペーター・ベーレンスの事務所で5か月間働いている。彼が建設技術と架構形式との関係にことさら興味を抱いたのは、もともと工学的な教育を受けることができなかったことの裏返しなのかもしれない。第一次世界大戦で破壊された街を復興させるための住宅大量生産システムとしてのドミノ・システムの開発は、ペレの「架構を把握しなさい、そうすれば芸術を把握できる」という言葉に導かれている。この「近代建築の5原則」をほぼ完璧に予言しているドミノ・システムからスタートしたル・コルビュジエの架構形式への興味は、白の時代を代表するサヴォワ邸の完成からしだいに変質し、テンション材を導入した、より軽やかなシステムへと変質していく。リエージュに計画されたフランス館[22]（1939年）のバルーン構造のような屋根に始まり、「ポルト・マイヨー50」計画における展示パヴィリオン[23]（1950年）ではテンション材により屋根にはより浮遊感が与えられ、ブリュッセルにおけるフィリップス館[24]（1958年）ではもはや水平垂直の部材は消え去るまでになっていく。また、ドミノ・システムはインドの灼熱の気候の中で日陰を生み出すパラソルの主題へと変化し、チャンディガールの博物館ではコンクリートを素材として、そしてチューリッヒの展示パヴィリオンではまったく同じ形態を鉄骨に

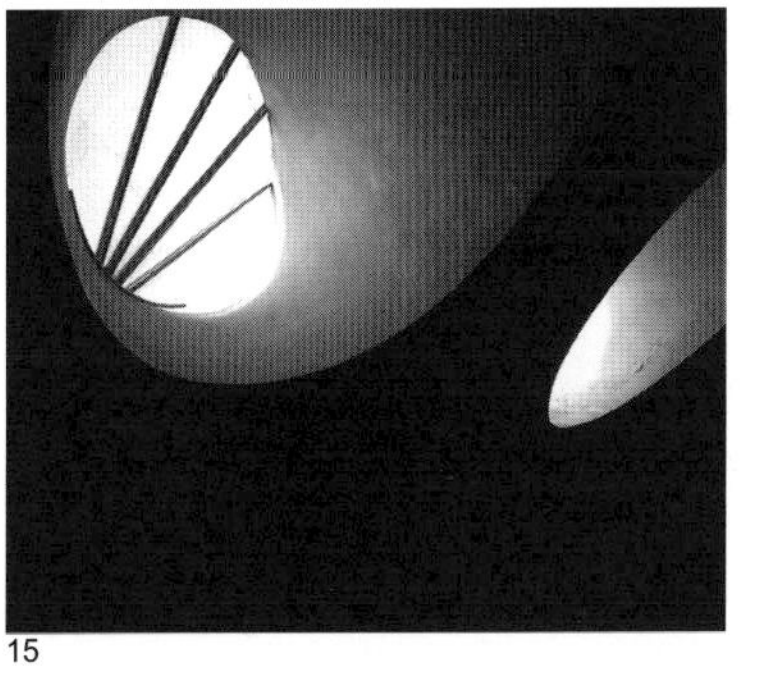
15

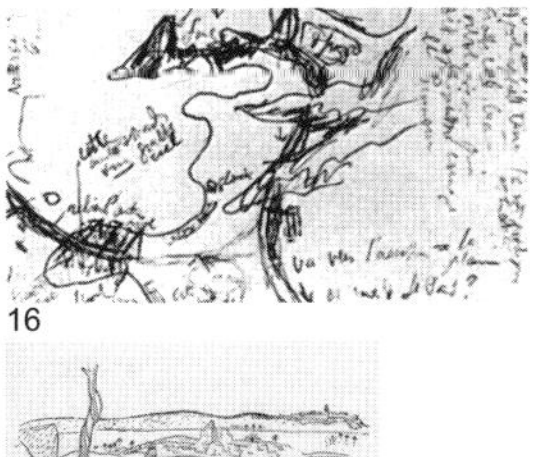
16

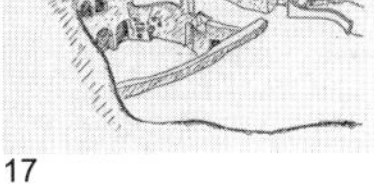
17

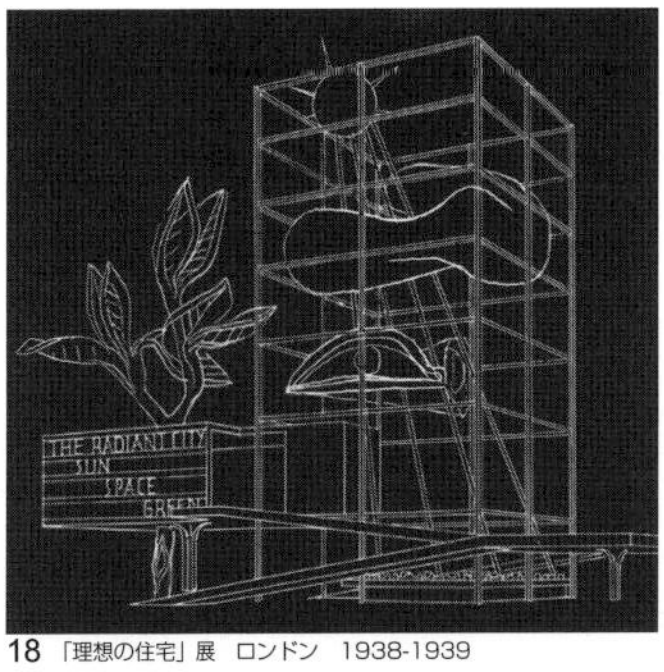

18 「理想の住宅」展　ロンドン　1938-1939

よって、互いに反転したパラソルの主題として結実していく。インドの気候風土の中で、ル・コルビュジエはこのパラソルの主題にいっそう確信を持つようになった。彼の架構システムは2つの様相を示す。1つは規則正しい測定可能な直線的連続体として、もう1つはそれと正面から対立する非合理的で、主観を媒介としない偶然的な匿名物として生成される秩序として。両者を同時に作動させる装置として彼の架構システムは存在する。

言語の形容を超えた空間へ

こうして旅をめぐるル・コルビュジエの建築家としての形成を振り返ると、彼が展開させる主題、すなわち自然の中に隠された秩序、部分と全体の関係性、数学的秩序、共同体の原型、ランドスケープと建築との一体化、架構システムという起源への遡行、といったテーマがほとんどすべて現れていることにあらためて驚かされる。ル・コルビュジエを生み出した背景は、さまざまなリヴァイヴァリズムが19世紀に展開したことと決して無縁ではない。歴史を発見した近代にあって、すべての時代、場所を等価に見る視点をようやくわれわれは獲得しつつあったからだ。しかし、産業革命以降の近代が科学的と呼ばれる思考の下で一義的に決定されてきた中で、この建築家の神話的思考はついに理解されることはなかった。彼がジッグラトの形態を用いたムンダネウムの世界美術館を発表した時、彼はモダニズムを裏切ったかのように非難された。だがはたして彼は一体誰を裏切る必要があったのか。そうした非難は、ある時期においてはモダニズムが建築ではなく、イデオロギーの闘争であったことを逆照射する。ル・コルビュジエにとってイズムとしてのモダンはアカデミズムと同じ彼岸に立つものでしかない。

ル・コルビュジエのこうしたイメージのアマルガムを陳腐なパスティシュから区別するものは一体何だろうか。それは、彼が建築のプログラムをつねに原理に立ち返って見直し、人が集まるということの起源へと遡行しようとするからだ。起源への遡行。それは建築において様式という同一性を保証する足場を外し、その機能を無化する働きに他ならない。その先に、彼は架構システムを発見する。様式に固められた建築の中から架構システムを抽出したこと、それはゴシックを様式としてではなく構造の合理性から再評価したヴィオレ＝ル＝デュックからの影響ももちろん否定できないし、紛れもなく現代の技術が可能にした大きな成果なのだが、彼の構想力はその抽出された架構を世界の中に再び投企し、自然あるいは歴史の中から再び発見しようとする。社会の中の制度としての建築を離れ、彼はたとえば寺院が生まれた時の始原

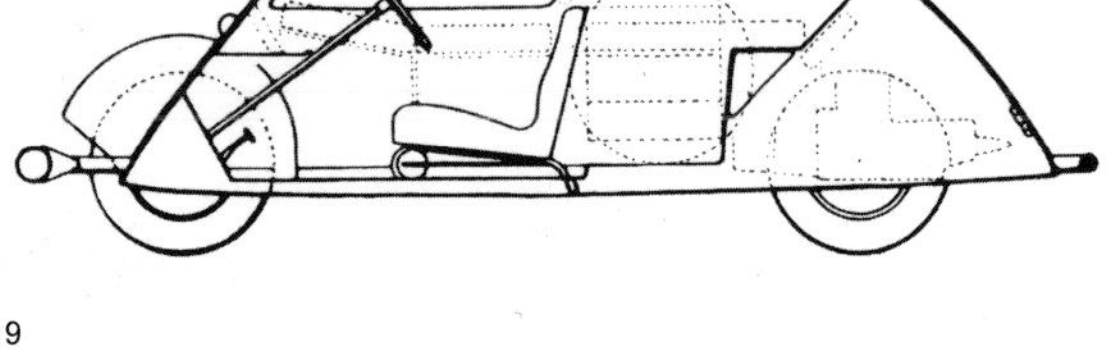
19

20

21 1755年

的な架構を想像する。それが現代のコンクリート構造によってドミノ・スケルトンへと翻訳される。コンクリートの独立柱と無梁板によって構成された架構形式はもちろん彼の発明ではない。しかし、彼はそこに初めて空間の可能性を発見したのだ。

かつて、イタリアの建築史家マンフレッド・タフーリは『建築神話の崩壊』の中で、ミース・ファン・デル・ローエの《図像を空虚でいかような充填も行いうるような純粋形態に還元してしまい、オブジェを系列的に反復されていくプロセスの中へと埋没させていく》というタイプと対比させながら、こう述べたことがある。

《もうひとつはル・コルビュジエがそうであったように、建築を恒久的な《全体劇場》と、つまり現実を《言語の形容を越えた空間》の中で炸裂せしめうるような新しいオブジェとしてしまうことである》（藤井博巳・峰尾雅彦訳、1981年）。

その「言語の形容を越えた空間」は、建築という形をとる以前にル・コルビュジエのキャンバスの上にも展開していた。よく知られているように、ル・コルビュジエはセーブル街35番地にある設計事務所に行く前に、午前中は自宅のアトリエにこもって絵画に没頭していた。画家オザンファンとの交流によって始まったレスプリ・ヌーヴォーの時代にはグラスやビンといった工業製品が主要なモティーフとなっていたのが、次第に彼はカップ・マルタンの海岸で拾い集めた貝殻、流木、小石、骨といったより有機的な形態へと興味を移していく。レスプリ・ヌーヴォー館で、当時流行していたラリックのガラス器に挑戦するかのように化学実験のフラスコを花瓶として置き、単一の機能を目的として生産された工業製品をこれ以上ないほど賛美した人物が、その対極にあるといってもよい自然界の名もないオブジェを絵画のモティーフとするようになっていたのである。ル・コルビュジエにとっての絵画と建築の関係は、もちろんアトリエで試された形態を事務所へ持ち込むといった直接的なものではない。それはむしろ建築を離れて、自分の指先から生まれる形態のメタモルフォーゼの中に新しい意味を見い出すための発見のプロセスであった。さまざまな類推作用によって、異なる形態の上に同じ意味を見い出すこと、あるいは逆に同じ形態の上に異なる意味を展開させること。ル・コルビュジエの精神の中では、建築と絵画はある瞬間にまったく等価なものとなる。同様に、ひとつの建築の中でも細部と全体は、スケールとはかかわりなくまったく等価な意味を持ちうる。

パラソルとブリーズ・ソレイユ

インドへの旅に戻ろう。インドの亜熱帯気候において光と影の持つ意味は、北ヨーロッパと

22

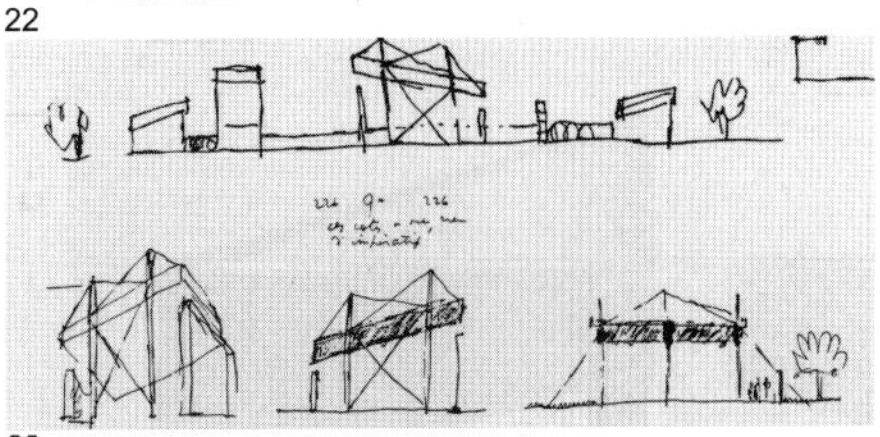
23

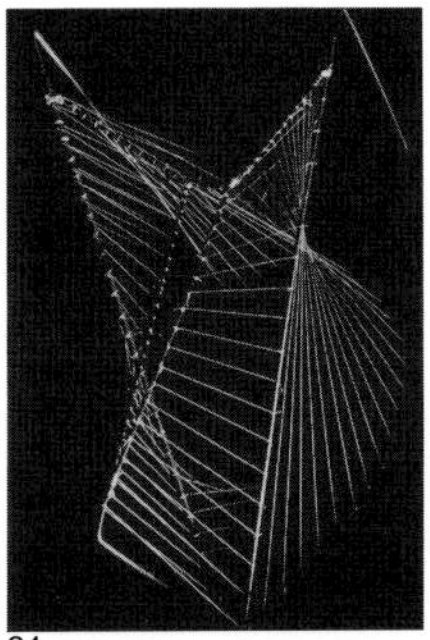
24

はまったく逆転する。通風を確保しながら影を生み出すことが、人間のための環境として最も快適なのだ。パキスタンが分離した後の新生インド、パンジャブ州の州都チャンディガールにおいて、ル・コルビュジエは影を生み出すことをその主題とした。それが建築的にはパラソルとブリーズ・ソレイユに翻訳される。光の中に影を生み出すこと。それは、逆の見方をすれば光によって蝕まれた闇を復権させることなのかもしれない。ル・コルビュジエがそれまで自己の中に蓄積してきたイメージは、チャンディガールでの都市計画において爆発的に展開する。架構システムから展開したパラソルの主題はインドの灼熱の気候風土の中ではきわめて有効であり、デリーにあるレッド・フォートの建築群のようなインドの伝統的建築からの影響も受けて、かつてない規模で展開した。

ル・コルビュジエはインド各地を旅行し、モンスーン気候や酷暑への対応に思考を巡らせた。ヴァナキュラーな建物やコロニアル様式のベランダ、ムガール様式のパヴィリオンのロッジア、ヒンドゥー教寺院の回廊などを研究し、スケッチ[25]を重ね、そこから何か時代を超えた普遍的な建築タイプを発見しようとした。中でも、極限にまで柱を削られて天蓋を軽やかに浮かび上がらせているパヴィリオン[26]に彼は最も惹き付けられていた。そうしたインドの歴史的建築からの、パラソルのヴァリエーションとしてのいくつかの引用を首都の計画の中にはっきりと読み取ることができる。高等裁判所[27]全体を包む、アーチ状のシルエットを反復する巨大なシェルターと、デリー近郊にあるレッド・フォートのディワーニー・アーム[28]の構成との類似は偶然のものとは考えにくいし、総合庁舎[29]のスカイラインを縁どるパヴィリオンはファテプールシクリ[30]の構成から明らかに影響を受けている。

こうした歴史との対話は、インドだけにとどまるものではない。彼がかつて訪れた地中海に面した国々の建築が記憶の中から呼び出される。『建築をめざして』の中ですでに述べていたように、パルテノンはもちろんのこと、ローマのパンテオン、ヴィラ・アドリアーナ[31]、あるいはポンペイのフォーラム[32]、イスタンブールのハギア・ソフィア寺院、そしてミケランジェロのサン・ピエトロ寺院をはじめとした諸作品に、時代を超えた「建築」としか呼びようのない情景を彼は見い出していたのである。例えば、議事堂正面のポーティコや裁判所の屋根全体を支持する巨大な列柱の生み出す空間などには、ポンペイのフォーラムのコロネード[33]（列柱廊）の記憶がはっきりと刻印されていると考えてよい。議事堂と裁判所を結ぶ４００メートルもの長さに及ぶ瞑想のプロムナードに配置されたサンクン・ガーデンや土盛りされたマウンド、池、

25

26

27

28

そしてそれらと複雑に絡み合うさまざまなオブジェも、ローマ郊外ティボリの起伏に富んだ地形の中にオブジェ・タイプが散在するヴィラ・アドリアーナ[34]の廃虚となったランドスケープの記憶が埋め込まれている。

しかし、こうした出典を探ることはあくまで副次的なことに過ぎない。重要なのは、引用された対象を特定し、それに特権的な意味を与えることではなく、過去から選びとられた建築的要素が、ある部分は切り捨てられ抽象化されたり、またある部分はそのスケールを異なる文脈の中で極端に肥大化されたりすることによって、与条件としてのプログラムや敷地の持つ気候風土と巧妙に呼応しながら開かれた総体を形成していく、そのプロセスにある。

こうしたインドの文法の探究のプロセスの中に、彼自身のモダニズムの出発点となったドミノ・スケルトンや、彼がすでにいくつかのプロジェクトで展開させていた地中海のヴァナキュラーなスタイルでもあるモノルの浅いヴォールトが融合していったのである。パラソルの主題はもちろんインドの伝統的建築において独特のスカイラインを形成するパヴィリオンに多くを負っていると考えてよいのだが、1本の柱が1枚のスラブを支持するという形式は、建築の架構形式を柱と床スラブだけに還元したドミノ・ハウスのシステムの最小の単位と考えることもできる。このパラソルの主題がリニアに展開することによってポーティコを形成し、直線上に並んだ柱は、古典的といってもよいコロネードを形成する。さらに、パラソルの単位がグリッド状に展開することによって再びドミノ・システムへと戻り、形態の3次元的なメタモルフォーゼは完結する。この主題が首都の施設全体にさまざまなスケールで反復されることによって、議事堂の中央のホールに林立する無梁版構造のマッシュルーム・コラムさえも、それはコンクリート構造の配筋の納まりによって決定されるごく普通の円錐形でありながら、このパラソルの主題を模倣し反復するものとして見えてこざるを得ない。

このプロセスが、ある形態が最初に持っていた意味を切断し、それを異なる意味体系の中へ投げ入れるという意図的な操作と、その操作がもたらす意味の偶発性に密接に結び付いていることは言うまでもない。そこでは事物の意味はその論理的帰結からずれを起こし、決してひとつの場所にとどまることはない。選択されたモティーフの反復とそのメタモルフォーゼの中で、そのモティーフの起源が何であったのかすらもはや問題ではなくなる。

パラソルの主題から出発したオブジェは首都

29

30

の計画のあらゆるスケールにわたって展開し反復され、さまざまな意味を吸収し重合させながら驚くほど複雑な多面体へと膨張していく。パラソルの主題の反復の中でおぼろげに姿を現す全体性。そのプロセスの不確実性、非決定性がル・コルビュジエにとって、建築と世界とを結び付ける一つの装置として作動し始める。近年ようやく完成した「開かれた手」と「影の塔」は、ル・コルビュジエがチャンディガールで展開した建築言語をシンボリックに表現したオブジェとして、最も重要なものだといってよいだろう。「開かれた手[35]」はパラソルの主題を象徴的に表現したものだといってよいし、「影の塔[36]」はブリーズ・ソレイユを純粋なオブジェとして表現したものである。「影の塔」のスラブを支持する、コンクリート打放しのブリーズ・ソレイユのフィンの方向は、太陽の運行を正確に計算しその軌跡を反映する形で決定されたと説明されている。このように天体の運行を正確な数学的手続きによって建築的構成に置換するという手法は、18世紀当時の最も進んだ天文学的知識の集大成として計画されたデリーのヤンタール・マンタール[37]から明らかに影響を受けているといってよい。

　ブリーズ・ソレイユは、基本的にはル・コルビュジエがアルジェでのいくつかのプロジェクトにおいてすでに十分に検討したヴォキャブラリーの延長線上に位置付けることができる。チャンディガールにおいては、立面のテクスチュアとしてさらに自由で精緻な展開を示し、特に総合庁舎[38]の2層吹抜けの階高を持つ大臣のゾーンを一般事務スペースと区別することによって生まれたブリーズ・ソレイユの複雑な変奏は、ル・コルビュジエの作品の中でも最も美しい立面のひとつだといってよい。

　チャンディガールにおける形態のメタモルフォーゼは、議事堂の漏斗状の形態[39]に最もシンボリックに現れる。そのシルエットは、サバルマティ川の冷却塔[40]から直接的な影響を受けていることが彼自身のスケッチブックに残されているし、スケールはまったく異なるが、暖房室として用いられていたジュラの農家の煙突[41]の記憶もそこには重ねられていると考えてよいだろう。スカイラインを構成する頂部は、インドでスケッチした雄牛[42]（このモティーフはヨーロッパのシュルレアリストの間で神話的な意味を担っていたミノタウロスでもある）の角や、牛車の車輪の軸受けの形態[43]のイメージに重ね合わせることができる。太陽への身振りとして表現された頂部のシンボルは、望遠鏡が発明される以前に天体観測所として建設されたヤンタール・マンタール（それは太陽、月、星の運行が視覚的に表現された彫刻庭園という様相を呈している）からも影響を受けていると考えてよいだろう。

31

32

33

34

35

この漏斗状の形態は、後に単独でフィルミニのサン・ピエール教会[44]のプロジェクトにおいても反復される。形態は与えられたプログラムとは無関係にア・プリオリに存在し、同じ形態が異なる機能にあてられる。既存のビルディングタイプは、人が集まるという意味を根源にまで遡って問いかけることにより、すべてが留保され解体される。そうした制度の中に巧妙に仕組まれた関係性を解き放つことがル・コルビュジエの官能性だといってよい。

彼は、近代建築への批判としてではなく、近代の余白に向けて建築を組織するために歴史を遡行する。そうした意味の革命にとって、歴史との対話がきわめて重要な役割を果たすことを彼は示したのである。もちろん、それが近代建築には欠落していた細部の豊かさとかの復権や気候風土への対応の知恵といった近代建築の脚注としてではない。タフーリが述べたように現実そのものを「言語を超えた空間の中」で解体し再構築したのである。世界という混沌は、ル・コルビュジエという針の穴を通して再び混沌たる世界へと拡散する。パラソルの主題は、インドの歴史的な、またヴァナキュラーな建築のひとつのエッセンスとして位置付けられながら、それが西欧社会も含んだ文脈の中で別の意味を付与されることで、逆にそれがインド全体に新しい意味体系を付与する。歴史から抽出されたインドの文法が、逆に彼のオブジェによって象徴されることにより、意味が循環を始める。見慣れたはずのパースペクティヴが微妙に歪みはじめる。

ル・コルビュジエがわれわれに残したもの、それは放っておけば今にも無定形の中に拡散していきかねない中間的なオブジェとして提示されている。しっかりとした足場を与えてくれる様式（だが、社会の中で本当に安定した様式といったものがかつて存在したのだろうか）という同一性の梯子を外して、とめどなく落下していくような、どこまでも滑っていくような、距離感や安定性をなくした無定形な空間の中に、決然として生きること。無と無限とが体のすみずみにまで侵入し、浸透してくる感覚に耐えながら、つねに途上であるようなプロセスとしての生を実現してみせること。そうした稀有な存在としてル・コルビュジエは生き続ける。

既知の風景の中に亀裂を生み出すこと。近代の虚構との戦いは、ル・コルビュジエにとっても、かつての自分自身との戦いであった。彼は英雄的な身振りを誇張し、詭弁とも言える自己の論理の徹底的な正当化を行って、時代が要請した英雄像を引き受け、自己を神話化しようとした。さまざまな矛盾を認識していながら、矛盾を矛盾として提示することなく、あの「住む

36

37

38

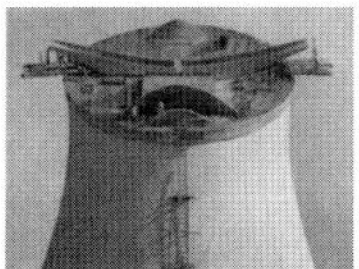
39

40

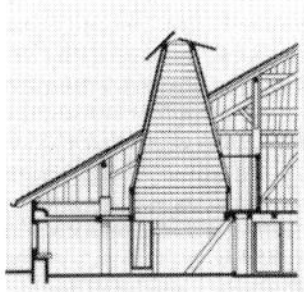
41

42

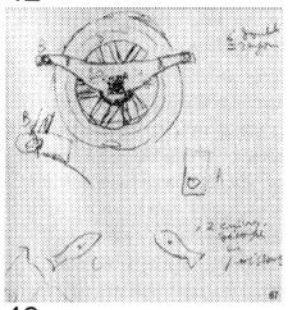
43

ための機械」という言葉に代表されるような一見論理的なプロパガンダでその矛盾を糊塗しようとしたのである。バウハウス、デ・スティル、シュプレマティスムといった全ヨーロッパで展開した運動と平行して、ル・コルビュジエは歴史的意味を剥奪することで空間の純粋性、絶対性を表現しようとした。それはもちろん現実を超えた世界を喚起する力を持っていたのだが、同時に現実の世界から目を背けて虚構を捏造する身振りでもあったのだ。

しかし、彼が現実を見つめる視線は、ある理念の不備をことさらあげつらい問題を提起するといった近代のジャーナリスティックな視線とはついに同調することはなく、むしろ現実が理念の不確実性を逆照射する、いわば唯物論的な視線であった。現実は常に言葉を超えるという認識。そこには慣習的な意味に疑義を差し挟み解体しようとする強い意志があり、同時に多様な意味の共存を認める自由で寛容な意識がある。あらゆる瞬間にル・コルビュジエは事物との直接的な対応をわれわれに迫っているのだ。ル・コルビュジエとは誰か、という問いかけ。それはル・コルビュジエから何かを学ぶことができるといった受動的な姿勢ではあるまい。ル・コルビュジエの生を生きることとは、彼の精神の自由な働きをわれわれ自身に重ね合わせることで、その干渉の縞模様を観測することでしかない。そしてそれは、いつでも、自分自身への問いかけなのだ。

アポロンの恋をついに受け入れることのできなかったダフネが父なる河の神ペネウスの力によって月桂樹に身を変えたように、ル・コルビュジエはひとつのパラソルのメタモルフォーゼの中に世界の生成を模倣させた。多くの形成原理を確実に共有していながらどれひとつとして同じ個体を生み出すことのない樹木。その事実にあらためて感動することができず、あらゆる微差を生み出しながら偶然の支配する世界に対して、意味を与えずにはいられない近代の人間の不安。一本の樹木にまさる建築はない。ル・コルビュジエは、ラ・ショー・ド・フォンで何度もスケッチをした、その一本の樹木[45,46]への嫉妬として建築を組織したのだと想像することもできる。

《**ソクラテス**　まさしくそこだ。私は海の打ちあげた物の一つを見つけたのだ。白い物、この上もなく純白の。なめらかで、堅くて、優美で、軽い。それはすべすべした砂、黒くてところどころ光っている砂の上に、日の光を受けてかがやいていた。私はそれを取り上げ、息を吹きかけ、外套で拭いた。するとその異様な形は、私のほかの考えを全部停止させてしまった。誰がお前を作ったのか、と私は考えた。》（ポール・ヴァレリー『エウパリノス』伊吹武彦訳）

44

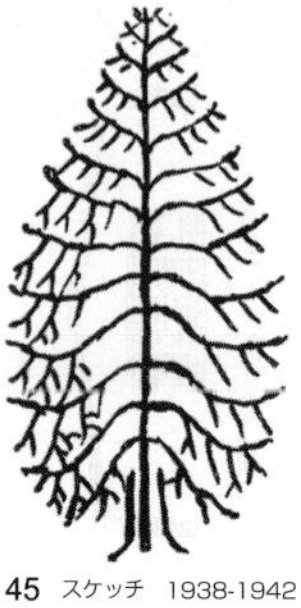
45 スケッチ 1938-1942

46 オーバスＥ 超高層ビル スケッチ

資料編

ル・コルビュジエをもっと知るための読書案内

そもそもル・コルビュジエ自身の著作の数も多いのであるが、近代建築史に影響を与えた建築家の中でもル・コルビュジエは特に人気が高く、多くの研究書が出版されている。１９８７年の生誕１００年の際には大規模な展覧会が開かれ出版ブームであったが、その後ル・コルビュジエ財団による資料整理がさらに進んだこともあり、２００７年には生誕１２０年を記念して展覧会が開かれ、ル・コルビュジエに関する出版物の数は増加する一方である。近年はル・コルビュジエのブック・デザインだけにテーマを絞った本が出版されるなど、ル・コルビュジエに対する興味は建築以外の分野も巻き込んでさらに高まっていることがわかる。

１／ル・コルビュジエ自身の編集による建築作品全集を見る

ル・コルビュジエを知るためには、まず彼自身が編集をした全集をじっくり見ることが基本となる。かつては吉阪隆正訳で『ル・コルビュジエ全作品集』（全8巻、A.D.A.EDITA Tokyo、１９７９年）を読むことができたが、現在は残念ながら絶版のため入手は難しい。ただ原書、*Le Corbusier OEuvre complete*, W.Boesiger, Les Edition d'Architecture Zurich（英仏独併記）は現在でもほぼ出版された当初の姿で購入できるので、是非参照していただきたい。サヴォワ邸は第1巻（1910-29）に掲載されている。

ル・コルビュジエ文献リスト（各カテゴリー内は原則的に出版年順）

ル・コルビュジエ自身による著作

Le Corbusier OEuvre complete, W.Boesiger, Les Edition d'Architecture Zurich, 1970
『ル・コルビュジエ全作品集』（右記の邦訳）、
　全8巻、吉阪隆正訳、A.D.A.EDITA Tokyo、１９７９
『今日の装飾芸術』ＳＤ選書10、ル・コルビュジエ、前川國男訳、鹿島出版会、１９６６
『建築をめざして』ＳＤ選書21、ル・コルビュジエ、吉阪隆正訳、鹿島出版会、１９６７
『建築へ』、ル・コルビュジエ＝ソーニエ、樋口清訳、中央公論美術出版、２００３
『ユルバニズム』ＳＤ選書15、ル・コルビュジエ、樋口清訳、鹿島出版会、１９６７
『近代絵画』ＳＤ選書26、Ａ・オザンファン、Ｅ・ジャンヌレ、吉川逸治訳、１９６８
『輝く都市』ＳＤ選書33、ル・コルビュジエ、坂倉準三訳、鹿島出版会、１９６８
『アテネ憲章』ＳＤ選書１０２、ル・コルビュジエ、吉阪隆正編訳、鹿島出版会、１９７６
『モデュロールＩ』ＳＤ選書１１１、ル・コルビュジエ、吉阪隆正訳、鹿島出版会、１９７６
『モデュロールII』ＳＤ選書１１２、ル・コルビュジエ、吉阪隆正訳、鹿島出版会、１９７６
『三つの人間機構』ＳＤ選書１３８、ル・コルビュジエ、山口知之訳、鹿島出版会、１９７８
『四つの交通路』ＳＤ選書１４２、ル・コルビュジエ、井田安弘訳、鹿島出版会、１９７８
『建築十字軍――アカデミーの黄昏』、ル・コルビュジエ、井田安弘訳、東海大学出版局、１９７８
『東方への旅』ＳＤ選書１４８、ル・コルビュジエ、石井勉訳、鹿島出版会、１９７９
『住宅と宮殿』ＳＤ選書１５４、ル・コルビュジエ、井田安弘訳、鹿島出版会、１９７９
『エスプリ・ヌーヴォー［近代建築名鑑］』
　ＳＤ選書１５７、ル・コルビュジエ、山口知之訳、鹿島出版会、１９８０
『プレシジョン（上）』
　ＳＤ選書１８５、ル・コルビュジエ、井田安弘・芝優子訳、鹿島出版会、１９８４
『プレシジョン（下）』
　ＳＤ選書１８６、ル・コルビュジエ、井田安弘・芝優子訳、鹿島出版会、１９８４
『伽藍が白かったとき』、ル・コルビュジエ、生田勉・樋口清訳、岩波書店、１９５７
『伽藍が白かったとき』岩波文庫、ル・コルビュジエ、生田勉・樋口清訳、岩波書店、２００７
『小さな家』、ル・コルビュジエ、森田一敏訳、集文社、１９８０
『建築家の講義 ル・コルビュジエ』、
　ル・コルビュジエ、岸田省吾監訳、櫻木直美訳、丸善、２００６
『ル・コルビュジエの手帖――東方への旅』、
　ル・コルビュジエ、中村貴志・松政貞治訳、同朋社出版、１９８９
『ル・コルビュジエの手帖――ドイツ紀行』、
　ル・コルビュジエ、佐々木宏訳、同朋社出版、１９９５
『ル・コルビュジエの画帳――ラ・ロッシュのアルバム』
　ル・コルビュジエ、佐々木宏監訳、同朋社出版、１９９７
Le Corbusier: text and sketches for ronchamp, Rohe Bolle Reddat, 1997
Voyage d'Orient: Carnets, Electa architecture, Fondation L.C., 2002
LE POEME DE L'ANGLE DROIT, Le Corbusier, CIRCULO DE BELLAS ARTES, 2006

2／ル・コルビュジエ自身の著作を読む

ル・コルビュジエ自身の主要な著作はほとんど邦訳されているが、その中でも特に薦めたいのは『建築をめざして』（吉阪隆正訳、鹿島出版会、1967年）と『東方への旅』（石井勉訳、鹿島出版会、1979年）の2冊である。オザンファンと共に編集した『レスプリ・ヌーヴォー』誌に掲載した論文をまとめた『建築をめざして』は、彼がル・コルビュジエという名前を最初に用いた本であり、パルテノン神殿と自動車を等価なものとして並べ、来るべき建築の姿を宣言した書として彼の名声を世界的なものにした。2003年には原著のレイアウトをほぼ忠実に再現した『建築へ』（樋口清訳、中央公論美術出版）も出版されている。『東方への旅』は彼が24歳の時の旅の記録で、彼の生涯を決定づけた建築体験が語られている。死の前年に加筆され、まるで遺書のようにまとめられて彼の最後の著作となった。

3／評伝を読んで全貌を理解する

彼の生涯を詳しく追うためには評伝を参考にしたいが、なるべく手軽にということであれば『ル・コルビュジエ──終わりなき挑戦の日々』（ジャン・ジャンジェ、遠藤ゆかり訳、創元社、2006年）、そして『ル・コルビュジエを見る』（越後島研一、中央公論新社、2007年）の2冊が入門編としてふわさしい。前者はテキストは最小限にとどめながら図版が豊富でル・コルビュジエの全貌をつかみやすいし、後者は建築の形態分析に定評のある著者が一般向けの新書としてまとめたもので、ル・コルビュジエの日本への影響なども的確にまとめられている。もう少し詳しくということであれば、『ル・コルビュジエの生涯─

ル・コルビュジエ評伝

『ル・コルビュジエ』
　SD選書144、チャールズ・ジェンクス、佐々木宏訳、鹿島出版会、1978
『ル・コルビュジエの生涯──建築とその神話』
　スタニスラウス・フォン・モース、住野天平訳、彰国社、1981
『ル・コルビュジエ──理念と形態』
　ウィリアム・J・R・カーティス、中村研一訳、鹿島出版会、1992
『ル・コルビュジエ』パルコ美術新書、ノルベルト・フーゼ、安松孝訳、PARCO出版、1995
『ル・コルビュジエ──終わりなき挑戦の日々』
　ジャン・ジャンジェ、藤森照信監修、遠藤ゆかり訳、創元社、2006
『ル・コルビュジエ──機械時代における建築の叙情性 1887-1965』
　ジャン＝ルイ・コーエン、大野千鶴訳、TASCHEN、2006
『ル・コルビュジエ──機械とメタファーの詩学』
　アレグザンダー・ツォニス、繁昌朗訳、鹿島出版会、2007
Le Corbusier, Kenneth Frampton, Thames & Hudson, 2001

ル・コルビュジエに関する研究書

『ル・コルビュジエのペサック集合住宅』
　フィリップ・ブードン、山口知之・杉本安弘訳、鹿島出版会、1976
『ル・コルビュジエ断章』、佐々木宏、相模書房、1981
『ル・コルビュジエ』20世紀思想家文庫10、八束はじめ、岩波書店、1983
『ル・コルビュジエと私』、吉阪隆正、勁草書房、1984
『ル・コルビュジエ──幾何学と人間の尺度』建築巡礼12、富永譲、丸善、1989
『ル・コルビュジエの建築──その形態分析』
　ジェフリー・ベイカー、中田節子訳、鹿島出版会、1991
『ル・コルビュジエ建築設計資料集成・作品データ 日本語訳』
　アレン・ブルックス監修、アレクサンダー・ツォニス編、松政貞治訳、同朋社出版、1991
『建築形態の世界──ル・コルビュジエへ』建築巡礼28、越後島研一、丸善、1996
『マスメディアとしての近代建築──アドルフ・ロースとル・コルビュジエ』
　ビアトリス・コロミーナ、松畑強訳、鹿島出版会、1996
『ル・コルビュジエ ラ・トゥーレット修道院』
　セルジオ・フェロ、シュリフ・ケバル、フィリップ・ポティエ、シリル・シモネ共著、中村好文監修、
　青山マミ訳、TOTO出版、1997
『ル・コルビュジエ カップ・マルタンの休暇』
　ブルノ・カンプレト、中村好文監修、石川さなえ・青山マミ訳、TOTO出版、1997
『建築形態論──世紀末、ペレ、ル・コルビュジエ』、越後島研一、丸善、1998
『ル・コルビュジエと日本』、高橋栄爾・鈴木博之・三宅理一・太田泰人編、鹿島出版会、1999
『再発見／ル・コルビュジエの絵画と建築』、林美佐、彰国社、2000
『ル・コルビュジエとはだれか』、磯崎新、王国社、2000
『巨匠への憧憬──ル・コルビュジエに魅せられた日本の建築家たち』、
　佐々木宏、相模書房、2000

—建築とその神話』（スタニスラウス・フォン・モース、住野天平訳、彰国社、１９８１年）と『ル・コルビュジエ——理念と形態』（ウィリアム・J・R・カーティス、中村研一訳、鹿島出版会、１９９２年）の2冊を薦めたい。モースの著作はル・コルビュジエの死後3年目に出版され、おそらくル・コルビュジエの最初の評伝であるが、関係者の生の声が多く収録されており、紙面から伝わる活き活きとした雰囲気は現在でも貴重な記録となっている。カーティスの著作は拙訳であるが、ル・コルビュジエ財団による資料の整理が一段落した後の総括的な研究としては最も信頼のおけるものだといってよい。

4／建築を読み解くための参考書として

ル・コルビュジエに関する研究書は多くあるが、建築作品としてどのように読み解いていくことができるかという可能性を追求したという意味においては、富永讓氏の研究が最も示唆に富む。専門的な内容になってしまうが、彼の一連の研究をまとめた『ル・コルビュジエ 建築の詩——12の住宅の構成』（富永讓、鹿島出版会、２００３年）は是非参照していただきたい。

5／実際に自分の目で見る

建築はいつでもそうであるが、現地に出かけ、自分自身の目で作品を見ることが最も重要である。サヴォワ邸はほぼいつでも見ることができる。ル・コルビュジエ作品を見て回るためのガイドブックとしては、『ル・コルビュジエを歩こう』（吉野弘、エクスナレッジ、２００２年）に地図や見学が可能かどうかなどの必要な情報がまとめられている。またギャルリー・タイセ

『ル・コルビュジエの全住宅』、
東京大学工学部建築学科安藤忠雄研究室編、TOTO出版、2001
『リアリテ ル・コルビュジエ「建築の枠組」と「身体の枠組」』、
富永讓監修、TOTO出版、2002
『ル・コルビュジエ／創作を支えた九つの原型』、越後島研一、彰国社、2002
『ル・コルビュジエを歩こう——現存36作品完全ガイド・フランス編』、
吉野弘、エクスナレッジ、2002
『ル・コルビュジエ 建築の詩——12の住宅の空間構成』、富永讓、鹿島出版会、2003
『ル・コルビュジエの勇気ある住宅』、安藤忠雄、新潮社、2004
『ル・コルビュジエのインド』、彰国社編、彰国社、2005
『知られざるル・コルビュジエを求めて』、佐々木宏、王国社、2005
『ル・コルビュジエの手』、
アンドレ・ヴォジャンスキー、白井秀和訳、中央公論美術出版、2006
『サヴォワ邸』、山名善之、バナナブックス、2007
『ル・コルビュジエを見る』中公新書1909、越後島研一、中央公論新社、2007
『愛と悲しみのル・コルビュジエ』、市川智子、彰国社、2007
『ル・コルビュジエ事典』、ジャック・リュカン監修、加藤邦男監訳、中央公論美術出版、2007
THE VILLAS OF LE CORBUSIER 1920-1930,
Tim Benton, Yale University Press, 1987
PORTE EMAIL : Emaljeporten : Le Corbusier, Palais de l'Assemblée de Chandigarh,
Morgens Krustrup, Arkitektens Forlag, 1991
Le Corbusier's Villa Savoye, Guillemette Morel-Journel, Patrimoine, 1998
Le Corbusier : La Villa Savoye, Jacques Sbriglio, Birkhauser, 1999
Walking through Le Corbusier: A Tour of His Masterworks,
Jose Baltanas, Thames & Hudson, 2005
LE CORBUSIER.ARCHITECT OF BOOKS, Catherine De Smet, Lars Muller Publishers, 2007
『ル・コルビュジエの家具』現代の家具シリーズ2、
レナード・デ・フスコ、横山正訳、A.D.A. EDITA Tokyo、1978
LE CORBUSIER PLANS（DVDによるル・コルビュジエのスケッチ集）、Echelle-1 / Fondation Le Corbusier、丸善、2007

ル・コルビュジエ特集の雑誌
『総特集 ル・コルビュジエ』ユリイカ臨時増刊、青土社、1988
『ル・コルビュジエ』建築文化、no.600、彰国社、1996年10月号
『ル・コルビュジエを発見する』10+1、no.10　INAX出版、1997
『特集 誰にでもわかるル・コルビュジエ』カーサブルータス、マガジンハウス、2000年4月号
『特集 ル・コルビュジエ百科』建築文化、no.651、彰国社、2001年2月号
『ル・コルビュジエ——建築・家具・人間・旅の全記録』、エクスナレッジ、2002
『ル・コルビュジエの優雅な洞窟』、エクスナレッジ、2002年2月号
『ル・コルビュジエ——パリ、白の時代』、エクスナレッジ、2004

イのアーカイヴには林美佐氏による「ル・コルビュジエおでかけガイドブック」があり、大変参考になる。

6／近代建築史の中での位置付けを知る

さらにル・コルビュジエの近代建築史での位置付けを考えるためには、建築史あるいは建築批評に関する本を読む必要があるが、第1章「サヴォワ邸」でも述べたように『建築の多様性と対立性』（ロバート・ヴェンチューリ、伊藤公文訳、鹿島出版会、1982年）と『マニエリスムと近代建築』（コーリン・ロウ、伊東豊雄・松永安光訳、彰国社、1981年）はサヴォワ邸という作品を読み解き、ル・コルビュジエを理解するための必読書といってよいだろう。

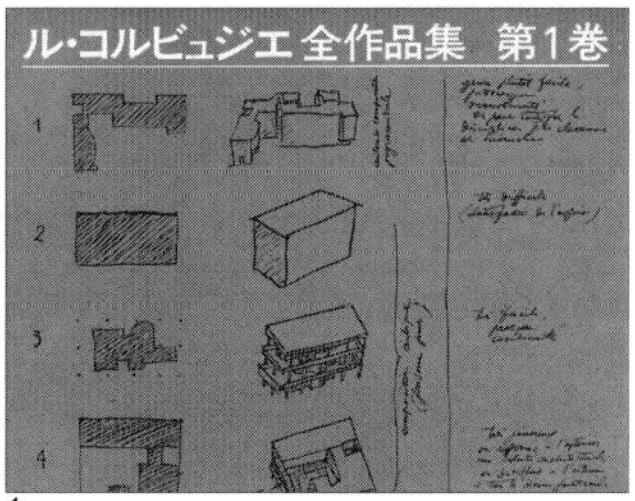

1

2

3

4

5

1：『ル・コルビュジエ全作品集』全８巻、吉阪隆正訳、A.D.A.EDITA Tokyo、1979
2：ル・コルビュジエ＝ソーニエ『建築へ』樋口清訳、中央公論美術出版、2003
3：ウィリアム・J.R.カーティス『ル・コルビュジエ――理念と形態』中村研一訳、鹿島出版会、1992
4：富永譲『ル・コルビュジエ 建築の詩――12の住宅の空間構成』鹿島出版会、2003
5：コーリン・ロウ『マニエリスムと近代建築』伊東豊雄・松永安光訳、彰国社、1981

『特集ル・コルビュジエ』ユリイカ、青土社、２００７年５月号
『特集ル・コルビュジエ　美術と建築のマリアージュ』美術手帖、美術出版社、２００７年６月号
『特集ル・コルビュジエ　開かれた建築』、DETAIL JAPAN、リード・ビジネス・インフォメーション、２００７年７月号
『ル・コルビュジエの教科書』カーサブルータス、マガジンハウス、２００７年８月号

展覧会カタログ

『ル・コルビュジエ展』、日本建築学会ル・コルビュジエ展実行委員会、１９８９
『知られざるル・コルビュジエ展』、大成建設、１９９１
『ル・コルビュジエ展カタログ』、毎日新聞社、１９９６
『ル・コルビュジエ――建築とアート、その創造の軌跡』、リミックスポイント、２００７
ギャルリータイセイの一連のル・コルビュジエ展カタログ
Le Corbusier : Peintre, Galerie Beyeler, 1971
LE CORBUSIER : Il viaggio in Toscana, Cataloghi Marsilio, 1987
Le Corbusier : Das grafische Work, Heidi Weber, 1988

ピエロ・デッラ・フランチェスカ

『ピエロ・デッラ・フランチェスカ』、アンリ・フォシヨン、原章二訳、白水社、１９９７
『ピエロ・デッラ・フランチェスカの謎』、カルロ・ギンズブルグ、森尾総夫訳、みすず書房、１９９８
『ピエロ・デッラ・フランチェスカ』、マリリン・アロンバーグ・レーヴィン、諸川春樹訳、岩波書店、２００４
『ピエロ・デッラ・フランチェスカ』、石鍋真澄、平凡社、２００５

その他の研究書

『中心の喪失――危機に立つ近代芸術』、ハンス・ゼードルマイヤー、石川公一・阿部公正訳、美術出版会、１９６５
『空間・時間・建築』１・２、ジークフリード・ギーディオン、太田實訳、丸善、１９６９
『マニエリスムと近代建築』、コーリン・ロウ、伊東豊雄・松永安光訳、彰国社、１９８１
『建築の多様性と対立性』SD選書１７４、ロバート・ヴェンチューリ、伊藤公文訳、鹿島出版会、１９８２
『近代建築の空間再読――〈巨匠の作品〉にみる様式と表現』、富永譲編著、彰国社、１９８６
『現代建築解体新書』、富永譲＋法政大学富永研究室編、彰国社、２００７
Modern Architecture, Alan Colquhoun, Oxford University Press, 2002

ル・コルビュジエのアーカイヴ

ル・コルビュジエ財団 FONDATION LE CORBUSIER
http://www.fondationlecorbusier.asso.fr/
ギャルリー・タイセイ　http://www.taisei.co.jp/galerie/index.html

年表1 ル・コルビュジエ作品年表

ル・コルビュジエの主な作品（計画）を取り上げ、計画開始年と竣工年（終了年）を明示した。上下のカテゴリー区分で、作品（計画）の種別を表した。なお、作品の開始年と竣工年（終了年）は基本的にDVDル・コルビュジエプランズに依拠し、中村・村瀬が適宜修正を加えた。

構成＝中村研一＋村瀬良太

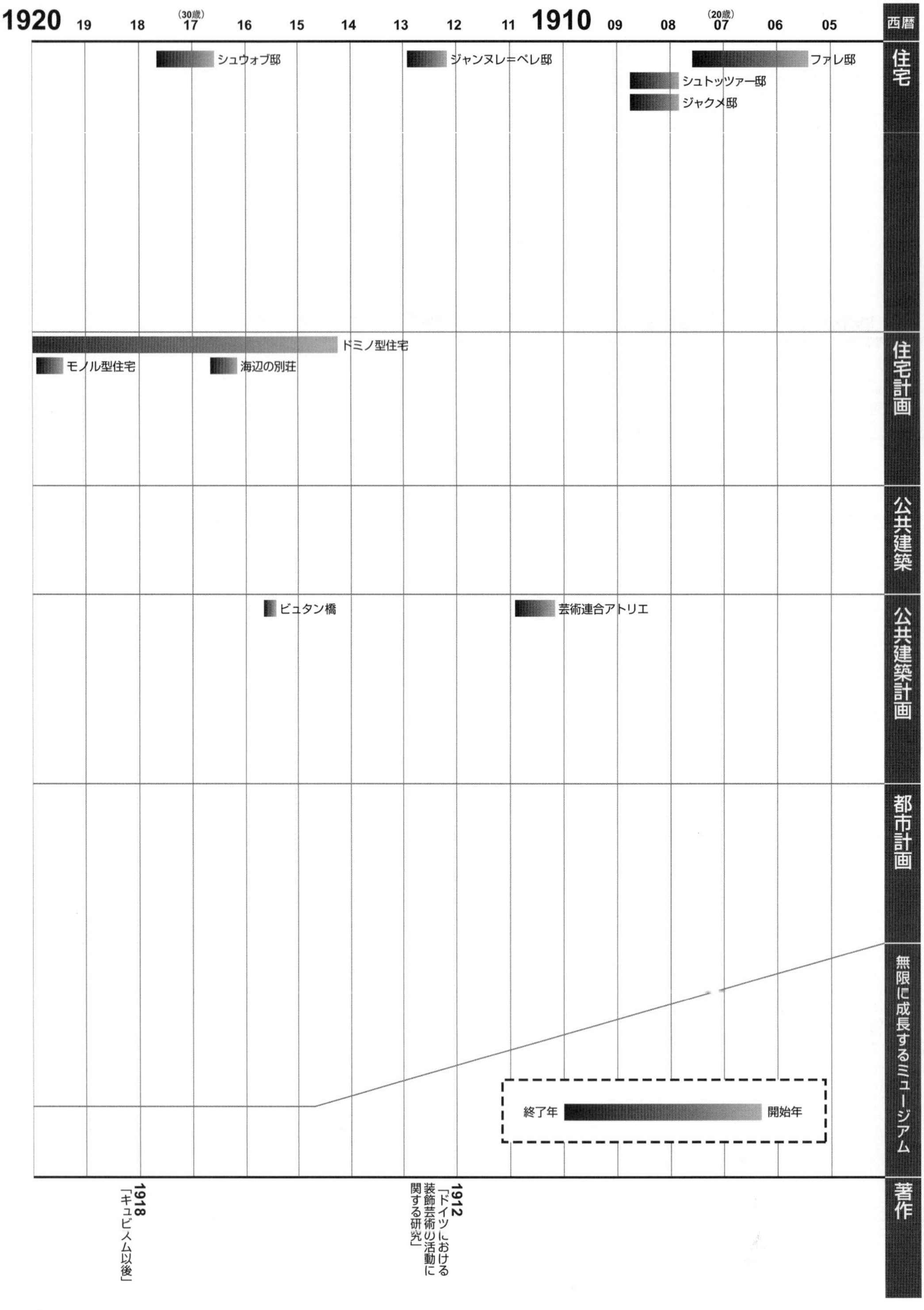

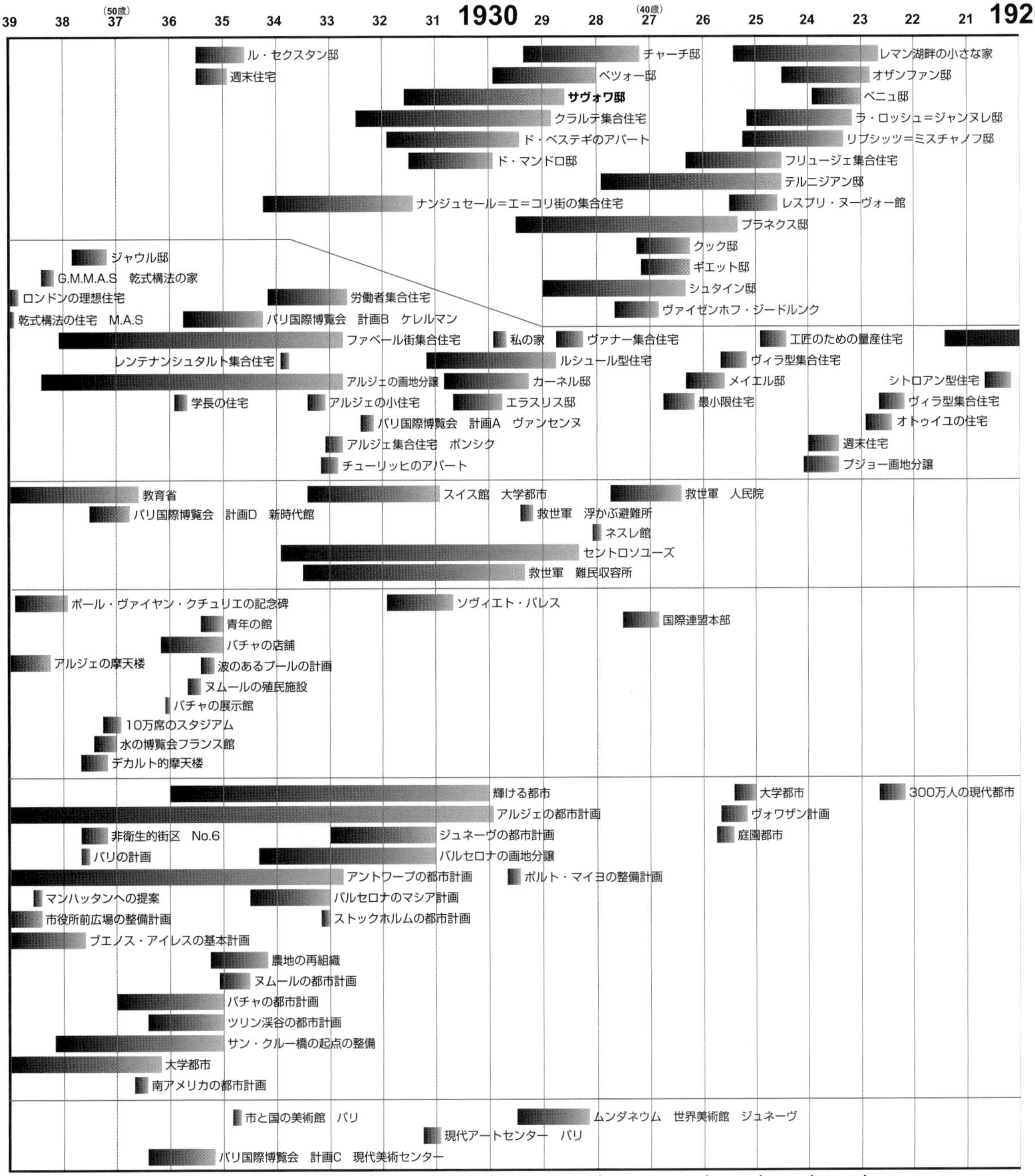

1923「建築をめざして」

1924「ユルバニスム」

1925「近代絵画」「今日の装飾芸術」「近代建築名鑑」

1926「機械時代の建築」

1928「住宅と宮殿」

1930「プレシジョン」

1933「建築十字軍―アカデミーの黄昏」

1935「輝く都市」

1937「伽藍が白かったとき」「絵画及び彫刻との関係における合理主義建築の傾向」

1938「大砲？銃弾？結構です、どうぞ住宅を」

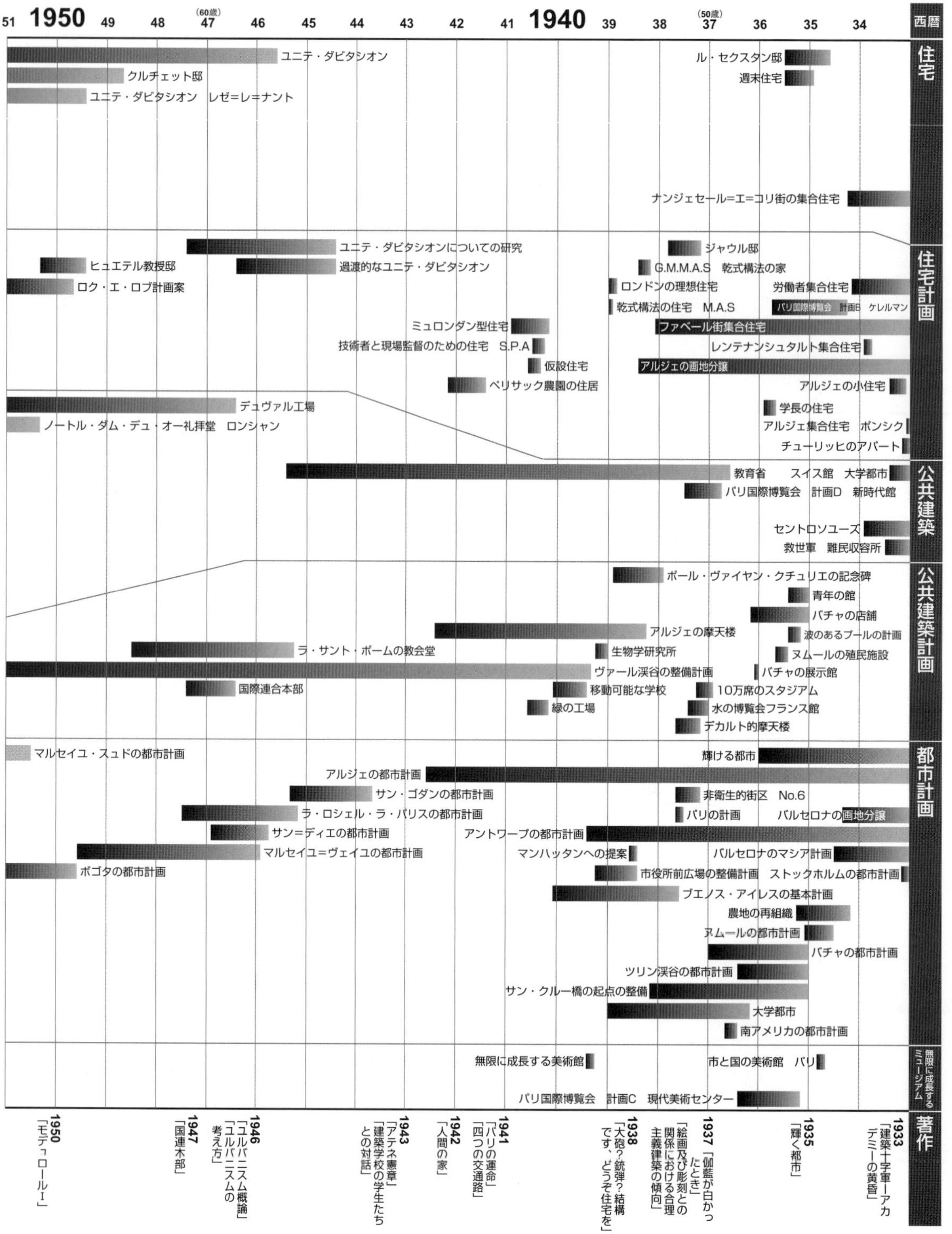

51 1950 49 48 (60歳) 47 46 45 44 43 42 41 1940 39 38 (50歳) 37 36 35 34
西暦
住宅
ユニテ・ダビタシオン
クルチェット邸
ユニテ・ダビタシオン　レゼ=レ=ナント
ル・セクスタン邸
週末住宅
ナンジェセール=エ=コリ街の集合住宅
住宅計画
ユニテ・ダビタシオンについての研究
ヒュエテル教授邸
過渡的なユニテ・ダビタシオン
ロク・エ・ロブ計画案
ジャウル邸
G.M.M.A.S　乾式構法の家
ロンドンの理想住宅
労働者集合住宅
乾式構法の住宅　M.A.S
パリ国際博覧会　計画B　ケレルマン
ミュロンダン型住宅
ファベール街集合住宅
技術者と現場監督のための住宅　S.P.A
レンテナンシュタルト集合住宅
仮設住宅
アルジェの画地分譲
ペリサック農園の住居
アルジェの小住宅
デュヴァル工場
学長の住宅
ノートル・ダム・デュ・オー礼拝堂　ロンシャン
アルジェ集合住宅　ポンシク
チューリッヒのアパート
公共建築
教育省　スイス館　大学都市
パリ国際博覧会　計画D　新時代館
セントロソユーズ
救世軍　難民収容所
公共建築計画
ポール・ヴァイヤン・クチュリエの記念碑
青年の館
バチャの店舗
アルジェの摩天楼
波のあるプールの計画
ラ・サント・ボームの教会堂
生物学研究所
ヌムールの殖民施設
ヴァール渓谷の整備計画
バチャの展示館
国際連合本部
移動可能な学校
10万席のスタジアム
緑の工場
水の博覧会フランス館
デカルト的摩天楼
都市計画
マルセイユ・スュドの都市計画
輝ける都市
アルジェの都市計画
サン・ゴダンの都市計画
非衛生的街区　No.6
ラ・ロシェル・ラ・パリスの都市計画
パリの計画
バルセロナの画地分譲
サン=ディエの都市計画
アントワープの都市計画
マルセイユ=ヴェイユの都市計画
マンハッタンへの提案
バルセロナのマシア計画
ボゴタの都市計画
市役所前広場の整備計画
ストックホルムの都市計画
ブエノス・アイレスの基本計画
農地の再組織
ヌムールの都市計画
バチャの都市計画
ツリン渓谷の都市計画
サン・クルー橋の起点の整備
大学都市
南アメリカの都市計画
無限に成長するミュージアム
無限に成長する美術館
市と国の美術館　パリ
パリ国際博覧会　計画C　現代美術センター
著作
1950「モデュロールI」
1947「国連本部」
1946「ユルバニスム概論」「ユルバニスムの考え方」
1943「アテネ憲章」「建築学校の学生たちとの対話」
1942「人間の家」
1941「パリの運命」「四つの交通路」
1938「大砲？銃弾？結構です、どうぞ住宅を」
1937「伽藍が白かったとき」「絵画及び彫刻との関係における合理主義建築の傾向」
1935「輝く都市」
1933「建築十字軍―アカデミーの黄昏」

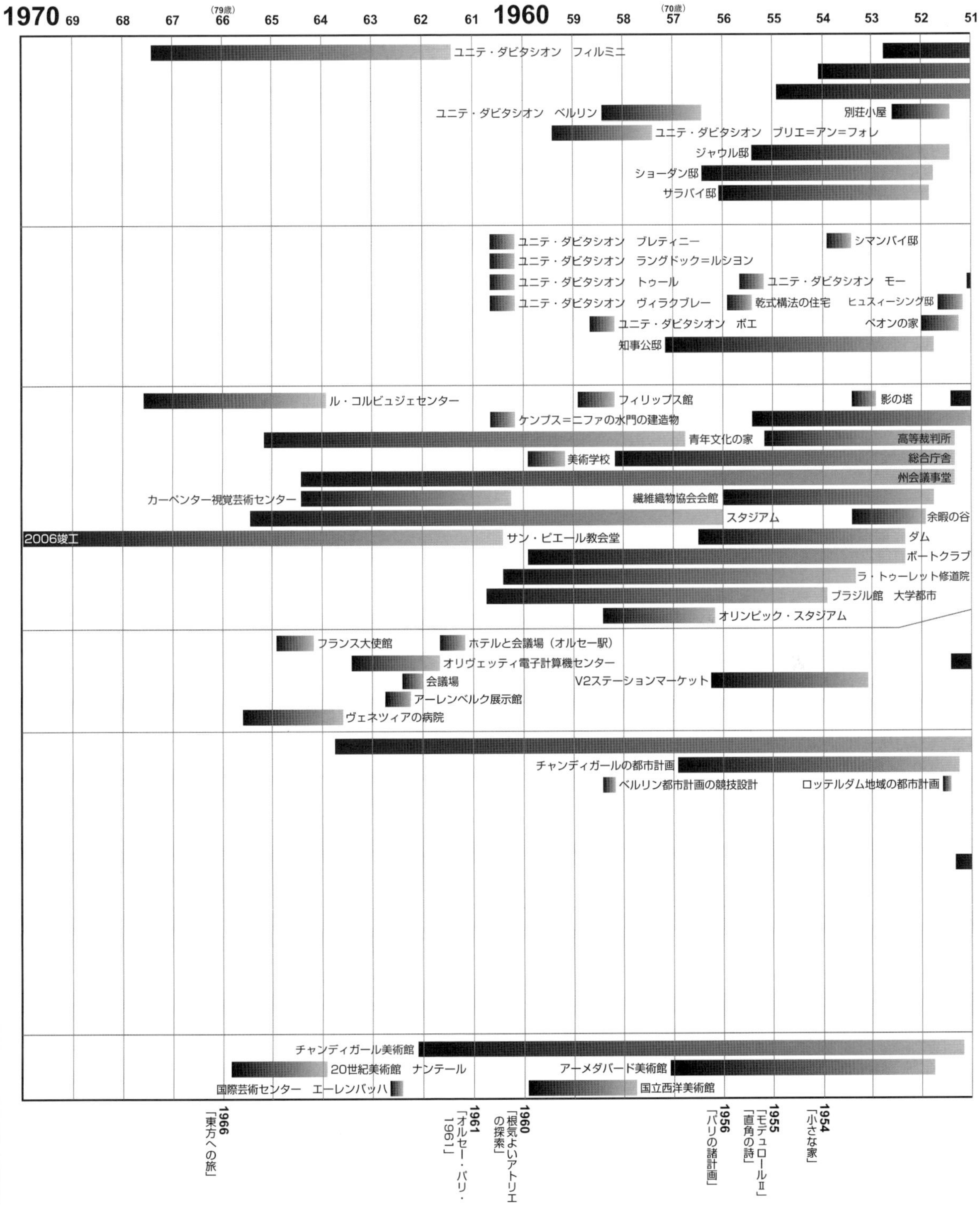
1970
69
68
67
(79歳)
66
65
64
63
62
61
1960
59
58
(70歳)
57
56
55
54
53
52
51
ユニテ・ダビタシオン　フィルミニ
ユニテ・ダビタシオン　ベルリン
別荘小屋
ユニテ・ダビタシオン　ブリエ=アン=フォレ
ジャウル邸
ショーダン邸
サラバイ邸
ユニテ・ダビタシオン　ブレティニー
シマンバイ邸
ユニテ・ダビタシオン　ラングドック=ルシヨン
ユニテ・ダビタシオン　トゥール
ユニテ・ダビタシオン　モー
ユニテ・ダビタシオン　ヴィラクブレー
乾式構法の住宅
ヒュスィーシング邸
ユニテ・ダビタシオン　ボエ
ペオンの家
知事公邸
ル・コルビュジエセンター
フィリップス館
影の塔
ケンプス=ニファの水門の建造物
青年文化の家
高等裁判所
美術学校
総合庁舎
州会議事堂
カーペンター視覚芸術センター
繊維織物協会会館
スタジアム
余暇の谷
2006竣工
サン・ピエール教会堂
ダム
ボートクラブ
ラ・トゥーレット修道院
ブラジル館　大学都市
オリンピック・スタジアム
フランス大使館
ホテルと会議場（オルセー駅）
オリヴェッティ電子計算機センター
会議場
V2ステーションマーケット
アーレンベルク展示館
ヴェネツィアの病院
チャンディガールの都市計画
ベルリン都市計画の競技設計
ロッテルダム地域の都市計画
チャンディガール美術館
20世紀美術館　ナンテール
アーメダバード美術館
国際芸術センター　エーレンバッハ
国立西洋美術館
1966「東方への旅」
1961「オルセー・パリ・1961」
1960「根気よいアトリエの探索」
1956「パリの諸計画」
1955「モデュロールⅡ」「直角の詩」
1954「小さな家」

年表2
ル・コルビュジエとその時代

構成＝中村研一＋村瀬良太

西暦	年齢	ル・コルビュジエ	社会と思想・科学	建築	芸術
1882					ヴァーグナー「パルジファル」(作曲)
1883			ニーチェ『ツァラトゥストラ』	ガウディ「サグラダファミリア聖堂」	ブルックナー「交響曲第7番」(作曲)
1887	0歳	10月6日　シャルル＝エドゥアール・ジャンヌレ　スイス、ジュラ山中のラ・ショー・ド・フォンで、時計職人のジョルジュ＝エドゥアール・ジャンヌレ＝グリとピアノ教師のマリー＝シャルロット＝アメリー・ジャンヌレ＝ペレの間に誕生。			
1888	1歳		ベルグソン『時間と自由』		ゴッホ「アルルの跳橋」(画)
1889	2歳		パリ万国博覧会	エッフェル「エッフェル塔」	パリ万博でガレが最高賞
1890	3歳			ジェニー「マンハッタンビル」	ロートレック、音楽会のポスター制作
1891	4歳	ラ・ショー・ド・フォンの初等学校に入学。		バーナム「モナドノックビル」	
1893	6歳		エジソンが活動写真を発明		ムンク「叫び」(画)
1894	7歳		フロイト『ヒステリーの研究』	サリヴァン「ギャランティビル」	
1895	8歳				リュミエール兄弟「汽車の到着」(映画)
1897	10歳				ゼツェッション（分離派）結成
1898	11歳			オルブリッヒ「ゼツェッション館」	
1889	12歳			マッキントッシュ「グラスゴー美術学校」	
1900	13歳	ラ・ショー・ド・フォン美術学校に入学し、時計装飾のための彫刻と彫金を学び始める。	パリの地下鉄メトロ運行開始		パリ万博で初のトーキー映画上映
1901	14歳		フッサール『論理学研究』		舞踏家ダンカン活動
1902	15歳	トリノ装飾芸術国際展覧会に出品した彫刻懐中時計が入選。ジャンヌレは、この時計を終生大事に持っていた。	ユング『神秘現象の心理学と病理学』	ハワード「レッチワース田園都市」	マーラー「交響曲第5番」(作曲)
1903	16歳		フォード自動車会社設立	ペレ「フランクリン街のアパート」	サティ「梨の形をした三つの小品」(作曲)
1904	17歳	装飾高等科に進学するが、視力に難があることからシャルル・レプラトニエの勧めによって建築に転向。	日露戦争	ガルニエ「工業都市」	ロダン「考える人」(彫刻)
1905	18歳	レプラトニエの紹介により、処女作ファレ邸を設計。地元の建築家ルネ・シャパラと協働。	アインシュタイン『特殊相対性理論』		
1906	19歳			ワーグナー「ウィーン郵便貯金局」	ドイツ工房設立
1907	20歳	6月、ミラノ、フィレンツェをめぐるイタリア旅行に出発。エマのシャルトル会修道院で共同体の理想的形態を見出し、地中海の明るい陽光の下に輝く白い形態に出会う。11月からウィーンに約6か月滞在。	英、仏、露三国協商	オルブリッヒ「結婚記念塔・展示館」	ドイツ工作連盟結成

1908	21歳	ウィーンで建築家ヨーゼフ・ホフマンやアドルフ・ロースらに会い、ユーゲントシュティールや分離派など最新のモードに触れる。2月にパリへ旅行。途中、リヨンの建築家トニー・ガルニエを訪問。パリの建築家オーギュスト・ペレの事務所に入所し約15か月間働く。	ミンコフスキー『空間と時間』	カーン「フォード・ハイランドパーク工場」	ラフマニノフ「交響曲第二番ホ短調」（作曲）
1909	22歳	ペレの影響で鉄筋コンクリート構造に興味を持ち、骨組架構と量産住宅の研究を始める。秋頃、住宅設計のためラ・ショー・ド・フォンに帰郷。学友と「連合アトリエ」を結成。		ライト「ロビー邸」	マリネッティ、未来派宣言
1910	23歳	4月、ドイツ工作連盟視察のためにミュンヘン訪問。この旅行は最初の著作『ドイツにおける装飾芸術運動の研究』としてまとめられた。6月にベルリンのAEGを見学し、設計者のペーター・ベーレンスのアトリエに入所し約5か月間働く。装飾を否定する機械の美学に触れる。		ベーレンス「AEGタービン工場」	ストラヴィンスキー「火の鳥」（作曲）
1911	24歳	後に『東方への旅』としてまとめられることになる約6か月間の旅に出る。アテネのアクロポリスに特に感銘を受ける。帰国後レプラトニエと共に美術学校に新設科を設立し、教鞭をとる。自身の建築設計事務所を開設。	辛亥革命勃発	ホフマン「ストックレー邸」	カンディンスキー「青騎士」展開催
1912	25歳	チューリッヒ、パリへ旅行。	明治天皇没、大正へ改元	ペレ「シャンゼリゼ劇場」	ドビュッシー「牧神の午後」
1913	26歳	ドレスデンの建設博覧会を見学。ヌーシャテル郡のデッサン教授資格を取得。			デュシャン「階段を降りる花嫁」（画）
1914	27歳	5月、美術学校の新設科廃止にともない、教員職を辞する。ケルンに旅行、ドイツ工作連盟展を見学。第一次世界大戦後の復興のための、簡単で大量生産可能な建設システムを考案。「ドミノ型住宅」と命名。	第一次世界大戦	タウト「ガラス・パヴィリオン」	デ・キリコ「街の神秘と不安」（画）
1915	28歳	パリのフランス国立図書館をたびたび訪れ勉強を重ねる。研究を進めていた「ドミノ型住宅」の開発や都市計画のための資料を読みあさる。	アインシュタイン『一般相対性理論』		マレーヴィチ『シュプレマティズム宣言』
1917	30歳	ラ・ショー・ド・フォンでの最後の住宅シュウォブ邸を完成させて、夏頃に故郷を去りパリに拠点を移す。産業企画社を設立。	ロシア二月革命		『デ・スティル』誌創刊
1918	31歳	網膜剥離を患い、左目を失明。土木会社のコンサルタントを勤めるかたわら、建材工場を経営。5月頃、ペレの紹介で画家アメデ・オザンファンと会う。これを期に油彩画を手がけるようになり、12月にオザンファンと共同でトマ画廊にて展覧会を開き「ピュリスム」を宣言。	ドイツ連合国敗戦		ツァラ「ダダ宣言」
1919	32歳	オザンファン、詩人のポール・デルメと共に「レスプリ・ヌーヴォー」を創立。	ヴェルサイユ条約調印	ミース「フリードリヒ街のオフィスビル」	バウハウス発足
1920	33歳	10月『レスプリ・ヌーヴォー』誌を創刊。この創刊号に掲載した論文で、初めてル・コルビュジエと署名。以後、1925年に廃刊されるまで多くの論文を発表し、雑誌編集に情熱を燃やす。キュビスムの画家フェルナン・レジェに会い、生涯親交を結ぶ。	ベンヤミン『暴力批判論』	タトリン「第三インターナショナル記念塔」	オニール「地平線の彼方」（演）
1921	34歳	1月—2月、パリ、ドリュー画廊でオザンファンと共同で個展を開く。1917年に設立した産業企画社が倒産。結局、同社のために考案した「ドミノ型住宅」で特許は取得できなかった。経済的に困窮する中、画商のカーンワイラーや銀行家のラ・ロッシュと出会う。	各国で共産党結成	トルッコ「フィアット自動車工場」	ミース、リシツキーら「G」を結成
1922	35歳	セーブル街35番地に建築設計のアトリエを開設。従兄弟のピエール・ジャンヌレと協働。サロン・ドートンヌに「300万人の現代都市」「シトロアン住宅」を出品。後に妻となるファッションモデルのイヴォンヌ・ガリと出逢う。9月にヴェネツィアとヴィチェンツァへ旅行。	ウィトゲンシュタイン『論理哲学論考』	シカゴ・トリビューン設計競技	シェーンベルク、12音階による作曲方法
1923	36歳	『建築をめざして』を出版、世界的な名声を得る。『パリ・ジャーナル』誌で師のペレと「窓論争」を繰り広げ、紙面を賑わす。パリでドゥースブルフらの展覧会を観覧。自身もジャンヌレ＝オザンファン展を開き、アンデパンダン展にも参加。	ルカーチ『歴史と階級意識』	ライト「帝国ホテル」	
1924	37歳	ジュネーヴ、プラハ、ローザンヌで講演を行う。		リートフェルト「シュレーダー邸」	ブルトン『シュルレアリスム宣言』（著）
1925	38歳	国際装飾芸術展に参加し「レスプリ・ヌーヴォー館」を建設。内部に展示した『ヴォワザン計画』が物議を醸す。秋頃『レスプリ・ヌーヴォー』誌廃刊。オザンファンと袂を分かつ。ペサックの集合住宅で建築の外装に大胆な色彩を導入。	ハイゼンベルクにより量子力学確立		エイゼンシュタイン「戦艦ポチョムキン」（映画）
1926	39歳	父エドゥアール・ジャンヌレが死去。この頃に「近代建築の5原則」を定式化。	大正天皇没、昭和へ改元	グロピウス「バウハウス校舎」	マグリット、シュルレアリスム・グループ結成
1927	40歳	国際連盟のコンペに応募、一等に選ばれるもアカデミズム派の反対により計画案は採用されなかった。ドイツ工作連盟主催のヴァイゼンホフ・ジードルンクに招待され、住宅2棟を設計。この頃からアトリエにシャルロット・ペリアンが参加。	ハイデガー『存在と時間』	フラー「ダイマキシオン・ハウス」	ヴァーレーズ「アルカナ」（作曲）
1928	41歳	6月、CIAM（現代建築国際会議）がド・マンドロ夫人の支援を得てスイス、ラ・サラにて創設される。モスクワ、セントロソユーズのコンペで入賞。ジュネーヴで金属建材製造の若き企業家エドモンド・ヴァナールと出会い、乾式工法へ興味を高める。サヴォワ邸の設計開始。	ソ連が第一次五か年計画実施	アスプルンド「ストックホルム市立図書館」	エッシャー「バベルの塔」（画）

西暦	年齢	ル・コルビュジエ	社会と思想・科学	建築	芸術
1929	42歳	ツェッペリン飛行船で南米へ旅行。各地で講演し12月に客船で帰国。船上でダンサーのジョセフィン・ベーカーと会う。帰国後ペリアン、ピエールと共に家具を製作し「サロン・ドートンヌ」に出展。『ル・コルビュジエ全作品集』第1巻刊行。	世界大恐慌	ミース「バルセロナ・パヴィリオン」	モンドリアン「黄色と黒のコンポジション」（画）
1930	43歳	フランス国籍を取得。モスクワへ旅行しエイゼンシュタインらと会う。ブリュッセルでCIAM第3回総会が開かれる。レジェ、ピエールらとスペイン旅行。12月にイヴォンヌ・ガリと結婚。	ケインズ『貨幣論』	ドイカー「外気学校」	クレール「巴里の屋根の下」（映画）
1931	44歳	サヴォワ邸竣工。ソヴィエト・パレスの指名コンペに招待され、応募するが落選。4月からアルジェへ旅行。講演をこなすかたわら、オビュ計画を練る。その後、ピエールと自動車でスペイン、モロッコ、アルジェ、マルセイユを経由して帰国。	スペイン革命	シャロー「ガラスの家」	
1932	45歳		オタワ経済会議でブロック経済成立		ショスタコーヴィチ「ムツェンスク郡のマクベス夫人」（作曲）
1933	46歳	チューリッヒ大学理学部から名誉博士号授与。アテネで第4回CIAM総会が開かれ『アテネ憲章』が起草される。2月、再び向かったアルジェのカスバで襲われ、負傷。	ナチス政権成立	アールト「パイミオのサナトリウム」	
1934	47歳	イタリアへ旅行。5月、ローマにてムッソリーニの演説を聞き、接触をはかる。7月、トリノのフィアット工場を見学。アルジェ、ガルダイアを頻繁に訪れる。M・D・ゼンガーが「ボルシェヴィズムのトロイの木馬」と題された記事でル・コルビュジエを批判。		フット「ロックフェラー・センター」	小津安二郎「浮草物語」（映画）
1935	48歳	N・ロックフェラーとMoMAの招きでアメリカに講演旅行。チェコスロヴァキアの国際的な実業家バチャと出会い、企業主導による地域計画を提案。	フランス人民戦線誕生	トロハ「マドリッド競馬場」	メシアン「瞑想」（作曲）
1936	49歳	コロンビア大学など北米各地の大学で講演。ニューヨークからパリへ帰国。夏に二度目の南米旅行。リオ・デ・ジャネイロでコスタ、ニーマイヤーらとブラジル教育省の設計について協議。アラゴン、レジェと「レアリスム論争」について鼎談。	スペイン内乱	ライト「落水荘」	ベンヤミン『複製時代における芸術作品』（著）
1937	50歳	「新時代館」がCIAMの後押しでパリ万博で実現。それを記念して第5回CIAM総会は国際展覧会を開く。アルジェ地方計画委員会の委員に就任。春頃、寒中水泳で神経炎にかかり半年ほど床に就く。	日中戦争	テラーニ「サンテリア幼稚園」	ピカソ「ゲルニカ」（画）
1938	51歳	カップ・マルタンにあるアイリーン・グレイ設計の住宅に無断で壁画を描き、以後不仲になる。8月、イエレス沖で船のスクリューに巻き込まれ大怪我をする。	ドイツ、オーストリアを併合	リベラ「マラパルテ邸」	ケージ「プリペアード・ピアノ」（作曲）
1939	52歳	劇作家ジャン・ジロドゥーに会う。	第二次世界大戦	アールト「マイレア邸」	フォード「駅馬車」（映画）
1940	53歳	6月、フランスがドイツに降服しパリが占領されたためにアトリエを閉鎖し、妻イヴォンヌ、ピエールと共にピレネー山麓のオゾンへ避難。ル・コルビュジエはヴィシー政権に接近し、ピエールはレジスタンスに参加したために、長年にわたる協働体制が一旦解消される。	ドイツ、パリ占拠	アスプルンド「森の火葬場」	チャップリン「独裁者」（映画）
1941	54歳	ヴィシーに長期滞在しペタン元帥に接触。フランス都市計画案作成の任務を受ける。	太平洋戦争	ネルヴィ「格納庫」	ギーディオン『空間・時間・建築』（著）
1942	55歳	6月、アルジェの基本計画が最終的に否決される。ASCORAL（建築刷新のための建設者会議）創設。以後、ユニテなどの重要な研究を次々と発展させる原動力となる。	メルロ＝ポンティ『行動の構造』	リベラ「EUR（ローマ万国博覧会）」	ヴィスコンティ「郵便配達は二度ベルを鳴らす」（映画）
1943	56歳	ASCORALでモデュロールの研究に着手。	サルトル『存在と無』		ポロック、初個展
1944	57歳	後にフランス政府復興相となるクロディウス＝プティと出会う。ASCORALでユニテ・ダビタシオンの研究に着手。	連合軍、ノルマンディー上陸／パリ解放		
1945	58歳	ATBAT（建設者のアトリエ）創立。ラ・ロシュル・ラ・パリス地方の主任都市計画家に任命され、サン＝ディエでも復興計画を担当。復興相ラウル・ドートリからユニテ・ダビタシオンの設計を依頼される。アメリカの建築・都市計画の調査のためプティらと渡米。	第二次世界大戦終結		ロッセリーニ「無防備都市」（映画）
1946	59歳	国際連合本部委員会のフランス代表に選ばれ、再び渡米。ニューヨークに長期滞在する。アルバート・アインシュタインに会い、モデュロールについての助言を得る。	日本国憲法公布		ブーレーズ「フルートとピアノのためのソナチネ」（作曲）
1947	60歳	国連本部建築計画を構想。ル・コルビュジエ案をもとにニーマイヤー案が提起されるが、この実施設計はニューヨークの建築家ウォレス・ハリソンに決まり、失意のうちに帰国。第6回CIAM総会。家具職人ジョゼフ・サヴィーナの協力で木彫をつくる。ヴェネツィアで展覧会。	インド、パキスタンが分離独立。	バラガン「バラガン邸」	
1948	61歳	アメリカ各地で展覧会が開催される。モデュロールの研究が完了。初のタペストリー作品を織る。	インド、ガンジー暗殺		ゼードルマイヤー『中心の喪失』（著）

1949	62歳	ベルガモで第7回CIAM総会。	中華人民共和国成立	イームズ「イームズ・ハウス」	リード「第三の男」（映画）
1950	63歳	5月、第二次世界大戦で破壊された礼拝堂の再建を依頼され、ロンシャンの丘を訪れる。11月にインド・パンジャブ州の主任技術官ヴァルマと政府首都計画事務官サパーが、新しい州都の計画を依頼するために来訪。この頃からコラージュ作品を制作。	朝鮮戦争	ミース「ファンズワース邸」	ジャコメッティ「七つの人物と一つの顔」（彫刻）
1951	64歳	2月、チャンディガールの建設に関わる政府顧問を受諾し、この仕事のために呼び戻したピエール・ジャンヌレと共にインド訪問。7月、ユネスコ本部の建築家からはずされるが、建設監督の委員に任命される。ホドズドンで第8回CIAM総会。	エリアーデ『シャーマニズム』	レイモンド「リーダーズダイジェスト東京支社」	イームズ「サンプル・レッスン」（映画）
1952	65歳	チャンディガールでいくつかの施設が着工。4月、エジプトのギゼーに滞在。10月、マルセイユのユニテ・ダビタシオンが竣工。レジョン・ドヌール三等勲章叙勲。ドミニコ会のクチュリエ神父の推薦によりラ・トゥーレットに修道院の設計を依頼される。	血のメーデー事件	アールト「セイナツァロ村役場」	ケージ「4分33秒」（作曲）
1953	66歳		バルト『零度のエクリチュール』	カーン「イェール・アート・ギャラリー」	小津安二郎「東京物語」（映画）
1954	67歳	ベルンとコモで展覧会。CIAMが荒廃したサヴォワ邸を歴史的記念物に指定する運動を起こす。		プルーヴェ「リールの展示ホール」	ジョーンズ「旗」（画）
1955	68歳	6月、ノートル・ダム・デュ・オー礼拝堂が竣工。国立西洋美術館の設計のため日本訪問。チューリッヒのエコール・ポリテクニークから名誉博士号授与。	レヴィ＝ストロース『悲しき熱帯』	サーリネン「MITチャペル」	クセナキス「管弦楽のためのメタスタシス」（作曲）
1956	69歳	フランス芸術院への立候補を辞退。3月、チャンディガールを訪れネルー首相による高等裁判所の竣工式に立ち会う。帰国途中でバグダットで講演。CIAM最後の総会（第10回）、ル・コルビュジエは不参加。	中東戦争	ポンティ「ピレッリビル」	ソットサス「エレア9003コンピュータ」（デザイン）
1957	70歳	10月、妻のイヴォンヌ死去。数年来病に臥せた妻にル・コルビュジエは献身的に尽くしていた。W・ボジガーの企画によるタペストリーの大回顧展がチューリッヒを皮切りにヨーロッパ各地を巡回。	公民権法成立	ニーマイヤー「ブラジリア」	ワイダ「灰とダイヤモンド」（映画）
1958	71歳	ブリュッセル万博のフィリップス館を設計。館内で上演された映像作品『電気の詩』は当時スタッフであったヤニス・クセナキスと作曲家エドガー・ヴァーレーズとの共同で制作。サヴォワ邸が高等学校建設にともなう解体の危機に瀕して、保存運動が始まる。	アラブ連邦設立	サーリネン「イェール大学ホッケーリンク」	フォンタナ「空間概念（期待）」（画）
1959	72歳	ハーヴァード大学からカーペンター視覚芸術センターの設計を依頼され渡米。ケンブリッジ大学から名誉博士号授与。	キューバ革命	ライト「グッゲンハイム美術館」	ゴダール「勝手にしやがれ」（映画）
1960	73歳	2月、母ペレが死去。ちょうど彼女の101歳の誕生日だった。ローザンヌでスイス国民展のため講演。10月、ラ・トゥーレット修道院が竣工。	ベトナム戦争	ヴァン・アイク「子供の家」	黒川紀章ら「メタボリズム」結成
1961	74歳	オルセー駅跡地の再開発計画案を提出するも、主催者側に参加資格を取り消される。コロンビア大学から名誉博士号を、アメリカ建築家協会から金メダルを授与。この頃、フィルミニに足繁く通う。	ベルリン封鎖、ベルリンの壁構築	カーン「リチャーズ研究所」	クックら「アーキグラム」結成
1962	75歳	フランス大使館の設計のためブラジリア訪問。パリ近代美術館で大回顧展。	クーン『科学革命の構造』	吉村順三「軽井沢の家」	タルコフスキー「僕の村は戦場だった」（映画）
1963	76歳	ストロッツィ宮での展覧会のためフィレンツェ訪問。フィレンツェ市の名誉市民となる。ジュネーヴ大学から名誉博士号授与。	ケネディ大統領暗殺	ヴェンチューリ「母の家」	ナム・ジュン・パイク個展
1964	77歳	チューリッヒとラ・ショー・ド・フォンで展覧会開催。	東京オリンピック	アーキグラム「プラグイン・シティ」	「建築家なしの建築」展（ルドルフスキー）
1965		ヴェネツィアに病院の設計案を提示。7月、『東方への旅』の出版準備。8月27日11時、カップ・マルタンの海岸で水浴中に心臓麻痺を起こし、帰らぬ人となる。享年77歳。9月1日ルーブル宮のクール・キャレで国葬が営まれる。12月、サヴォワ邸の保存が決まる。	中国、文化大革命	カーン「ソーク生物学研究所」	武満徹「テクスチャアズ」（作曲）
1966			フーコー『言葉と物』	磯崎新「大分県立図書館」	ヴェンチューリ『建築の多様性と対立性』（著）
1967		ピエール・ジャンヌレ、ジュネーヴで死去。		フラー「モントリオール万博アメリカ館」	
1968		サヴォワ邸修復。ル・コルビュジエの遺産を管理するためのル・コルビュジエ財団が認可される。	パリ5月革命	ミース「国立美術館」	キューブリック「2001年宇宙の旅」（映画）

MAP サヴォワ邸の歩き方 Villa Savoye

所在地：82 Rue de Villiers 78300 Poissy France
phone：+33 (0)1 39 65 01 06
http://villa-savoye.monuments-nationaux.fr

開館時間：
3月〜4月/9月〜10月＝10:00〜17:00
5月〜8月＝10:00〜18:00
11月〜2月＝10:00〜13:00 / 14:00〜17:00

閉館日：
月曜日／5月1日、11月1日・11日、12月23日〜1月1日

入場料
大人：6,50ユーロ
18〜25歳：4,50ユーロ
18歳未満：無料
団体(20名以上)：5,30ユーロ

以上、2008年4月1日現在
＊予告なく変更されることがありますので、
訪れる際にはホームページなどで確認の上、お出かけください。

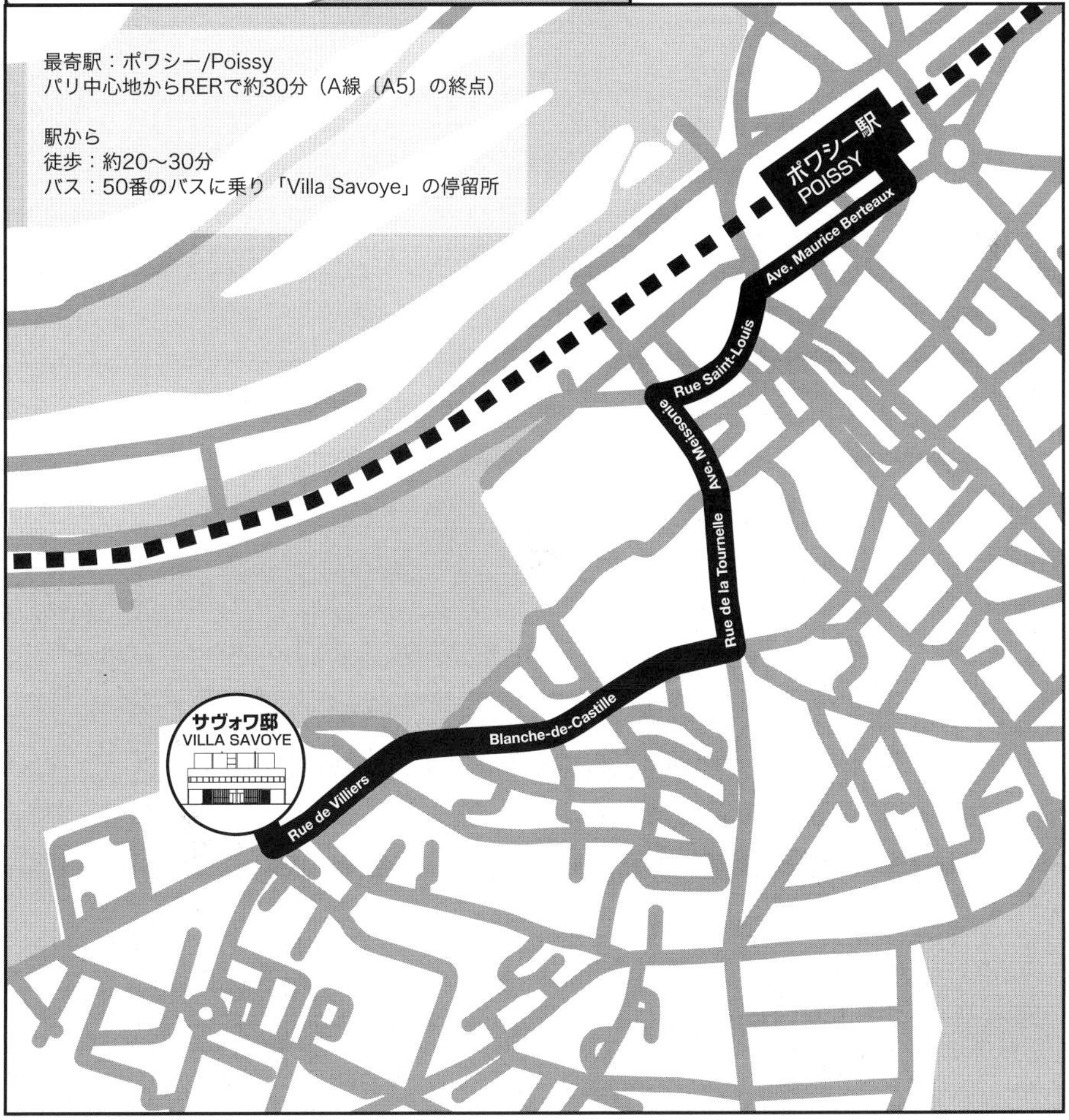

あとがき

「住むための機械」「近代建築の5原則」といったわかりやすい言葉とは裏腹に、実際に訪れて体験するル・コルビュジエの建築空間の魅力は実に複雑である。サヴォワ邸はそうしたル・コルビュジエのプロパガンダを最も純粋な形で実現した住宅と説明されることが多いのだが、この住宅の内部を歩き回ると実はル・コルビュジエは、主題と変奏、規範と逸脱といった全く異なる建築的なテーマと格闘していたことがわかる。

ル・コルビュジエに関する文献がこれだけ書店にあふれている現状に対して、建築史や建築批評の専門家ではないひとりの建築家が一体どのような貢献ができるのだろうか。その回答のひとつとして、70年以上も前にパリ近郊ポワシーに建てられたこの週末住宅をすでに完成した歴史上の名作として遠くから眺めるのではなく、サヴォワ邸が生まれたプロセスを自分の問題として想像することが、ひとつの有効な方法論となるのではないかと考えたことが、本書の最初の始まりである。同じ建築家としてル・コルビュジエとサヴォワ夫妻との打合せに立ち会い、ル・コルビュジエとそのスタッフたちの製図板の上を覗き込み、どうやったら建設コストを下げることができるのかと格闘している議論に参加し、その生成のプロセスを読み解くことによって、これまでの研究とは異なる発見ができるのではないかと考えた。ル・コルビュジエの製図板の上の興奮を追体験したいと考えたのである。施主の要望にどのように答えたのか、そして限られた予算に対してどのような調整をしなければならなかったのか、それらはわれわれ建築家が現代でも日常的に向かい合っている問題であるし、ル・コルビュジエとて例外ではない。そして驚くべきことにそうした現実との葛藤の中で、ル・コルビュジエはサヴォワ邸が真にあるべき姿をきわめて短期間で発見していったのである。建築のデザインを創造という観点から見ると「発見」という言葉は奇異に響くかもしれない。しかしル・コルビュジエがいつでも自分の建築の師は旅であったと語っていたように、世界の中に来るべき建築の姿を発見することが建築のデザインなのだといってよい。完成した建築作品というものはけっして必然の産物ではなく、その時代や社会をめぐる諸条件の中で偶然の要素に左右されたものであり、サヴォワ邸が生まれた背景にもいくつかの偶然が重要な役割を果たしていた。

　１９２９年。この年にル・コルビュジエはサヴォワ邸の設計を完了させ着工させたのであるが、ピエロ・デッラ・フランチェスカが「最初のキュビスト」と呼ばれてその再評価が確立したのも同じ１９２９年であるし、またル・コルビュジエがムンダネウムの世界博物館で「無限に成長するミュージアム」の螺旋形に成長する空間を初めて構想したのも１９２９年である。サヴォワ邸に関するいろいろな資料を読み解いていくと、不思議なことにこの住宅を決定づける重要な出来事がこの年に集まってくることに気付いた。サヴォワ邸はル・コルビュジエの個人的な才能だけが生み出したのではなく、むしろ１９２０年代のヨーロッパで生まれつつあったモダンといわれる概念がル・コルビュジエを通して具現化されたのだと考えることもできるのではないだろうか。そのように考え始めると、ル・コルビュジエというのは近代という時代が捏造した架空の人物だったのではないか、とさえ思えてくる。それにしてもル・コルビュジエという建築家の残した建築的遺産の豊かさには驚かされる。本書を書き終えた今でも、実はこうした視点でも書けるのではないかといった思いが次々と現れてくる。おそらくル・コルビュジエ研究に少しでもかかわった建築家であれば、同じ気持ちを抱くのではないだろうか。

　本書を通じて、建築の空間を発見する喜びを、建築設計を専門とする人々だけではなく一般の方々にも味わっていただければと思う。

　本文でも触れたように第１章の骨格は、ル・コルビュジエ生誕１００年を記念して１９８７年に英国の雑誌『アーキテクチュラル・レヴュー』で発表されたトーマス・シューマッハーの論文「深い空間／浅い空間」に触発されて構想したものである。筆者は大学在学中にコーリン・ロウがコーネル大学大学院のアーバンデザイン・スタジオで研究を続けていたコンテクスチュアリズムに興味を持ち、卒業論文の主題としたのだが、実はシューマッハーは当時大学院生としてロウのスタジオで中心的な役割を果たしていた。「建築の文脈都市の文脈——現代を動かす新たな潮流」（八束はじめ監訳、彰国社、１９７９）に掲載されたシューマッハーの論文「物理的コンテクスト、文化的コンテクスト」は、当時まだほとんど文献が存在しなかったコンテクスチュアリズムを学ぶ上では貴重な論文だった。そのシューマッハーがル・コルビュジエに関する論文を発表したと知りすぐに『アーキテクチュラル・レヴュー』誌を取り寄せて読み、富永譲先生と興奮してその論文のことを語り合ったのだが、その時に初めて出会った画家ピエロ・デッラ・フランチェスカをサヴォワ邸の空間を読み解きながら思い出すとは、当時は全く想像もできなかった。

サヴォワ邸の設計プロセスに関しては、ティム・ベントン、およびエリック・バッセ（LE CORBUSIER PLANS 所収）による詳細な研究成果を参照させていただいた。本書の内容は、もちろん大幅に加筆修正をしているのだが、筆者がこれまでいくつかの雑誌に寄稿した論文を下敷きにしている。第1章のピエロ・デッラ・フランチェスカとル・コルビュジエの関係については、「サヴォワ邸再考」（『特集 ル・コルビュジエ』ユリイカ、青土社、2007年5月号）、第2章の LE CORBUSIER : VOYAGE の項は、「メタモルフォーゼ」（『ル・コルビュジエ』建築文化 no.600、彰国社、1996年10月号）および「チャンディガール、近代の余白に」（FH特集ル・コルビュジエ、アー・ドゥ・エス パブリシング、1995）が下敷きとなっている。

本書に掲載されたサヴォワ邸の各デザイン段階の図面データ化・模型制作、そして図版整理などは、私の事務所のスタッフである水野慎也君、淵上英里子君、そして私の研究室の卒論生だった藤木彩華君に、またル・コルビュジエ関連の年表に関しては村瀬良太君に手伝ってもらった。記して感謝したい。そしてこのような執筆の機会を作っていただいた編者の後藤武さん、五十嵐太郎さん、編集を担当してくださり、筆者の遅筆とレイアウトへの口うるさい注文にも辛抱強くつきあってくださった東京書籍の藤田六郎さんにも感謝したい。

中村研一

2008年4月

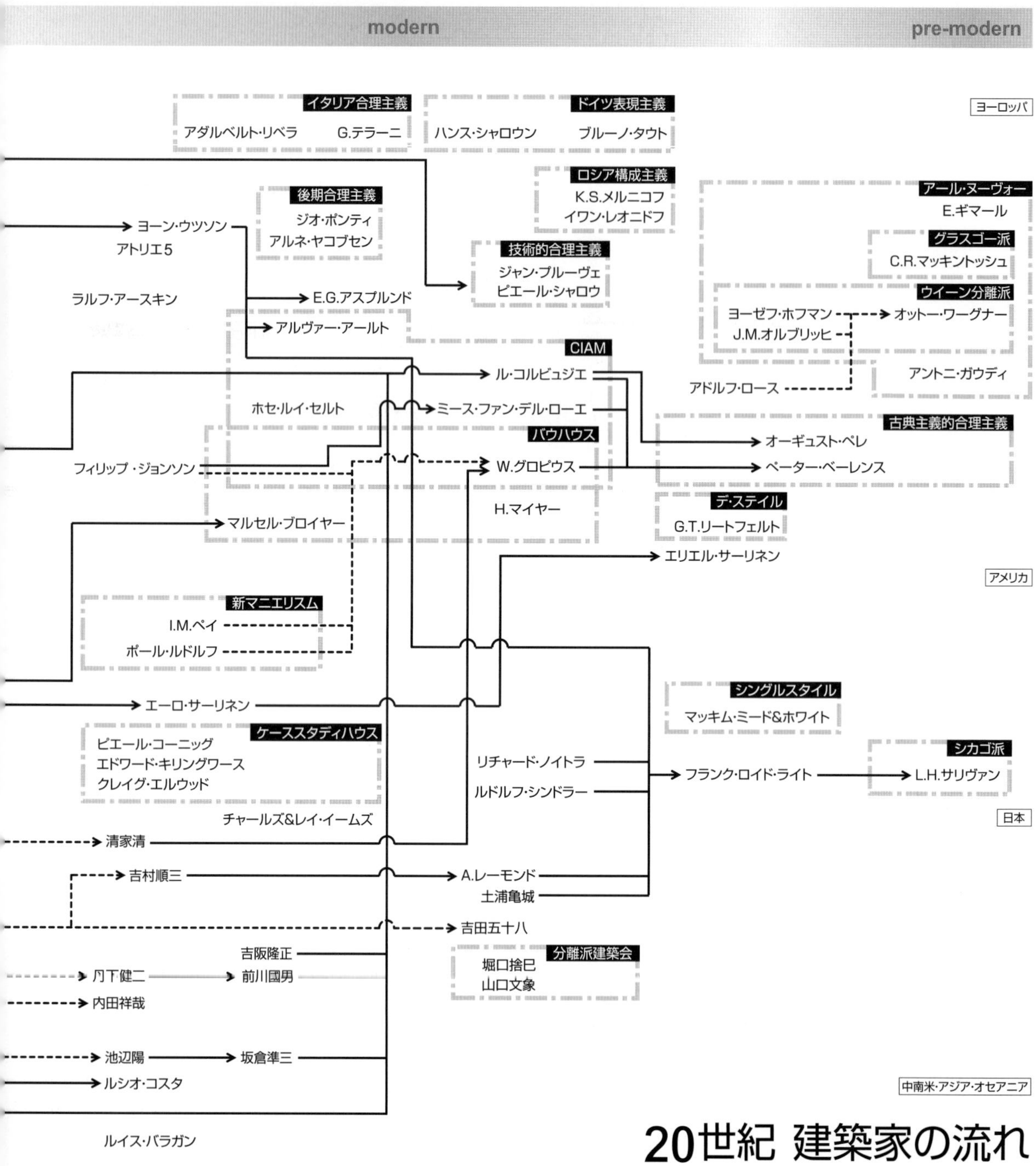

20世紀 建築家の流れ

構成＝本橋良介＋野原修

凡例 1- 名作住宅に関わる建築家名を黒字、建築運動・流派・グループを白字で示した。
2- 冒頭の地域部分で建築家の主な出身・活動地域を示した。
3- 建築家同士の交友関係・師弟関係を下記の線種で示した。

→ 出身事務所　---→ 大学での教育　[点線枠] 運動・グループなど

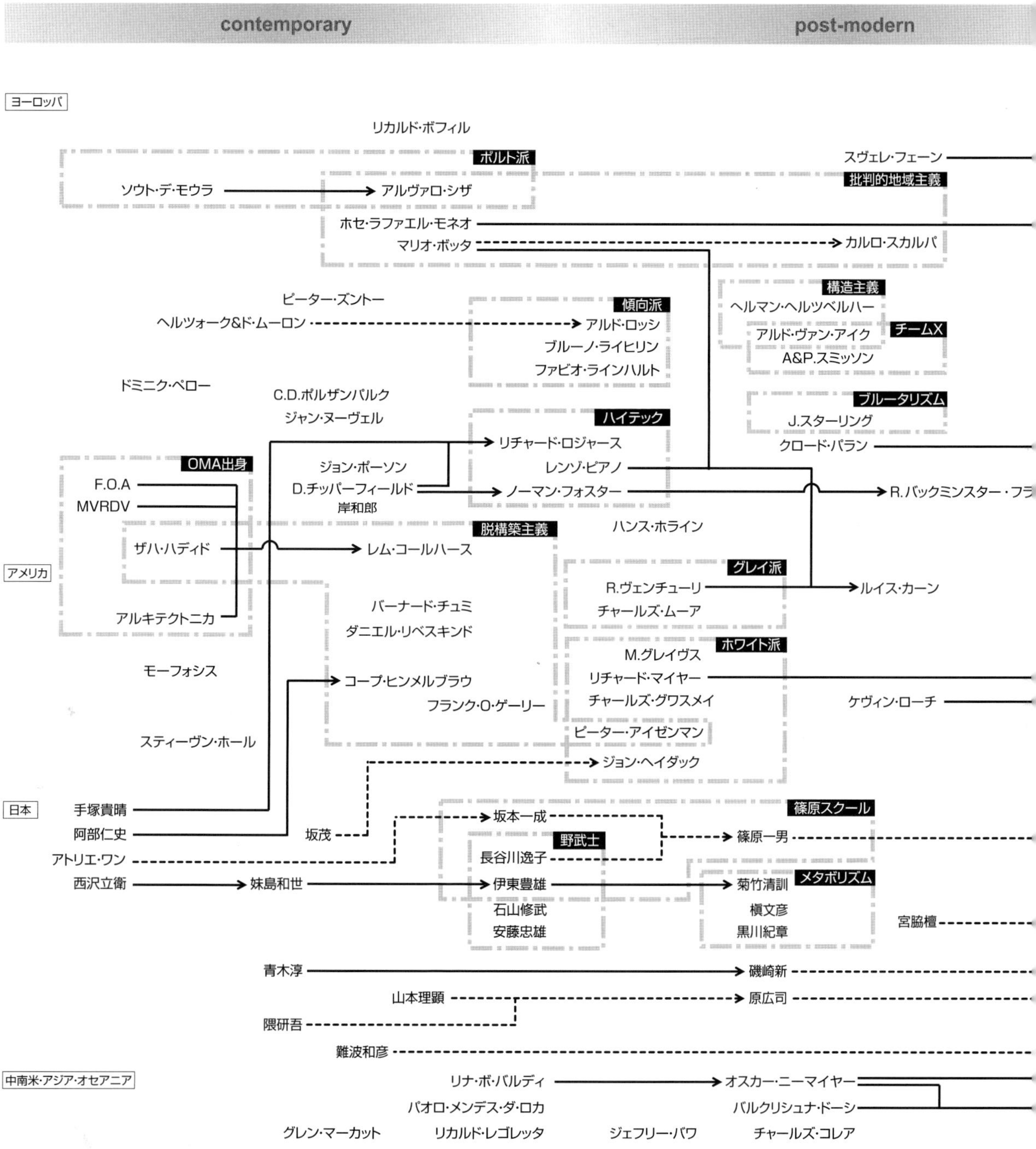

contemporary
post-modern
ヨーロッパ
リカルド・ボフィル
ポルト派
ソウト・デ・モウラ
アルヴァロ・シザ
スヴェレ・フェーン
批判的地域主義
ホセ・ラファエル・モネオ
マリオ・ボッタ
カルロ・スカルパ
ピーター・ズントー
ヘルツォーク&ド・ムーロン
傾向派
アルド・ロッシ
ブルーノ・ライヒリン
ファビオ・ラインハルト
構造主義
ヘルマン・ヘルツベルハー
アルド・ヴァン・アイク
チームX
A&P.スミッソン
ドミニク・ペロー
C.D.ポルザンパルク
ジャン・ヌーヴェル
ブルータリズム
J.スターリング
クロード・パラン
ハイテック
リチャード・ロジャース
レンゾ・ピアノ
ノーマン・フォスター
R.バックミンスター・フラ
OMA出身
F.O.A
MVRDV
ザハ・ハディド
アルキテクトニカ
ジョン・ポーソン
D.チッパーフィールド
岸和郎
脱構築主義
レム・コールハース
バーナード・チュミ
ダニエル・リベスキンド
コープ・ヒンメルブラウ
フランク・O・ゲーリー
ハンス・ホライン
アメリカ
グレイ派
R.ヴェンチューリ
チャールズ・ムーア
ルイス・カーン
ホワイト派
M.グレイヴス
リチャード・マイヤー
チャールズ・グワスメイ
ピーター・アイゼンマン
ジョン・ヘイダック
モーフォシス
スティーヴン・ホール
ケヴィン・ローチ
日本
手塚貴晴
阿部仁史
アトリエ・ワン
西沢立衛
妹島和世
坂茂
篠原スクール
坂本一成
篠原一男
野武士
長谷川逸子
伊東豊雄
石山修武
安藤忠雄
メタボリズム
菊竹清訓
槇文彦
黒川紀章
宮脇檀
青木淳
磯崎新
山本理顕
原広司
隈研吾
難波和彦
中南米・アジア・オセアニア
リナ・ボ・バルディ
オスカー・ニーマイヤー
パオロ・メンデス・ダ・ロカ
バルクリシュナ・ドーシ
グレン・マーカット
リカルド・レゴレッタ
ジェフリー・バワ
チャールズ・コレア

fig.7 ファンズワース邸：ミース・ファン・デル・ローエ、1950

世界名作住宅地図

構成＝本橋良介＋野原修

ここでは近現代の主要な住宅作品を世界地図上にプロットした。

＊地名はその周辺地域も含む。

撮影：fig.1,2,3,5,6,7,8/Philippe Ruault、fig.4/ 新建築社写真部、fig.9/ 藤本壮介、fig.10/ 宮下淳平

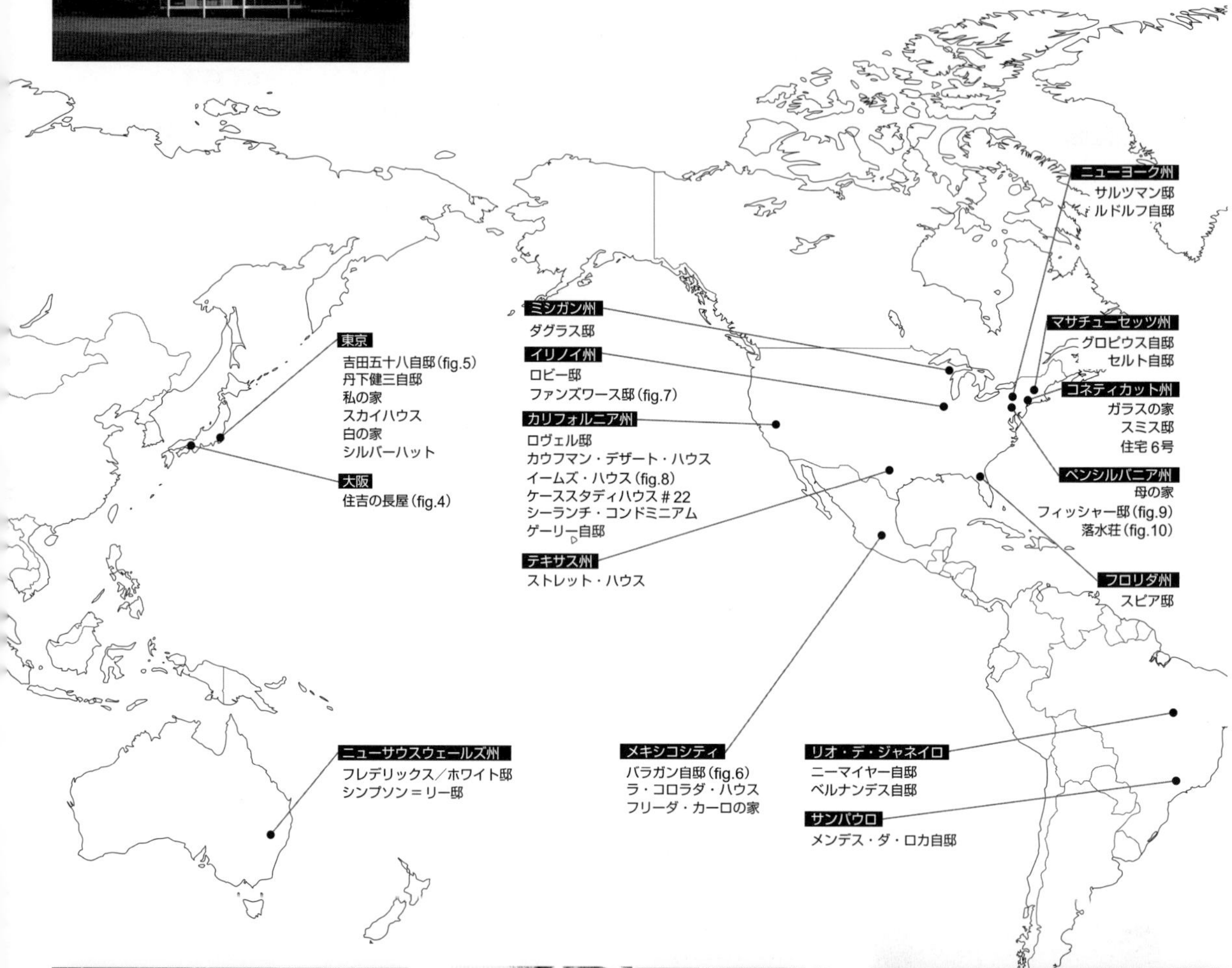

fig.8 イームズ・ハウス：チャールズ&レイ・イームズ、1949

©2008 by Eames Office LLC

fig.9 フィッシャー邸：ルイス・カーン、1967

fig.10 落水荘：フランク・ロイド・ライト、1936

fig.1 マイレア邸：アルヴァー・アールト、1939

fig.2 サヴォワ邸：ル・コルビュジエ、1931

fig.3 ボルドーの住宅：レム・コールハース、1998

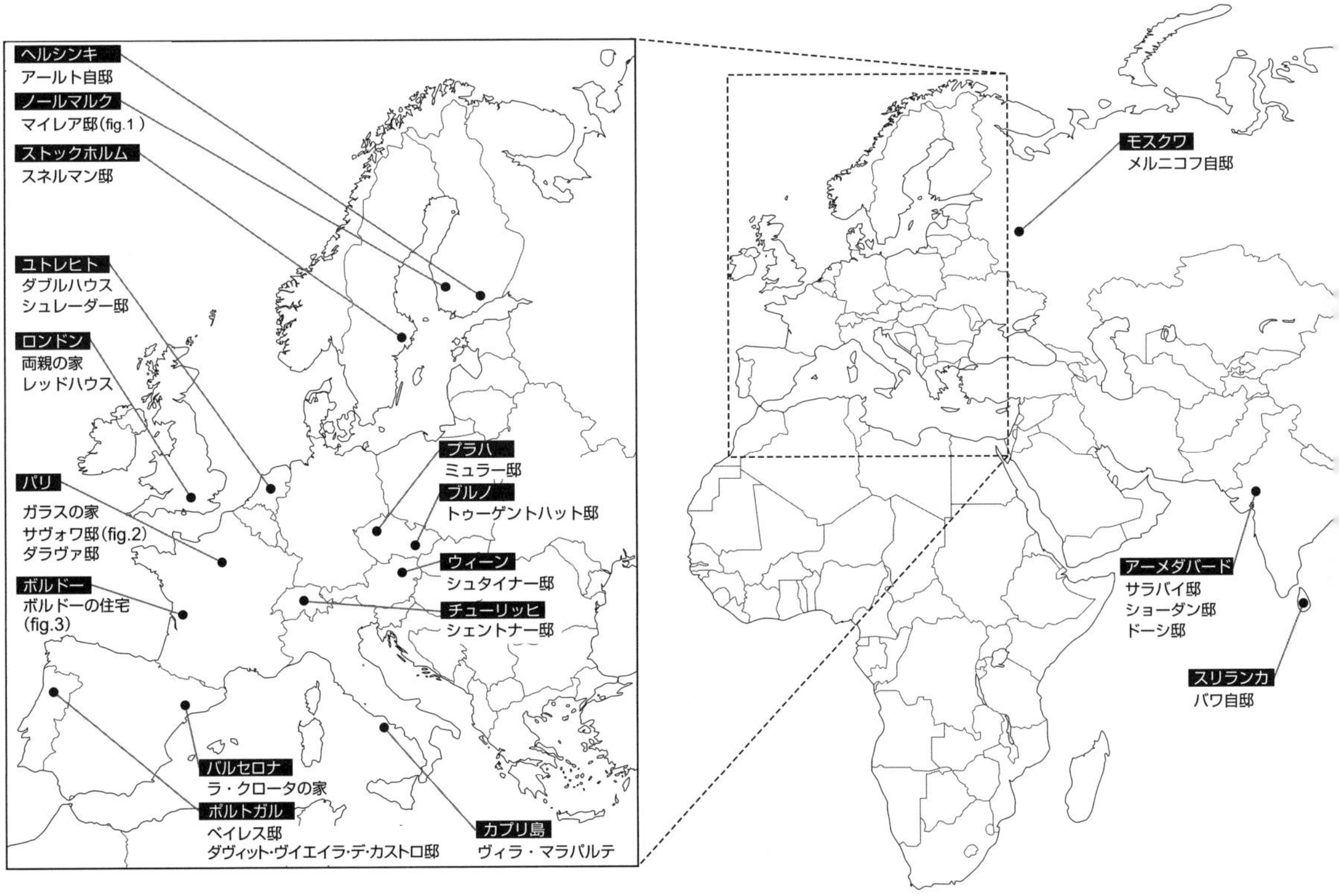

fig.4 住吉の長屋：安藤忠雄、1976

fig.5 吉田五十八自邸：吉田五十八、1944

fig.6 バラガン自邸：ルイス・バラガン、1947

世界名作住宅年表

構成＝本橋良介＋野原修

凡例
ここでは近現代の世界の主要な住宅作品を取り上げた。
原則的に竣工年順の配列とし、上下のカテゴリー区分で所在する地域を示した。
それぞれの住宅作品は、竣工年、作品名、及び括弧内に設計者名の順で記した。

1850　1900　1910

ヨーロッパ

1859● レッドハウス（P・ウエッブ）
1892● タッセル邸（V・オルタ）
1898● オルタ自邸（V・オルタ）
1898● ジャンベルラーニ邸（P・アンカール）
1900● グリュケルト・ハウス（J・M・オルブリッヒ）
1901● ベーレンス自邸（ペーター・ベーレンス）
1903● ヒル・ハウス（C・R・マッキントッシュ）
1907● ファレ邸（ル・コルビュジエ）
1907● リール邸（ミース・ファン・デル・ローエ）
1910● シュタイナー邸（アドルフ・ロース）
1911● ストックレー邸（ヨーゼフ・ホフマン）
1913● ヤロシュ・ヴィラ（ヨーゼフ・ホホル）
1917● シュウォブ邸（ル・コルビュジエ）
1917● スネルマン邸（E・G・アスプルンド）

アメリカ

1887● ロウ邸（マッキム・ミード&ホワイト）
1894● ウィンズロー邸（F・L・ライト）
1902● ウィリッツ邸（F・L・ライト）
1908● ギャンブル邸（グリーン&グリーン）
1909● ロビー邸（F・L・ライト）
1909● クーンレイ邸（F・L・ライト）
1917● ボック邸（F・L・ライト）

日本

中南米・アジア・オセアニア

1920

1921 ● ヘットガー自邸(ベルンハルト・ヘットガー)
1921 ● ゾンメルフェルト邸(W・グロピウス)
1924 ● シュレーダー邸(G・T・リートフェルト)
1924 ● アウエルバッハ邸(W・グロピウス)
1925 ● ラ・ロッシュ=ジャンヌレ邸(ル・コルビュジエ)
1925 ● レマン湖畔の小さな家「母の家」(ル・コルビュジエ)
1927 ● トリスタン・ツァラ邸(アドルフ・ロース)
1927 ● ヴァイセンホフ・ジードルング(ミース・ファン・デル・ローエなど)
1928 ● ストロンボー邸(P・エンゲルマン+L・ヴィトゲンシュタイン)
1929 ● E1027(アイリーン・グレイ)
1929 ● メルニコフ邸(K・S・メルニコフ)

1930

1930 ● トゥーゲントハット邸(ミース・ファン・デル・ローエ)
1930 ● ミュラー邸(アドルフ・ロース)
1931 ● サヴォワ邸(ル・コルビュジエ)
1932 ● ガラスの家(P・シャロウ)
1932 ● レムケ邸(ミース・ファン・デル・ローエ)
1933 ● シュミンク邸(H・シャロウン)
1936 ● アールト自邸とアトリエ(アルヴァー・アールト)
1937 ● 夏の家(E・G・アスプルンド)
1938 ● ヴィラ・マラパルテ(アダルベルト・リベラ)
1939 ● マイレア邸(アルヴァー・アールト)

1940

1942 ● ザ・ボックス(ラルフ・アースキン)

1920 ● ジャーマンウェアハウス(F・L・ライト)
1922 ● シンドラー自邸(ルドルフ・シンドラー)
1926 ● ロヴェル・ビーチ・ハウス(ルドルフ・シンドラー)
1929 ● ロヴェル邸(健康住宅)(リチャード・ノイトラ)
1936 ● 落水荘(F・L・ライト)
1937 ● ジェイコブス邸1(F・L・ライト)
1937 ● ハナ邸1(F・L・ライト)
1937 ● グロピウス自邸(W・グロピウス)
1938 ● マイヤー邸(C&R・イームズ)

1923 ● レーモンド自邸(A・レーモンド)
1924 ● 山邑邸(F・L・ライト+遠藤新)
1926 ● 紫烟荘(堀口捨巳)
1928 ● 聴竹居(藤井厚二)
1933 ● 軽井沢夏の家(A・レーモンド)
1935 ● 土浦亀城自邸(土浦亀城)
1936 ● 日向別邸(B・タウト)
1939 ● 若狭邸(堀口捨巳)
1941 ● 前川國男自邸(前川國男)
1941 ● 村野藤吾自邸(村野藤吾)
1944 ● 吉田五十八自邸(吉田五十八)

1945 1950 1960 1970

ヨーロッパ

- 1947 ● ブロイヤー自邸（マルセル・ブロイヤー）
- 1951 ● カップ・マルタンの小屋（ル・コルビュジエ）
- 1953 ● 夏の家（アルヴァー・アールト）
- 1954 ● ナンシーの家（ジャン・プルーヴェ）
- 1957 ● ヴィラ・ラ・サラセーナ（L・モレッティ）
- 1959 ● メルツ邸（アトリエ5）
- 1959 ● メゾン・カレ（アルヴァー・アールト）
- 1960 ● ガルダ湖畔の家（V・ヴィガーノ）
- 1962 ● ノールドマーク邸（ラルフ・アースキン）
- 1963 ● アースキン自邸（ラルフ・アースキン）
- 1963 ● タピエス邸（ホセ・アントニオ・コデルク）
- 1968 ● ジリ邸（ホセ・アントニオ・コデルク）
- 1968 ● チェントナ邸（カルロ・スカルパ）
- 1969 ● 両親の家（リチャード・ロジャース）
- 1970 ● パリのスタジオ（シャルロット・ペリアン）
- 1970 ● ヴィラ・ラ・リカルダ（A・ボネット）
- 1970 ● シルツ邸（アルヴァー・アールト）
- 1970 ● スカルパ自邸（T・スカルパ）
- 1973 ● リヴァ・サンヴィターレの住宅（マリオ・ボッタ）

アメリカ

- 1946 ● カウフマン・デザート・ハウス（リチャード・ノイトラ）
- 1946 ● モスバーグ邸（F・L・ライト）
- 1948 ● トウィッチェル邸（ポール・ルドルフ）
- 1949 ● イームズ・ハウス（C&R・イームズ）
- 1949 ● フォード邸（ブルース・ガフ）
- 1949 ● グラス・ハウス（フィリップ・ジョンソン）
- 1950 ● ファンズワース邸（ミース・ファン・デル・ローエ）
- 1950 ● ロックフェラーゲストハウス（フィリップ・ジョンソン）
- 1953 ● フライ自邸（A・フライ）
- 1957 ● ミラー邸（E・サーリネン+A・ジラード）
- 1957 ● セルト邸（ホセ・ルイ・セルト）
- 1959 ● フーバー邸（マルセル・ブロイヤー）
- 1959 ● CSH#22（ピエール・コーニッグ）
- 1961 ● CSH#25（E・A・キリングワース）
- 1961 ● エシュリック邸（ルイス・カーン）
- 1964 ● シーランチ（チャールズ・ムーア）
- 1964 ● 母の家（R・ヴェンチューリ）
- 1967 ● フィッシャー邸（ルイス・カーン）
- 1968 ● 住宅1号（ピーター・アイゼンマン）
- 1972 ● スナイダーマン邸（マイケル・グレイヴス）
- 1973 ● コーマン邸（ルイス・カーン）
- 1973 ● ダグラス邸（リチャード・マイヤー）
- 1974 ● 個人住宅（ポール・ルドルフ）

日本

- 1952 ● 立体最小限住居（増沢洵）
- 1952 ● 斉藤助教授の家（清家清）
- 1953 ● 住居（丹下健三）
- 1954 ● 私の家（清家清）
- 1956 ● ヴィラ・クゥクゥ（吉阪隆正）
- 1957 ● No.38（池辺陽）
- 1958 ● スカイハウス（菊竹清訓）
- 1960 ● SH−30（広瀬鎌二）
- 1962 ● 軽井沢の山荘（吉村順三）
- 1962 ● 正面のない家H（西沢文隆）
- 1964 ● 中山邸（磯崎新）
- 1966 ● 塔の家（東孝光）
- 1967 ● 白の家（篠原一男）
- 1971 ● まつかわぼっくす（宮脇檀）
- 1972 ● 粟津邸（原広司）
- 1972 ● 反住器（毛綱毅曠）

中南米・アジア・オセアニア

- 1947 ● バラガン自邸（ルイス・バラガン）
- 1951 ● グラス・ハウス（リナ・ボ・バルディ）
- 1954 ● ニーマイヤー自邸（オスカー・ニーマイヤー）
- 1955 ● サラバイ邸（ル・コルビュジエ）
- 1956 ● オゴールマン自邸（J・オゴールマン）
- 1956 ● ショーダン邸（ル・コルビュジエ）
- 1960 ● 自邸（パウロ・A・メンデス・ダ・ロカ）
- 1960 ● アルティガス自邸（F・アルティガス）
- 1961 ● ドーシ邸（バルクリシュナ・ドーシ）
- 1961 ● ベルナンデス自邸（S・ベルナンデス）
- 1962 ● チューブハウス（チャールズ・コレア）
- 1964 ● ラムクリシュナ邸（チャールズ・コレア）
- 1968 ● パクレ邸（チャールズ・コレア）

- 1974 ● トニー二邸(B・ライヒリン+F・ラインハルト)
- 1974 ● デルビゴット邸(ジャン・ヌーヴェル)
- 1975 ● カーサ・ボフィル(リカルド・ボフィル)
- 1976 ● ベイレス邸(アルヴァロ・シザ)
- 1980 ● ブルーハウス(ヘルツォーク&ド・ムーロン)
- 1981 ● マッサーニョの家(マリオ・ボッタ)
- 1990 ● バスク邸(スヴェレ・フェーン)
- 1990 ● アラカネナ邸(ソウト・デ・モウラ)
- 1991 ● ダラヴァ邸(レム・コールハース)
- 1997 ● ルーディン邸(ヘルツォーク&ド・ムーロン)
- 1997 ● ダブル・ハウス(MVRDV)
- 1998 ● ボルドーの住宅(レム・コールハース)
- 1998 ● メビウス・ハウス(UNスタジオ)
- 1998 ● ラ・クロータ邸(エンリック・ミラージェス)
- 1998 ● ダヴィット・ヴィエイラ・デ・カストロ邸(アルヴァロ・シザ)

- 1974 ● ウルフ邸(バートン・マイヤー)
- 1974 ● スティルマン邸(マルセル・ブロイヤー)
- 1975 ● 「グリーンハウス」ハウス(J・M・ヨハンセン)
- 1979 ● スピア邸(アルキテクトニカ)
- 1979 ● ゲーリー自邸(フランク・O・ゲーリー)
- 1980 ● 708ハウス(エリック・オーエン・モス)
- 1981 ● 2-4-6-8住宅(モーフォシス)
- 1982 ● プロセック邸(マイケル・グレイヴス)
- 1987 ● ウィストン・ゲストハウス(フランク・O・ゲーリー)
- 1987 ● ホイットニー邸(マーク・マック)
- 1989 ● シュナーベル邸(フランク・O・ゲーリー)
- 1992 ● ストレット・ハウス(S・ホール)
- 1993 ● ゴールデンビーチの家(カルロス・ザパタ)
- 1996 ● ティガー邸(ロト・アーキテクツ)
- 1997 ● ブレーズ邸(モーフォシス)
- 2000 ● ホーントンプソン邸(W・P・ブルーダー)

- 1975 ● 幻庵(石山修武)
- 1976 ● 住吉の長屋(安藤忠雄)
- 1976 ● 中野本町の家(伊東豊雄)
- 1976 ● 代田の町家(坂本一成)
- 1976 ● 上原通りの住宅(篠原一男)
- 1977 ● 焼津の家2(長谷川逸子)
- 1981 ● 武蔵新庄の住宅(富永譲)
- 1981 ● 小篠邸(安藤忠雄)
- 1984 ● シルバーハット(伊東豊雄)
- 1984 ● ハウス・イン・ヨコハマ(篠原一男)
- 1988 ● PLATFORM1(妹島和世)
- 1992 ● 日本橋の家(岸和郎)
- 1992 ● 岡山の住宅(山本理顕)
- 1995 ● 箱の家001(難波和彦)
- 1997 ● 壁のない家(坂茂)
- 1998 ● ミニ・ハウス(アトリエ・ワン)
- 1998 ● ウイークエンドハウス(西沢立衛)
- 1999 ● B(青木淳)
- 1999 ● HOUSE SA(坂本一成)
- 2001 ● I-HOUSE(阿部仁史)
- 2001 ● 屋根の家(手塚貴晴+由比)
- 2002 ● Plastic House(隈研吾)
- 2003 ● 梅林の家(妹島和世)

- 1982 ● フレデリックス/ホワイト邸(G・マーカット)
- 1994 ● シンプソン・リー邸(G・マーカット)
- 1995 ● ラ・コロラダ・ハウス(リカルド・レゴレッタ)
- 1997 ● ネグロハウス(A・カラチ&D・アルヴァス)
- 1998 ● フレッチャー・ペイジ邸(G・マーカット)
- 1998 ● バワ自邸(ジェフリー・バワ)

1980 | 1990 | 2000

写真・図版・文　出典一覧

※写真は、特に明示されていない場合はフィリップ・リュオー撮影。
ⓒ Philippe Ruault
※掲載頁において明示した場合もある。

第1章 サヴォワ邸――20世紀住宅の原型（002-080）
ページ（以下同）■002・003・008・009上／右下・016・029・030・031・032・036・037・057左上／左下・059右／中写真・060右上／右下・069左下・070上：中村研一撮影■010上右／上左／下右・011右下・015・034右上／右下・044・047:LE CORBUSIER PLANS DVD-ROM■010左下・/011上・026右・027左上／左中／左下・038上中・058・059右スタディ・069右下:Le Corbusier OEuvre complete（全集）Vol.1■011左下：東京大学工学部建築学科安藤忠雄研究室『ル・コルビュジエの全住宅』TOTO出版、2001■014・030・031・034左上／左下・036・037・038上右・039・042・043・045・046・050・051・052・054・055:中村研一建築研究所■018・019:Le Cahiers No.82, hiver 2002-2003, Centre Pompidou■025右:R. Wittkower and B. A. R. Carter, The Perspective of Piero della Francesca's "Flagellation", Journal of Warburg and Courtauld Institute, 16, 1953■027上右:Le Corbusier OEuvre complete（全集）Vol.5■029左下：ル・コルビュジエ『プレシジョン』■038上左:Le Corbusier OEuvre complete（全集）Vol.4■059左:Le Corbusier OEuvre complete（全集）Vol.7■069上：コーリン・ロウ『マニエリスムと近代建築』伊東豊雄／松永安光訳、彰国社、1981■075:RICHARD MEIER ARCHITECT 1964/1984, RIZZOLI, 1984■076・077・078:EL CROQUIS 53+79 1987-1998 oma/rem koolhaas, 1998

間奏 サヴォワ邸――言葉の森（081-096）
■写真081-096:中村研一撮影■文：ハンス・ゼードルマイヤー『中心の喪失――危機に立つ近代芸術』石川公一／阿部公正訳、美術出版社、1965■磯崎新『ル・コルビュジエとはだれか』王国社、2000■ノルベルト・フーゼ『ル・コルビュジエ』安松孝訳、PARCO出版、1995■ビアトリス・コロミーナ『マスメディアとしての近代建築――アドルフ・ロースとル・コルビュジエ』松畑強訳、鹿島出版会、1996■後藤武「複製技術としての建築」『特集：ル・コルビュジエ――開かれた建築』DETAIL JAPAN、リード・ビジネス・インフォメーション株式会社、2007年7月号■ロバート・ヴェンチューリ『建築の多様性と対立性』伊藤公文訳、鹿島出版会、1982■富永譲『ル・コルビュジエ 建築の詩――12の住宅の空間構成』鹿島出版会、2003■スタニスラウス・フォン・モース『ル・コルビュジエの生涯――建築とその神話』住野天平訳、彰国社、1981■ジークフリード・ギーディオン『空間 時間 建築』2、太田實訳、丸善株式会社、1969■Alan Colquhoun, Modern Architecture, Oxford University Press, 2002（中村研一訳）■ロバート・ヴェンチューリ『建築の多様性と対立性』伊藤公文訳、鹿島出版会、1982■八束はじめ『ル・コルビュジエ』岩波書店、1983■ウィリアム・J.R.カーティス『ル・コルビュジエ――理念と形態』中村研一訳、鹿島出版会、1992■越後島研一「サヴォア邸」『特集 ル・コルビュジエ百科――新世紀の建築を切り拓く69アイテム』建築文化、彰国社、2001年2月号■アレグザンダー・ツォニス『ル・コルビュジエ――機械とメタファーの詩学』繁昌朗訳、鹿島出版会、2007■富永譲『ル・コルビュジエ――幾何学と人間の尺度』丸善株式会社、1989

第2章 ル・コルビュジエ――再発見（097-128）
「LE CORBUSIER：CLONICLE」
図版番号（以下同）■1・8:富永譲『ル・コルビュジエ――幾何学と人間の尺度』建築巡礼12、丸善株式会社、2001■2・4:Jose Baltanas, Walking through Le Corbusier, Thames & Hudson、2005■3・5・6・7・9・10・11・12・13・14:Le Corbusier OEuvre complete（全集）Vol.1■15・17・24:ジャック・リュカン監修『ル・コルビュジエ事典』加藤邦男監訳、中央公論美術出版、2007■16・18・19・21・22:Le Corbusier OEuvre complete（全集）Vol.2■20:Le Corbusier OEuvre complete（全集）Vol.3■23・30:Le Corbusier OEuvre complete（全集）Vol.4■25・26・31:Le Corbusier OEuvre complete（全集）Vol.5■27:『ル・コルビュジエ展カタログ』毎日新聞社、1996■28・41・42:Le Corbusier OEuvre complete（全集）Vol.7■29:『特集 ル・コルビュジエ――開かれた建築』DETAIL JAPAN 2007年7月号、リード・ビジネス・インフォメーション株式会社、2007■32・33・34・35・36・37・38・39:中村研一撮影■40:Krustrup Mogens, LE CORBUSIER PORTE EMAIL, 1991
「LE CORBUSIER：FOCUS」
図版番号（以下同）■1・42:Catherine De Smet, LE CORBUSIER. ARCHITECT OF BOOKS, Lars Muller Publishers, 2007■2・4:Le Corbusier, Galerie Beyeler Basel, expositoin mars – avril 1971■3・5・6:『ル・コルビュジエ展カタログ』、毎日新聞社、1996■7・8・9・10:レナート・デ・フスコ『ル・コルビュジエの家具』現代の家具シリーズ、横山正訳、A.D.A EDITA Tokyo、1978■11・12・30:Le Corbusier OEuvre complete（全集）Vol.1■13・16:Le Corbusier OEuvre complete（全集）Vol.3■14・15・17:Le Corbusier OEuvre complete（全集）Vol.2■18・19・26:Le Corbusier OEuvre complete（全集）Vol.4■20:Le Corbusier OEuvre complete（全集）Vol.5■21・22・23・41:中村研一撮影■24:Jose Baltanas, Walking through Le Corbusier, Thames & Hudson, 2005■25・27・31・32:ジャック・リュカン監修『ル・コルビュジエ事典』加藤邦男監訳、中央公論美術出版、2007■28・29・43:『ル・コルビュジエ――パリ、白の時代』X-Knowledge HOME、エクスナレッジ、2004■33:Xenakis Electronic Music, EMF, 1997■34・35: Le Couvent de la Tourette, Parentheses, 1987■36:Le Corbusier OEuvre complete（全集）Vol.6■37:特集『ル・コルビュジエ百科』建築文化no.651、彰国社、2001■38・39・44:『ル・コルビュジエ――建築・家具・人間・旅の全記録』エクスナレッジ、2004■40:生誕120年記念特集『ル・コルビュジエ』ユリイカ、青土社、2007
「LE CORBUSIER：VOYAGE」
図版番号（以下同）■1・17:スタニスラウス・フォン・モース『ル・コルビュジエの生涯 建築とその神話』住野天平訳、彰国社、1981■2・3・4・5:LE CORBUSIER Il viaggio in Toscana, Cataloghi Marsilio S.R.L. IN VENEZIA, 1987■6:ル・コルビュジエ『小さな家』森田一敏訳、集文社、1988■7・8・14・15・29・37:中村研一撮影■9・10:Voyage d'Orient Carnets, Electa architecture Fondation L.C., 2002■11・19:ジャック・リュカン監修『ル・コルビュジエ事典』加藤邦男監訳、中央公論美術出版、2007■12・13・23:Le Corbusier OEuvre complete（全集）Vol.5■16:特集『ル・コルビュジエ百科』建築文化no.651、彰国社、2001■17:スタニスラウス・フォン・モース『ル・コルビュジエの生涯――建築とその神話』彰国社、住野天平訳1981■18・45・46:Le Corbusier OEuvre complete（全集）Vol.4■20:ル・コルビュジエ『プレシジョン（上）』SD選書185、井田安弘／芝優子訳、鹿島出版会、1984■21:創刊600号記念増大号『ル・コルビュジエ』建築文化no.600、彰国社、1996■22:Le Corbusier OEuvre complete（全集）Vol.3■24:Le Corbusier OEuvre complete（全集）Vol.6■25・26:Krustrup Mogens, CORBUSIER PORTE EMAIL, 1991■27・28:ウィリアム・J.R.カーティス『ル・コルビュジエ――理念と形態』中村研一訳、鹿島出版会、1992■30:神谷武夫『インド建築案内』TOTO出版、1996■31:ル・コルビュジエ＝ソーニエ『建築へ』樋口清訳、中央公論美術出版、2003■32・33・34:Voyage d'Orient Carnets, Electa architecture Fondation L.C., 2002■35・36・38:『ル・コルビュジェ展カタログ』毎日新聞社、1996■39・42:Le Corbusier OEuvre complete（全集）Vol.7■40・41・43:創刊600号記念増大号『ル・コルビュジエ』建築文化no.600、彰国社、1996■44:『特集 ル・コルビュジエ――開かれた建築』DETAIL JAPAN 2007年7月号、リード・ビジネス・インフォメーション株式会社、2007

著者紹介

中村研一（なかむら・けんいち）１９５８年、横浜生まれ。建築家。中部大学教授、中村研一建築研究所代表。東京大学大学院工学系研究科建築学専攻修士課程修了。コーネル大学大学院修士課程在籍の後、槇総合計画事務所勤務（慶応義塾大学湘南藤沢キャンパス、福岡大学60周年記念館などを担当）を経て、１９９８年、中村研一建築研究所設立。２００２年、中部大学工学部建築学科教授。共著に『ヴィジュアル版建築入門５　建築の言語』（彰国社、２００３年）、翻訳に『不条理な建築　「天才」はいかにプラクティカル・アートをゆがめてきたか』（ジョン・シルバー著、鹿島出版会、２０１１年）、『ル・コルビュジエ　理念と形態』（ウイリアム・J・R・カーティス著、鹿島出版会、１９９２年）、『ルネサンス都市』（ジュリオ・C・アーガン著、井上書院、１９８３年）など。主な建築作品は「山桜のあるコートハウス」（２００４年）、「砧の家」（２００４年）、「西町インターナショナルスクール　図書館メディアセンター」（２００７年）、「パキスタン大使館」（２００７年）など。

「ヘヴンリーハウス――20世紀名作住宅をめぐる旅」シリーズ
編者紹介

五十嵐太郎（いがらし・たろう）１９６７年、フランス・パリ生まれ。建築史家・建築批評家。東北大学大学院工学研究科教授、せんだいスクール・オブ・デザイン教員。東京大学大学院工学系研究科建築学専攻修士課程修了。博士（工学）。著書に、『現代建築に関する16章』（講談社、２００６年）、『新編　新宗教と巨大建築』（筑摩書房、２００７年）、『現代日本建築家列伝』（河出書房新社、２０１１年）、『被災地を歩きながら考えたこと』（みすず書房、２０１１年）、共著に、『近代建築史』（市ケ谷出版社、２００８年）などがある。また、第11回ヴェネチア・ビエンナーレ建築展（２００８年）ではコミッショナー、あいちトリエンナーレ２０１３では芸術監督を務める。

後藤武（ごとう・たけし）１９６５年、横浜生まれ。建築家・建築史家。後藤武建築設計事務所主宰。東京大学大学院工学系研究科建築学専攻博士課程単位取得退学。隈研吾建築都市設計事務所勤務（馬頭町広重美術館などを担当）、中部大学高等学術研究所助教授などを経て、現在は法政大学など非常勤講師。著書に、『アドルフ・ロース　ミュラー邸』（バナナブックス、２００８年）、『ディテールの建築思考』（彰国社、２０１３年）、共著に、『デザイン言語』（慶應義塾大学出版会、２００２年）、『デザインの生態学』（東京書籍、２００４年）、『〈はかる〉科学』（中央公論新社、２００７年）などがある。

ヘヴンリーハウス――20世紀名作住宅をめぐる旅1
サヴォワ邸／ル・コルビュジエ

2008年 5月30日 第1刷発行
2013年12月12日 第2刷発行

著者 中村研一

シリーズ編者 五十嵐太郎 後藤武

企画協力 フリックスタジオ

編集協力 水野慎也 淵上英里子（中村研一建築研究所）
松井真平 中島ふみえ
本橋良介 野原修（シリーズ共通付録構成）

デザイン 玉野哲也 鄭福圭

発行者 川畑慈範
発行所 東京書籍株式会社
東京都北区堀船2-17-1 〒114-8524
03-5390-7531（営業）
03-5390-7500（編集）
http://www.tokyo-shoseki.co.jp

印刷・製本 株式会社シナノ

ISBN978-4-487-80093-3 C0052

ヘヴンリーハウス――20世紀名作住宅をめぐる旅

20世紀住宅の世界的傑作を厳選し、一軒・一建築家を紹介していくシリーズ。
気鋭の建築家たちがその家を訪問し一個人として体感した新鮮な発見を伝える。
シリーズ編者は、建築史家・建築評論家の五十嵐太郎と建築家の後藤武。
平易な語り口と豊富なヴィジュアルで住宅を視覚的に追体験できる。
家づくりの参考としても。また、建築学科の設計・製図のテキストとしても最適。

シリーズ大好評既刊

Heavenly Houses 2 千葉学
住吉の長屋／安藤忠雄
現代都市型住宅の原点　若き日の安藤忠雄、渾身の一作

Heavenly Houses 3 岸和郎
イームズ・ハウス／チャールズ＆レイ・イームズ
アメリカ西海岸に建つ、伝説のケーススタディハウス　ミッドセンチュリーを読み解く

Heavenly Houses 4 松本淳
マイレア邸／アルヴァー・アールト
北欧の巨匠によるフィンランドでいちばん美しい家　その魅力を徹底分析！